日本語の起源と古代日本語

京都大学文学研究科編

臨川書店

目　　次

序　文

　本書は 2012 年 12 月 9 日に開催された、京都大学文学研究科・文学部公開講演会「日本語の起源と古代日本語」に基づくものである。本講演会は、文学研究科の国語・国文学専修教授、木田章義氏がオーガナイズされ、研究科教員の他、金沢大学名誉教授、松本克己氏、名古屋大学教授、釘貫亨氏をゲストスピーカーに迎え、200 人近い来聴者を得て、たいへん盛況であった。来聴者には、専門研究者以外に多数の一般市民が含まれていたと思われる。おそらく古代日本語、日本語の起源といったテーマは、私たちのアイデンティティと不可分の日本語、そして日本人のルーツをめぐる問題とかかわり、広範囲の人々の興味・関心を引いたのであろう。

　私たち素人は外国語を学ぶときの経験から、日本語が欧米語はもちろん、東アジア諸語ともまったく異なる言語であると思ってしまう。たしかに日本語は、系統関係のなお不明確な、その意味では孤立的な言語なのかもしれない。しかし周知のように国語学、比較言語学の専門研究者は、文法構造や音韻の比較から、日本語を様々な言語や語族と関連づけようとしてきた。日本語、日本人は孤立してはいなかったとすれば、どこから来たのか。私たちの「祖先」、「親」、そして「兄弟姉妹」はどこにいたのか、今はどこにいるのか。素人は、そのような心躍る想像を掻き立てて楽しめばよいとしても、当然ながら専門研究は、多大の労力と研ぎ澄まされた思考を要する、きわめて困難な課題と取り組まねばならない。本講演会の来聴者は、そのような古代日本語研究の奥深さと最前線の議論に触れ、満ち足りた気持ちで帰路につかれたことであろう。本書からあらためて、そのような困難な学問的課題に取り組む研究者の熱意と、最新の成果を読み取っていただければ幸いである。

　最後に、当時文学研究科長であった者として、本講演会を組織された木田章義氏、および当日は期待に違わぬご講演を頂いたお二人のゲストに御礼申し上げたい。

京都大学文学研究科教授　服部　良久

第1章　日本語起源論の整理

木　田　章　義

はじめに

　「日本語の起源」は日本人にとっては興味の尽きないテーマである。これまで日本語は多くの言語との比較対照がなされてきた。しかし未だ兄弟言語、あるいは関係のある言語は見つかっていない。30数年前のタミル語以来、個別の比較研究は進んでいないようであるが、さまざまなところで類型論的分析も行われており、考古的資料も、遺伝的資料にも新しい情報が加わってきて、次の段階へと進む準備が始まっていると言って良いであろう。

　本書は、現在の起源論の窮屈な状況を打破するために、これまでの起源論を整理し、新しい起源論の可能性を探ってゆく環境を整えることを目的としている。これほど興味深い、楽しいテーマの研究がタブーのようになって、停滞しているのは残念なことである。結論は出なくても、類似した言語現象を持つ言語があれば、それを報告し、互いに意見を交換し、日本語だけでなく言語全般に対する興味をかき立ててゆければ、言語から文化へと興味も広がってゆくことであろう。

　「日本語の起源」という問題は、半分、「物語」の世界に踏み込んだテーマになる。確実なことは言いにくい世界なので、少々、飛躍や無理な接ぎ木があるのは仕方がないというおおらかな気持ちで、議論を楽しみたいものである。

　このような趣旨に基づいて、京都大学大学院文学研究科では、平成24年秋に、「日本語の起源と古代日本語」というシンポジウムを開催した。シンポジウムは和気藹々とした雰囲気に終始し、まずは露払いはできたかと思う。本書はその報告を兼ねたものである。

1 日本語の起源論争

　日本人は古くから語源には注意を向けていたが、日本語そのものの起源や来源についてあまり注意を払ってこなかった。日本語の起源の考察は、明治になって、イギリス公使館の書記官補（日本語通訳）として来日したウイリアム・ジョージ・アストン（William Geroge Aston）の研究からはじまると言って良いであろう。「日本語と朝鮮語との比較研究」（明治十二年（1879））という論文で、イギリスの雑誌に掲載された。そこでは日本語と朝鮮語の間に見られる語彙の類似、文法の共通性をあげ、両言語が親縁関係にあり、印欧語族の中の最も遠い関係にある二言語と同じ程度であろうと結論した。

　これまで日本語と関係があると言われた言語はたくさんあるが、その中で比較的まとまって論じられたものは、

　　　　朝鮮語、モンゴル語、南島語（マライ・ポリネシア諸語）、ツングース諸語
　　　　（高句麗語）、チベット語、アイヌ語、タミル語

などである。詳しくは〈表 1〉参照。

〈表 1〉

朝鮮語	1879	アストン	日本語と朝鮮語との比較研究(A Comparative Study of the Japanese and Korean Language)	『アジア協会誌』11 (The Journal of the Royal Asiatic society of Great Britain and Ireland)
朝鮮語	1898	白鳥庫吉	日本の古語と朝鮮語との比較	『國學院雑誌』4-4～12
朝鮮語	1904	宮崎道三郎	日本法制史の研究上に於ける朝鮮語の価値	『法学協会雑誌』
ウラル・アルタイ語	1908	藤岡勝二	日本語の位置	『國學院雑誌』14-8
朝鮮語	1910	金沢庄三郎	『日韓両国語同系論』	三省堂書店
アルタイ語・南島語	1911	新村出	国語系統の問題	『太陽』17-1
高句麗語	1916	新村出	国語および朝鮮語の数詞について	『芸文』7-2
南島語	1918	ポリワーノフ	日本語・マライ諸語類似点のひとつ	『日本語研究』（村山七郎訳）
アルタイ語	1920	小倉進平	『国語及朝鮮語のため』	ウツボヤ書籍店
アルタイ語・南島語	1924	ポリワーノフ	『一般言語学論集』(1968)	
アルタイ語	1924	ラムステット	アルタイ諸語と日本語との比較(A comparison of the Altaic languages with Japanese)	『日本アジア協会会報』(Transaction of Asiatic Society of Japan)

南島語	1924	ラベルトン	日本語とマライ・ポリネシア語との同系関係の研究の暫定結果 (Preliminary results of researches into the original relationship between the Nipponese and the Malay-Polynesian languages)	『ポリネシア協会誌』33-4 (Journal of the Polynesian Society)
アルタイ語	1938	金田一京助	『国語史系統編』	刀江書院
チベット語・ビルマ語	1941	C・K・パーカー	『日本語・西藏＝緬甸語同系論』	東亞同文書院支那研究部
南島語	1942	松本信広	『印度支那の民族と文化』	『日本語と南アジア諸語』 (1928 博士論文)
アルタイ語・南島語	1952	泉井久之助	日本語と南島諸語	『民族学研究』17-2
朝鮮語	1952	大野晋	日本語と朝鮮語との語彙の比較についての小見	『国語と国文学』29-5
アイヌ語	1957	服部四郎	アイヌ語の研究について	『日本語の系統』 (岩波書店)
アルタイ語・南島語	1957	大野晋	『日本語の起源』	岩波書店
高句麗語	1961	村山七郎	日本語の比較研究から	『国語学』47
高句麗語	1963	李基文	A Genetic View on Japanese	『朝鮮学報』27
モンゴル語	1968	小沢重男	『古代日本語と中世モンゴル語』	風間書房
アルタイ語	1971	ミラー(西田龍雄監訳)	『日本語とアルタイ諸語』 (Japanese and the other Altaic languages)	大修館書店
アルタイ語・南島語	1973	村山七郎	『日本語の起源』(大林・村山)	弘文堂
ドラヴィダ語	1973	芝烝	ドラヴィダ語と日本語	『人文論叢』22/ 23
パプアニューギニア諸語	1973	江実	日本言語学会発表	日本語の源流を求めて (1979) 『日本文化』4
ドラヴィダ語	1975	藤原明	日本語とドラヴィダ語における人体語	言語学会発表
チベット語	1976	西田竜雄	日本語の系統を求めて	月刊『言語』5-6/ 7/ 8
古極東アジア諸言語(インドネシア・カンボジア/ ビルマ系)	1978	安本美典・本田正久	『日本語の誕生』	大修館書店
タミル語	1980	大野晋	日本語とタミル語の関係	月刊『言語』1-9
アイヌ語	1982	梅原猛	古代日本語とアイヌ語	『梅原猛著作集』20 (集英社)
アルタイ語	1982	福田昆之	『日本語アルタイ比較文法序説』	FLL
南島語	1990	崎山理	古代日本語におけるオーストロネシア語族の要素	『日本語の形成』 (三省堂)
各言語	1980	大野晋編	「日本語の系統」	『現代のエスプリ』別冊 (昭和 55 年 6 月)

　しかし、今のところ、確実に日本語と兄弟関係にあると論証された言語はなく、逆に「音韻対応」を持った言語がないことから、日本語は孤立した言語であるという見解の方が強くなっている。

音韻対応

　音韻対応というのは、印欧語族（コラム参照）の研究の中で打ち立てられた、兄弟言語であることを確認する方法である。ある言語とそれと親縁関係にある言語と比較すると、似た意味の単語どうしの間に、音の対応関係が「法則的に」見られるという現象である。たとえば、印欧語族に属するサンスクリット、ギリシャ語、ラテン語の古代の三言語では、「父、母、兄弟、名前」などの単語を較べると、

	父	母	兄弟	名前
サンスクリット	pitár	māter	bhrāta	nāman
ギリシャ語	patér	mētēr	phrater	onoma
ラテン語	pater	māter	frater	nōmen

のようになり、一見してよく似た形であることが分かる。サンスクリットの唇音（p、b、m）はギリシャ語でも、ラテン語でも唇音（p、b、f、m）に原則的に対応する。このような規則的な対応関係があるとき、「音韻対応」があるという。このような対応は偶然ではあり得ないので、これらの言語は一つの共通した祖語から分岐していると判断されるのである。この三言語は古い文献が残っており、現代語で比較するよりもずっと似ている。現代語では変化が大きいとはいっても、ヒンディー語のように、印欧語的性格をかなり喪失し、文法体系が大きく変化してしまった言語でも、

	父	母	兄弟	名前
ヒンディー語	pitaa	maan	bhaaii	naam

のように、やはりよく似ている。

　日本語の兄弟言語の探索の時にも、この音韻対応のある言語を探すのであるが、見つからないのである。

コラム　印欧語族（インドヨーロッパ語族）

インド・イラン語派（Indo-Iranian）：

　インド語派：ヒンディー語、ウルドゥー語、ベンガル語、（サンスクリット）

　イラン語派：ペルシャ語（イラン語）、パシュート語、タジク語

ヘレニック語派（Hellenic）：ギリシア語

スラブ語派（Slavic）：

　東スラブ語（ロシア語）

　南スラブ語（ブルガリア語、スロベニア語）

　西スラブ語（スロバキア語、チェコ語、ポーランド語）

バルト語派（Baltic）：リトアニア語、ラトビア語

イタリック語派（Italic）：ラテン語（フランス語、イタリア語、スペイン語）

ケルト語派（Celtic）：アイルランド語、ウェールズ語

ゲルマン語派（Germanic）：

　東ゲルマン語（ゴート語）、

　北ゲルマン語（古ノルド語、アイスランド語、ノルウェー語、スウェーデン語）

　西ゲルマン語（英語、ドイツ語〈高地ドイツ語、低地ドイツ語〉、オランダ語）

所属不明言語：トカラ語（Tocharian）、ヒッタイト語（Hittite）

　これまでの提起された言語との対照、対応例について検討してゆく時、出来る限り日本語の古文の文法や語法について触れながら記述してゆくようにする。日本語と他言語との対応関係を探るときには、古代日本語の構造や特徴を知っていなければ、表面的な対比に終始してしまう可能性が高いからである。高等学校で習った古文の文法は平安時代を中心としたもので、奈良時代の文法はかなり異なった現象を示す。おそらく理解しにくい記述が出てくると思われるので、古代日本語についても平行して説明してゆく。高校時代の文法の授業の再現になるのではとうんざりとした予感があるかもしれないが、高校時代に比べると脳は成長しているはずなので、予感ほどの苦痛はないと思う。もう一度動詞の活用や助動詞の意味を見直せば、どうしてこの程度のことを苦痛に思ったのかと感じるのではないかと思う。

表記法

本書での表記法について簡単に説明しておく。

日本語のラ行はl音に近いのであるが、ローマ字表記ではrで表記する習慣があるため、他書からの引用例もrになっている。混乱を避けるために本書でもrを用いる。またハ行音は、p→φ→hの変化をしたことが明らかになっているが、奈良時代はまだpの段階にあった可能性が高い。しかし通説ではφ（f）音であったとされており、表記でもφやfが用いられるので、本書でもfを用いる（古代語についてはpに読み換えて欲しい）。古代日本語についてはpを用いる研究者も居るので、それはそのままpで表記しておく。

仮名の中には現代語と異なった発音のものがあるので注意していただきたい。

①「ち」は[ti]、「つ」は[tu]の発音（室町時代に[tʃi][tsu]に変化）

②ア行「え（e）」とヤ行「江（ye）」の区別あり（10世紀半ば頃に合一）

（平仮名の体系は「え」「江」の区別が無くなってから固定したために、ヤ行の「ye」を表す仮名が無い。仕方がないので「江」で代用する習慣である）

③ア行の「お（o）」とワ行の「を（wo）」の区別あり（平安時代末に合一）

④ア行の「え（e）」とワ行の「ゑ（we）」の区別あり（鎌倉時代に合一）

⑤ア行の「い（i）」とワ行の「ゐ（wi）」の区別あり（鎌倉時代に合一）

などである。

外国語の表記について原書のままに引用するが、タミル語のḷ、r̄、ṛ、ṇ、ṅ、ṉ、ṇ、ṭ、ḍなどは、だいたいl、r、t、dに近い音であると読んでいただいて大過はない。ローマ字の下に、「.」が付いているものは巻き舌音（反り舌音・捲舌音<ruby>舌<rt>ぜつ</rt></ruby>音）で、舌を上に巻いて発音する音である。細かな発音に興味を持たれた場合には、少し自分で調べていただきたい。タミル語のṛはḷと表記することもあるが、もとのままにしてある。母音のä、ö、üなどはだいたい中舌母音（舌が前寄りに位置する母音。奥舌母音に対立する概念）のa、o、uである。朝鮮語のïも中舌で、平唇的（唇を平らにして発音する。「円唇的」と対立する概念）なuである（コラム「上代特殊仮名遣」参照）。

2　朝鮮語と日本語

　まず、アストン以来、強い関心を持たれている朝鮮語を検討してみる。

　朝鮮語はアルタイ系言語とよく似た文法体系を持っているので、アルタイ系言語の一つであるという意見も強いが、日本語と同じように、アルタイ系言語との間に音韻対応が存在しないために、アルタイ系言語とは証明されていないことになっている。

　音韻対応の「法則」という観点から見ると、日本語と朝鮮語の比較された語彙には法則らしいものは見つけられない。例えば大野晋氏『日本語の起源』（旧版、1957）によると、日本語の k と朝鮮語の k とが対応する例として、以下のようなものが上げられている。そこに上げられている「窯、瓦、郡」のような文化語は古い語ではなく、物や文化とともに借用された可能性が高いので省いた。

	日本語	朝鮮語
①助詞	ka	ka
②離れる	karu	kal
③かゆい	kayusi	karyö
④代	kapu	kap
⑤所	ku	kot
⑥堅い	kata	kut
⑦蜘蛛	kumo	köïi
⑧雲	kumo	kurum
⑨黒	kuro	kam
⑩聞	kiku	kui

　①日本語 ka は係助詞の「か」で、朝鮮語の格助詞 ka と比較しているのであろう。現代朝鮮語では ka は主格助詞となっているが、もともとは間投助詞的（文中で用いられて、感嘆や念押しなどの意味を表す）なものと推定されており、日本語の ka も語中で用いられるので、間投助詞的な性格をもつと見ることも可能であろう。

②karu（離）と kal（行）は形は似ている（日本語表記に l を用いればいっそう類似する）。しかし朝鮮語は「行く」の意味なので、日本語の yuku と対応させるべきところである。おそらく「行く」のは、ある場所から「離れてゆく」ことであるという意味の派生を想定するのであろう。しかし日本語の karu に対比させるのなら、「離れる」の意味の ttəna-da（떠나다）か ttələji-da（떨어지다）の方が相応しい（この語形では対応例にはならないだろうが）。古代日本語の karu は、いくつかの語彙の対立関係の中にある。

> karu（離る）：二つのものが離れた状態にあること、関係が薄くなってゆくこと。
>
> sakaru（離る）：離れる、遠ざかる。そういう状態にある。
>
> fanaru（離る）：二つのものが離れてゆく。間隔をおく（「はなつ」と同語幹）

karu は sakaru に似た意味であるが、「（二人の仲が）karu（疎遠になる）」と表現されるように「自然に間が開いてゆく、間があいた状態である」ことを表し、sakaru は「離れる」という動作性が強く、「遠ざかる、鄙ざかる」などと使用される。fanaru（離る）はいつも居る場所から離れてゆくことを表し、故郷を「離れる」、牛や馬が「離れる」のである。他にも、wakaru（分る）、saru（去る）、saku（避く）、yoku（避く）なども似た文脈で用いることがある。朝鮮語 kal（行く）の意味から見ると、yuku、fanaru、sakaru、karu の順番に意味が近いのではないか。対応例には入れない方が良いだろう。

③日本語 kayui は、『万葉集』から見られる語（「かゆし」）である。17 世紀の朝鮮語に karyə-はあるが、karya-、kara-の形もあり、母音調和（後述）の点からみれば、後者の(a)形が本来のものであろう。意味は「かゆい」のようである。r の脱落と見て対応させることは不可能ではないが、母音の対応に不安が残る。

④日本語 kapu はおそらく「交換する、代える」の意味の「代ふ」であろう。朝鮮語の kap は、文字では kaps（값）と綴る。通常このような ps が並記されるものは p と s の間にあった母音の脱落を想定したり、後にあった si や sa の母音が脱落して、前の綴字に合綴されたことを想定する。本来の形態はどういうものであったのだろうか。朝鮮語には「報いる、支払う」の意味の動詞

kap-があり、kaps はこの kap-という動詞と関係するものと思われる。日本語の「かふ」に対応させるなら、同じ動詞であり、意味も似ている kap-との対応にした方がよいだろう。

　⑤日本語の ku は「いづく（何処）」や「隠もりく（地名の「初瀬」の枕詞）」にある「く（処）」のことであろう。奈良時代ではすでにこの二語くらいしか「く」を含む語はないので、古いものである可能性がある。ただ「ここ（此処）」の「こ」という形もあり、平安時代には「いづこ」という形が出てくるので、本来の形は「く」か「こ」か迷うところである。というのは同じ語の母音交替形と思われる「か」という形もあり（「すみか、やまが、かくれが、ありか」などの「か」）、a と交替する形は通常オ列音なので、古くは kö であった可能性もあるからである。そうなれば朝鮮語の kot と一層音形は近くなる。ただ朝鮮語の kot は綴りでは kos（곳）と書くので、古くは s 音で終わっていたのだろう。17 世紀頃でも kos であるが、この s が「処」という意味の語の一部なのか、何かが接尾しているのか分からない。この形のままなら、s の脱落として対応させることになるのだろうが、u と o の違いを含む一音節語の一致は不安である。

　⑥kata（堅）と kut は意味が同じようであるし、子音は似ているが、日本語 a、朝鮮語 u の対立は大野氏の挙げる母音の対応には入っていない。大野氏の挙げている母音の対応は

|日本語|a|a|a|u|u|ö|ö|i|i|
|朝鮮語|a|ö|i|o|ï|ö|a|a|ï|

であり、そこには a：u はない。同じ母音どうしの対応（i：i、u：u、o：o、ï：ï）も無いのは省略したのであろうか（öやïのような表記についてはコラム「上代特殊仮名遣」参照）。

　⑦kumo（蜘蛛）と kömïi（거믜;現代語は거미）は似ているが、この場合は日本語と朝鮮語の u と ö、o と ïi の対応が他にあるのかという点が気になる（母音対応例にはこの組合せは入っていない）。第一音節の母音が同じ円唇性母音であるので、対応例に入れてもよさそうに見えるが、日本語形は⑧の「雲」と同じ形である。⑧では kurum と対応し、ここでは kömïi と対応するというのは不

自然に感じる。⑧を認めるなら、こちらの対応例は省くべきであろう。

　⑧ kumo と kurum は似ているが、ru の脱落、末尾母音の o の添加ということになるので不安は残る。

　⑨「黒」の kuro と kam は k だけの一致であるが、これは対応していると見られない。

　⑩日本語「聞く」の連用形名詞 kiki と朝鮮語の kïi（耳）が似ているということであろうか。「聞き」は「聞くこと」であって「耳」の意味はない。少々意味を延伸しても「耳」の意味にはならないだろう。それに、「耳」の意味なら古代から mimi という語がある。対応させるのは無理であろう。あるいは朝鮮語の kïi が古くは「聞く」という意味だったということかもしれないが、通常「聞く」は tït-da（듣다）である。kïi が動詞的に使用されたことを明らかにしなければならないだろう。

　ところで、「耳」のような身体語彙は変わりにくいと言われるのであるが、

	鼻	口	目	体
日本語	fana	kuti	me	mu
朝鮮語	k'o	ib	nun	mom

のように形が全く違う。「体」の日本語 mu はおそらく mukuro（骸）の mu を念頭に置いているのであろう。mukuro は「胴体、首から下の部分」の意味といわれ、中世から用例が見られる。平安時代中期には karada（体）という語があり、『和名類聚抄』（源順、935 年頃の辞書）では「俗語」と注記されている。mukuro と karada は意味の違いははっきりしない。また mukuro も mu ＋ kuro と分解すべきなのか、muku ＋ ro と分解すべきなのかもはっきりしない。mu ＋ kuro と分解できたとしても mu が mi（身）の母音交替形であるという点も未確定である。対応例に入れるのは難しいと思われる。このような身体に関する語の対応例が少ないという点も問題とされる。

　このように見て行くと、k のように比較的安定した子音を例にしても、確かな例と言えるものは少ないのである。

コラム 上代特殊仮名遣

奈良時代はまだ平仮名・片仮名が成立していなかったので、漢字を使って文章を書いていたが、やがて漢字の音を利用して、日本語を表す方法が編み出された。たとえば yama（山）ならその日本語の発音にもっとも近い漢字を利用して「也麻」と表記し、kafa（川）なら「加波」のようにして日本語を表記した。このような漢字の音を利用した仮名を「音仮名」という。

その音仮名の使い方を調べると、『万葉集』『古事記』『日本書紀』などでは、平安時代以降は一音である音節が、二種類の漢字群で書き分けられていることが分かった。たとえば平安時代以降「き」と書かれる音節は、(甲)「支伎岐企棄寸吉杵来」、(乙)「貴紀記奇寄忌幾木城」の二つのグループに分かれており、「垣（かき）」の「き」なら、必ず (甲) 類の漢字を用いて、(乙) 類の字を用いない。「木」の場合には必ず (乙) 類の漢字で書かれ、決して (甲) 類の漢字を用いない。このようにして単語毎に (甲)(乙) が使い分けられていて、混乱することがない。「き」音を含む単語はたくさんあり、それを混乱することなく書き分けられたのは、発音が異なっていたからである。実際に (甲)(乙) に属する漢字の中国音は発音が異なっていたことが明らかになっている。このように二つに分かれる音節は、

清音節　き、ひ、み、け、へ、め、こ、そ、と、の、よ、ろ、も

濁音節　ぎ、び、　　げ、べ、　　ご、ぞ、ど、

の 20 音節にもなる（清音節 13 と濁音節 7）。これを上代特有の仮名遣いとして「上代特殊仮名遣い」と呼ぶ。それぞれの音節の二種類の発音の違いは母音にあるという意見と、子音にあるという意見とがある（木田 2013「音韻史」）。

表記法としては「き甲・き乙」、「き 1・き 2」、「き・き̄」などの方法があり、ローマ字を使った場合には、i・ï、o・öのように、甲類は普通のローマ字、乙類はローマ字の上に ¨ を付ける方式、i甲・i乙、i1・i2のように「甲、乙」や「1、2」を付けるやり方もある。本書では、e2のように表記するが、引用の場合にはëと表記することもある。日本語に関しては、ï、ë、öは特殊仮名遣の乙類を示し、日本語以外の言語では ¨ が付いているのは母音調和（後述）の陰性母音（女性母音）を表す。

朝鮮語との類似

　確かな対応語と見られるものは多くないが、文法を見ると無関係とは信じられないくらいに似ている。たとえば、

　　　　私-の　父　-は　あの　山　-に　　住ん-で　いる。
　　　　na-ïi　abədʒi-nïn　tʃə　san - e　　sal- go　itta.
　　　　〈나-의　아버지-는　저　산 - 에　　살- 고　있다。〉
　　　　（私-の　父　　-は　あの　山-　に　　住んで　いる。）

のように比べてみると、ほとんど同じ語順で、助詞や助動詞も同じように機能している。（　）の中は朝鮮語の単語を、もう一度、日本語に訳したもので、一番上の日本語とほぼ同じになることが分かる。

　　　　大きな　海　-　の　　むこう-に-は　彼-の　美しい　　故郷　-　が　ある。
　　　　kïn　　pada　　nəmə - e -nïn　kï - ïi　alïmdaun　kohyang - i　itta.
　　　　〈큰　　　바다　너머 -에-는、그-의　아름다운　고향　-이　있다。〉

のように、形容詞の使い方、言葉の順番、ほんとうによく似ている。語順を変えて、「彼の美しい故郷は大きな海のむこうにある」としても同じように対応する。

　このようにそっくりの文法形式を持つ言語が、互いに関係がないと信じろという方が難しいと言っても良い。これだけ似ているだけに、必ず対応する語があるはずだと、懸命に対応する語を探してしまうのである。

　しかし、たとえば朝鮮語の助詞は日本語の助詞とよく似た体系をもつが、対照してみるとその形はまったく異なるのである。

	提示	主格	属格	目的格	位置格	方向格	離格	道具格
日本語	wa	ga	no	wo	ni・de	fe	kara・yori	nite・de
朝鮮語	nïn	i、ka	ïi	lïl(ïl)	e、esə	e、lo(ïlo)	esə・butə	lo(ïlo)

主題を提示する日本語助詞の wa（は）は朝鮮語では nïn の形である。

　　　日本語　象 - は　鼻 -が　長い。
　　　朝鮮語　kʰokkiri- nïn　kʰo-ga　kilda.
　　　　　　　〈코끼리-는　　코-가　길다。〉

となる。つまり、外国人には使い分けが難しい「は」と「が」の使い分けまで、

日本語とよく似ているのである。

　動詞の後について、さまざまな意味を加えるのは日本語では助動詞であるが、朝鮮語では「語尾」である。機能をみれば似ているのであるが、日本語の助動詞は活用するのに対して、朝鮮語の語尾は活用しないところが大きく異なる。

　　kï - nïn　migug - e　ka - ryəgo　ha - go　in - nïn　　kət　kat^h - atta.
　　〈그 -는　미국 -에　가 -려고　하 - 고　있 -는　　것　같　-았다。〉
　　彼 - は　米国 - へ　行 - こうとし　-て　いる　　　ようだっ - た。

のような文章では、動詞の後に来ている下線部が語尾である。

　朝鮮語の助詞と語尾は何に接続するかという点が区分の基準になる。同じ -nïn（는）という形態であっても、名詞に接続すると助詞、動詞に接続すると語尾である。もともと同じ語源であった可能性もあるが、現在では接続する品詞に応じて分類される。日本語の場合には助詞と助動詞は活用の有無というはっきりとした基準で分けられる。日本語の活用は品詞分類の重要な基準となっているのである。

　この語尾 -nïn には、-nïn ＋ dʒi（-는지；〜かどうか）、-nïn ＋ de（-는데；〜だが）のように、さらに意味を加える語尾が着く。文法的機能を担う接辞が次々と膠着してゆくのを見ると、日本語よりも膠着的性格が強いと言って良いだろう。

日本語の活用

　日本人にとっては活用は特に不思議には感じないだろうが、実は五段活用（四段活用）のように母音が五つ（四つ）交替して、文法機能を表す現象はかなり珍しい現象で、日本語を特徴づけている。そしてこの活用は品詞分類の重要な基準になっており、活用する動詞・形容詞・形容動詞・助動詞と、活用しない名詞・副詞・連体詞・助詞を明瞭に区分できるのである。

　現代語では五段動詞であるが、古文では四段動詞である。四段動詞の未然形に意志・推量の助動詞「む（う）」が接続するとき、語幹と融合して「-おう」の語形ができた。歴史的仮名遣いでは「行かう」と書くので問題は無かったが、表音仮名遣いになると「行こう」と書くことになる。そこで未然形に「ゆこ」という形が必要になって、表記の上でも五段活用になった。口語で五段活用に

なったのは江戸時代と思われる。

　古文の文法では動詞の活用は、四段活用、上二段活用、下二段活用、上一段活用、下一段活用、カ行変格活用、サ行変格活用、ナ行変格活用、ラ行変格活用の９つである。

　四段活用は、

未然形	連用形	終止形	連体形	已然形	命令形
ゆか-	ゆき-	ゆく	ゆく-	ゆけ-	ゆけ
yuka-	yuki-	yuku	yuku-	yuke-	yuke

のように活用する。語幹末尾が ka、ki、ku、ke のように母音が四段に交替して、文法的機能を示しているのである。

　古文の二段活用は、現代語では一段活用になっている。二段活用は、

未然形	連用形	終止形	連体形	已然形	命令形
すて-	すて-	すつ	すつる-	すつれ-	すて（よ）
sute-	sute-	sutu	suturu-	suture-	sute(yo)

のような形式であるが（e 列音と u 列音の二つの母音の交替なので二段活用と呼ぶ）、これが、現代語では、

未然形	連用形	終止形	連体形	仮定形	命令形
すて-	すて-	すてる	すてる-	すてれ-	すて（ろ）
sute-	sute-	suteru	suteru-	sutere-	sute（ro）

のように、全てが e 列音になって、一段動詞になってしまう。これは上二段の場合も同じである。その結果、現代語では二段動詞が無くなってしまったのである。この変化を「一段化」と呼ぶ。この現象は日本語の古い形を考えるときに重要になる（後述）。

　日本語の形容詞は古くは活用していなかった形跡があり、奈良時代は形容詞が活用を整えつつある時期で、平安時代には、

未然形	連用形	終止形	連体形	已然形	命令形
	おほ-く	おほ-し	おほ-き		
おほ-から	おほ-かり	（おほかり）	おほ-かる	おほ-けれ-	おほ-かれ

のような形式に落ち着く。奈良時代では已然形はまだ発達途上で用例も少ない。形容詞を副詞的に使用する場合には「く」、文を終止するときには「し」、連体修飾に使うときには「き」、名詞的に使うときには「さ」という語尾を付けていた時代があり、それはまだ活用と呼ぶほどのものではなく、語幹にそれぞれ接辞（語尾）が付いているだけと理解できる（通常の活用ならば活用する行が同じになる）。ところが「多かった」「多いだろう」という意味を表したいと思ったとき、形容詞には助動詞が直接接続できなかったので、連用句を作る形「おほ-く」に動詞「あり」を接続させ（おほくあり-）、その動詞の後に助動詞を付けて「おほく-あり-き」「おほく-あら-む」のように表現した。そして「く」と「あり」が融合して「かり」となり、「おほ-かり-き」「おほ-から-む」の形になって、いわゆるカリ活用が生じた。従来の「く、し、き」語尾だけでは不足していた活用形をカリ活用から補って、活用形を揃えたのが、平安時代である。形容詞が活用しなかったらしいことは起源の問題を考える時には考慮しなければならない（後述）。

　付属辞である助動詞も、動詞由来のものは動詞と同じ活用形式、形容詞由来のものは形容詞的活用をするが、助動詞の中には形式化してしまって、ほとんど活用しないものもある。例えば、推量・意志の助動詞は、

　　　　　　○　　○　　　む　　む　　め　　　○

で、「む、め」の二形しかない。それでも活用している。

　文法の面では、この「活用」の有無が日本語と朝鮮語とのもっとも大きな違いになる。

　朝鮮語の特徴としては、形容詞が動詞とおなじように語尾が接続し、動詞と区別がない点が上げられる（次章の形容詞類型の一つ、動詞型）。朝鮮語が属するかもしれないと考えられているアルタイ系言語では形容詞は名詞と形態上の差がないのが普通であり、動詞型の形容詞は朝鮮語の特徴と言って良い。

受身・使役と否定表現

　日本語では使役は「せる・させる」、受身は「れる・られる」を接続させれば良い。朝鮮語の場合には使役・受身の語尾の区別が不明瞭である。たとえば、

mək-（食べる）という動詞に-i-が接続すると mək-i-da（食べさせる）、-hi-が接続すると mək-hi-da → mək^hida（食べられる）のように、i で使役動詞、hi で受身動詞を作る。しかし、この-i-が ssï-（かぶせる）に用いられると ssï-i-da（かぶせられる）という受身動詞になり、-hi-が nup-ta（寝る）に付くと nup-hi-da → nup^hida（寝かせる）のように使役動詞になる。つまり、

  i： mək-i-da（食べさせる：使役） ssï-i-da（かぶせられる：受身）

  hi： mək-hi-da（食べられる：受身） mup-hi-da（寝かせる：使役）

のように、-i-も-hi-も使役動詞・受身動詞の両方を作る接辞なのである。これは古い時代に使役と受身の区別が曖昧であったことを示している。その点、日本語は古代から、受身と使役の区別は明瞭であったし、受身は時代と共に多く用いられるようになってきている。朝鮮語のように受身と使役が判然としないのはアルタイ系言語的な特徴とみることができる。

　否定形式は、日本語では動詞の後に否定助動詞「ぬ（ず）」を接続させるだけであるが、朝鮮語では、例えば、ka-（行く）という動詞なら、

  ka-ji an-ta   an-kada

のように二つの表現方法がある。ka-ji-anta は否定接辞を付ける形（kaji）に否定辞 anta が接続しているので、日本語の「行か」＋「ぬ」と同じと見ることができる。しかし an-kada のように動詞の前について否定を表す表現方法は日本語にはない。

　もう一つ、mot-という不可能を表す接辞がある。

  ka-ji mot-hada   mot-kada

やはり、mot-が動詞の前に来る表現方法がある。「行くな、行けない」などの意味を表す。

　この禁止の表現については、日本語の「な……そ」、「な……」という禁止表現に似ている。「な……そ」が古い形とされるが、「そ」を強意の助詞と見るなら、朝鮮語の表現形式と対応することになる。大伴家持の歌に、

  我なしと　なわび我が背子　ほととぎす　鳴かむ五月は　玉を貫かさね

  （万葉 3997）

　（私が居ないと寂しがるな我が恋人よ、ホトトギスが鳴く五月には薬玉を作りな
さい）

のように、「な-詫び」で「な-詫び-そ」の意味を表す例もある。

　この表現方法は、中国語の「勿行（行く勿れ）」の「勿」を日本語 na、朝鮮
語 mot と読み、「行く」を日本語と朝鮮語で訓読すれば、それぞれ「な-行き
（そ）」、「mot-kada」となる。意味も禁止として共通する。両国のこの表現法は
ともに、中国語の訓読から生じてきたものであるかもしれない。そうなれば借
用表現としての共通ということになるだろう。

　それでも、朝鮮語の否定の「an ＋動詞」は日本語には存在しない否定形式
である。このような違いは、他の部分があまりに似ているために、違いとして
目立つだけなのかもしれない。

　語彙では似ているところを探し、文法では違っているところを探しがちにな
る。

音　　韻

　音韻の面でも類似点と相違点がある。

　濁音が語頭に出ない、ラ行が語頭に来ないなどは共通点であるが（複子音が
語頭に来ないを入れても良い）、音節構造や母音体系は大きく異なる。

　日本語の音節は基本的には母音で終わる開音節であるのに対して、朝鮮語で
は子音で終わる閉音節を許容する。mək-（食べる）のように子音で終わる語幹
が多くある。そのため漢字音も、例えば「託（tak）」を中国語の閉音節そのま
ま tak のように受け入れることができた。日本語では tak-u のように末子音に
母音 u を加えて受け入れる。これは両言語の音節構造の違いによるのである。

	学	達	甲	
中国語	ɣauk	tʼat	kap	（ɣ は h の有声音）
日本語	gak-u	tat-u	ka-pu	（→ ka-u）
朝鮮語	hak	tal	kap	

　（唐代の中国語で -t で終わる漢字は、朝鮮語では -l で受け入れた。吉

〈kil〉・発〈pal〉、活〈hoal〉など）

また、朝鮮語には「母音調和」という現象があった。

母音調和

　母音調和というのは母音が二種類（または三種類）に分かれ、その二種類は同じ語の中で共存しない現象を言う。中期朝鮮語（15〜16 世紀）の段階では、母音の体系は、

　　　　陽性母音　　　　ʌ　　o　　a
　　　　陰性母音　　　　ï　　u　　ə
　　　　中性母音　　　　i

のように三つの系列に分かれていた。ʌ 、o、a が陽性母音（奥舌母音）、ï、u、ə が陰性母音（中舌母音）、i は中性母音であった。そして一つの単語の中では陽性母音は陽性母音どうし、陰性母音は陰性母音どうしが使用される。たとえば həmul（咎）は ə、u の陰性母音ばかり、sasʌm（鹿）は陽性母音ばかりが使われている。i はどちらのグループとも共存できるので中性母音と呼ばれる。現代朝鮮語でも、sal（生きる）に連結語尾が付くとき、sal の a 母音に対応して、同じ陽性母音の-a という連結語尾が付く。mək（食べる）なら陰性母音なので、-ə という連結語尾が付くという制限の形で残っている。日本語にはこのような母音制限が存在しない。奈良時代の日本語では a と o_2（ö）の母音の対立関係があったようなので、文献時代を遡ると類似点になるかもしれないが、朝鮮語の母音調和のような体系的なものではないらしいので、やはり相違点と捉えるべきであろう。

　母音調和はアルタイ語族に共通している現象であり、朝鮮語がアルタイ語に属すると主張する根拠の一つになっている。

　音韻の面からは日本語と朝鮮語は共通点は多くはない。語彙の対応が見つからないのはこのような基本的な音韻体系の違いも原因なのかもしれない。

　例えば鵲は日本の本州に居ない鳥なので、「かささぎ」という言葉は文学とともに日本に入ってきた語と見て良い。その朝鮮語は文語では kačičak である。形が似ていることが分かるが、日本語は a-a-a-i という母音連続で、朝鮮語は

a-i-a であり、最後の子音は日本語 g、朝鮮語 k である。朝鮮語の形がもとに
なっているはずであるが、日本語に入った時にどのような変形を受けたのかが
分かる重要な例である。それが現代語では kkaci となるので、この形ならば日
本語の「かささぎ」との形の類似はだいぶ薄くなってくる。

　また、「かささぎ」と同じように対応例として上げられることの多い「むら
（村）」と mura（村）であるが、これは意味も形もそっくりである。しかし日本
語には「muru（群る）」という動詞があり、この動詞との関連がある可能性が
ある。「むらがる」という動詞、「むれ」という連用形名詞もある。「むら」が
動詞「群る」と関係があるなら、この一致は偶然ということになる。それでな
ければ、日本語から朝鮮語に入った、あるいは同源と考える方向もあり得る。

3　アルタイ語

　アルタイ系言語は朝鮮語と同じように、日本語と文法的にはそっくりである。
それぞれの言語の特徴があるので、まったく同じとは言えないが、基本的なと
ころは共通している。

　語順は日本語と同じで、名詞の後には助詞が付き、動詞の後には「接辞」が
付く（朝鮮語の「語尾」と同じように語形変化しない）。

　具体的に先ほどの朝鮮語の例文をチュルク系言語のウイグル語に直してみる
と、

　　　私-の　父 - は　　あの　山 - に　　住ん -でいる。
　　mining　dadam　　　awu　taγ- da　turi-　wati-du.(γ は喉の奥で発する g)
　　　私の　　父(私の)　あの　山 - に　　住ん-　でいる。

となる。日本語の単語を該当するウイグル語の単語に置き換えてゆけば、ほぼ
ウイグル語の文章になる。そのウイグル語を日本語に直すと、上の日本語と同
じになる。もっとも大きな違いは、ウイグル語には「人称接辞」があって、名
詞の後、動詞の後に主格や所属者に対応した人称接辞が付くところである。上
の例では dadam の m が「私の」の意味を表す人称接辞で、「私の（父）」を表
す。

(1) män dada-<u>m</u>   bilän   bazar - ɣa mang - di - <u>m</u>.

   私は 父（私の）   一緒に   市場 - に   行っ -た - 私。

(2) u   ata-<u>si</u>   bilän   bazar - ɣa mang-di.

   彼は 父（彼の）   一緒に   市場 - に 行っ -た。

のように、(1) は「män（私）」が主格で「dada（父）」に -m（私の）が付き、mang（行く）にも-im（私）が付いて、私の動作であることを示している。(2) は主格が三人称で、ata-si の si が「彼の（父）」であることを示すが、動詞には三人称語尾がないので人称語尾が付いていない。人称語尾を除けば、ウイグル語も朝鮮語と同じように偶然とは思えないほどよく似ていることが了解されることと思う。

　アルタイ系言語には主格助詞がなく、特に主題提示をしたいときには、ウイグル語では bolsa を付ける。対格助詞も通常は使わないが、使った場合にはその名詞があらかじめ分かっている、あるいは指定されているという意味を含む。これは日本語の口語では主格助詞と対格助詞がよく省略されるのと似ている。

　　俺、知らん。　　　私、本、　　読んでた。

　män bilmäymän.　　män kitap oqwattim.（q は喉の奥で発する k）

などの表現である。古代日本語でも主格、対格助詞は省略されることが多かった。主格助詞（が）と対格助詞（を）の発達が遅かったのである（必要でなかったから発達しなかったと言っても良い）。この点も類似点に入れても良い。

　形容詞は語形変化せず、名詞と区別が付きにくい。意味が形容詞的であれば形容詞として用いられ、名詞的であれば名詞として用いられる。ウイグル語の cirayliq（美しい；c は [tʃi]）を例にすると、

(1) 名詞を修飾する。　　　　　　：cirayliq qiz（美しい娘）（q は喉の奥で発音する k）

(2) 述語として用いられる。：bu qiz cirayliq.（この娘は美しい）

(3) 名詞として用いられる。：cirayliq-ni talla.（美しいものを選べ）

(4) 副詞として用いられる。：güllär cirayliq ecil-ip ket-iptu.（花が美しく咲いていた）

　アルタイ語族と言われる言語群は、チュルク系言語（トルコ系言語）、モンゴル系言語、ツングース系言語などである。文法的には互いによく似ており、基本的には日本語・朝鮮語と同じである。ただ、互いの語彙の比較をしてみると、牧畜関係の文化語や借用語と思われるもの以外は「音韻対応」らしきものが見つからないので、アルタイ語族という語族を認めない研究者も居る。

　ちなみに古くはフィン語族（フィンランド語をはじめとする北極海周辺の言語群やハンガリー語）とも関係があると見て「ウラル・アルタイ語族」を称することがあったが、最近では別の語族と理解されている。しかし伏流水のように根強い同系論がある。

〈アルタイ語の関係〉

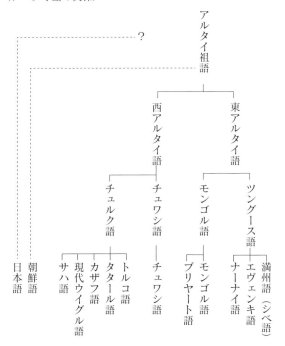

のように用いられる。形容詞は形が変わらず、名詞としても用いられる。先ほど、朝鮮語の形容詞が動詞的であると述べた理由が了解されると思う。日本語の形容詞も活用するのでアルタイ系言語と異なっているようであるが、先述したように、日本語でも古くは活用しなかった可能性もあるので、特に大きな相違点と見る必要はないかもしれない。

4 音韻対応以外の要素

　一般的に文法・語順などは変化しやすく、同系証明には使用できないと言われている。例えば印欧語族の中でもっとも古く分離したと考えられているヒッタイト語は SOV（主語-目的語-動詞）の語順であり、インド・イラン語派に属するヒンディー語でも SOV 式の語順をもっており、ヨーロッパの印欧語が SVO が多いのとは異なっている。最近では印欧語族も古くは SOV の語順であったが、SVO 的に変化したと言われるようになっているけれども、とにかくこのように語順は変化しやすいものであり、言語の親縁関係の証明には使えないと言われることが多い。しかし文法的な現象が親縁関係に関して発言力がないのではなく、印欧語を特徴づける性・数・格、人称などの体系の対応なども、親縁関係の証明の基礎になっている。比較する言語にもよるが、印欧語どうしなら、音韻対応のある単語が 2 割程度の言語であっても文法現象の類似によって親縁関係が感じられるという基本的な感覚が背景になっているのが普通のようである。

音韻対応の基盤（性・数・格）
　文法的性：ラテン語・ギリシャ語・サンスクリットのような古い言語では、名詞が男性名詞、女性名詞、中性名詞に分かれている。古い印欧語の体系もそうであったようである。フランス語などは中性名詞が男性名詞に吸収されて二種類になったし、ペルシャ語や英語では文法的性は無くなっている。従って、文法的性がないから印欧語族ではないとは言えないけれども、文法的性が存在すると印欧語族に属すると可能性が高いということになる（ヘブライ語、アラ

ビア語などのセム語族やアフリカの言語にもあるが）。

　名詞を性によって区別していない話者にとって、生物的性に関係のない無数の名詞を男性・女性に分けることは大変な労力を必要とするから、外国語の影響によって文法的性を持つようになるということは考えにくい。タガログ語（フィリピンの言語）などではスペイン語由来の語彙の中、人間に関する物については、女性形として語末母音 a、男性形 o の形で受け入れているものがあるが、あくまで外来語としての区別であって、その区別を自国語にまで当てはめることはしない。文法的正しさを求めなければ、全てを男性形で話しても、女性形で話しても意味は通じるはずである。非母語者は複雑な表現や必須でない文法要素は捨ててしまう。捨ててしまっても意志の疎通ができるのであれば、母語者も周囲の異語者（別の言語を母語とする人々）式の言葉を使うようになってゆくだろう。「帝国」を作ると、征服・統一した人々よりも、統治される人間の方が多くなるので、より一層その変化が促進されたことだろう。

　数・格：印欧祖語では、名詞は単数、双数、複数の三種、格は主格（が）、対格（を）、属格（の）、与格（に）、具格（で）、奪格（から）、処格（に、で）、呼格（呼びかけ）の 8 つを備えていたらしい。現代では双数をもつ言語は少なくなっているし、格もチェコ語は 7 つ、ドイツ語は 4 つ、ヒンディー語は 2 つになっている。英語は主格と所有格の 2 つのみではあるが、語順と前置詞で「格」を表現するようになっている。

　印欧語では、名詞は性・数・格に応じて形態変化し、これらの 3 つの概念を複合させて表示する。たとえば、ラテン語の「星」（女性名詞）は

	単数	複数
主(呼)格	stēll-a	stēll-ae
属格	stēll-ae	stēll-ārum
与格	stēll-ae	stēll-īs
対格	stēll-am	stēll-ās
奪格	stēll-aa	stēll-īs

となるが、例えば属格の場合には、名詞語幹 stēll に ae が付くと分析すれば、

日本語の「名詞＋の」と同じように見える。しかし、これは属格以外に単数・女性という概念まで含んでいるので、その中のどれかの機能を示す形態として取り出すことができない。アルタイ類型語では、格は助詞で示されるが、それは一つの形態で共通しており、単数・複数は別の接辞で表現する（日本語なら「たち、ども」など）。stēll-ae は、日本語なら「星の」、stēll-ārum なら「星たちの」あるいは「星どもの」で良い。アルタイ類型語では名詞の形が確定しており、助詞や語尾と融合することは稀である。

　人称：人称の区別はどの言語にも存在しているが、その文法的な扱い方は異なる。

　印欧語では人称に応じて動詞の形が変化する。例えば、ラテン語 amare（愛する）という動詞の場合には、

1 人称・単数	amō	複数	amāmus
2 人称・単数	amās	複数	amātis
3 人称・単数	amat	複数	amant

のようになるが、変化しない部分を語幹とすると、am- が語幹になり、単数はō、ās、at、複数は āmus、ātis、ant という語尾が接続していると処理できそうにみえる。しかし、この語尾は人称だけを表すのではなく、数の概念も含み、直説法で、能動相で、現在形であることも表している。未来ならば am-ābō (-ābō が語尾)、完了なら am-āvi (āvi が語尾)、過去完了なら am-āveram、未来完了なら am-āverō となる。語尾として処理できても、数が大量であり、はなはだ複雑な様相を呈する。

　アルタイ類型語では、

	日本語	朝鮮語	ウイグル語
1 人称：愛する		saranghanda	amraq-imän
2 人称：愛する		saranghanda	amraq-isän
3 人称：愛する		saranghanda	amraq-idu

複数にすると、

	日本語	朝鮮語	ウイグル語
1 人称：愛する		saranghanda	amraq-imiz

　2 人称：愛する　　　　saranghanda　　　　amraq-isilär

　3 人称：愛する　　　　saranghanda　　　　amraq-idu

となる。日本語・朝鮮語は主格がどんな人称でも述語の形は同じで、人称は代名詞（名詞）によって示される。つまり「私」や「彼」という形で表現されるのであるから、人称は文法化されていないのである。アルタイ系言語では、上のウイグル語の下線部のように人称が接続するので、文法化されているものもあるが、主格の人称だけを表し、印欧語のようにそれ以外の文法概念は表さない。このような言語では主格を言語化した場合には「私は行く・私」という表現になる。主格を表現するようになると人称語尾は剰余的になり、消えてゆく可能性が高い。

　人称語尾は、ツングース系言語にも存在するが、満州語にはない。現代モンゴル語には人称語尾は存在していないが、中期モンゴル語にはあった。ただし、これは新しい発展と言われている。アルタイ語の人称語尾は後の発達であるという意見もあり、古くからのものであるという意見もあり、決着は付いていない。

　一つの概念は一つの形態で表現し、一定の順序で次々と膠着させてゆくのは合理的な構文法で、アルタイル類型語は、一つの言語タイプの発展として最終段階にあると見てもよいほどである。このような膠着法は、記憶するのに省力的、経済的である。ラテン語の複雑さと比べてもそれは良く理解できるであろう。膠着法と同じように、語順による構文法も合理的なものであり、記憶の圧力を軽減できる方法である。ラテン語のような融合的で複雑な文法体系は、正確に継承して行けなくなって、必須でない文法要素は省略されてゆくのは必然の流れである。

　印欧祖語の文法範疇がすべて子孫の言語に継承されているのではないが、必ず一部分は継承されている。数や性の区別があったり、人称によって動詞の形態が変わったり、格によって名詞や形容詞が変形したり、古い文法範疇が残っている。かなり古くに印欧語族から分岐したと言われるリトアニア語は、性・数・格の区別を残し、be 動詞も buuti のような形で存在するし、動詞も人称に応じて変化する。印欧語の話し手ならば、形態は異なっていても、共通性を感

じることができるだろう。たとえば、ヒッタイト語が印欧語族に属することが分ったのは、格語尾や分詞などの文法形態に類似した点があることに気付いたことが大きな要因になっているという（古田和彦『言葉を復元する』1996）。そのような感覚が語彙比較のための基盤となっている。日本語とラテン語のように、文法的な共通点がほとんどない言語同士を比較してみようという気持ちにならないのは、当然のことである。

　ところが日本語と朝鮮語には偶然とは思えない文法的な類似が存在しており、しかも隣どうしである。その基盤的な共通感は間違いないのに、音韻対応のある語彙がほとんど見つからないのである。竜宮城から帰ってみたら、村のたたずまいはそのままなのに、人がみんな入れ替わっているような感じではなかろうか。浦島太郎が、必死になって村を歩き回り、見知った人が居ないか探したのも当然であろう。ちょっと似た人を見つければ、きっと隣に住んでいた爺さんの子供に違いないと思いこんでしまうことも理解できる。

5　モンゴル語と日本語

　朝鮮語に次いで興味を持たれたのは、モンゴル語である。日本人はモンゴル語やモンゴル人に親近感を抱いている。これは昔からモンゴルの大平原やモンゴルの独立などに日本人が関心をもっていたこともあるだろうが、その容貌が日本人に似ているという点も、親近感の原因なのであろう。

　モンゴル語もアルタイ系言語であるから、日本語、朝鮮語、ウイグル語と文法類型は同じである。アルタイ系言語なので母音調和がある。閉音節を許容する。日本語よりは朝鮮語の方に似ている。小沢重男氏（1978『モンゴル語と日本語』、1979『日本語の故郷を探る』）などで単語の対応が調査されている。そこでは、動詞語根の対比例 183、名詞形容詞の対比例 159、合計 342 例が対応するという。

　対応例として上げられたものを、纏めてみると、

　　　　日本語　　モンゴル語
　　　　k　　　：q、k、γ、g（q、γ はウイグル語と同じく、喉の奥の k、g）

s　　：s、č、j、l　（č は [tʃ]）

t　　：t、d、r

n　　：n、d、ŋ

φ　　：h、b

m　　：m、b

y　　：j、d

語中 r：-r-、-l-

w　　：b

のようになり、唇音は唇音どうし、舌音は舌音どうしが対応させられている。
たとえば、はじめに上げられている、

① ake₂（開ける）：aŋɤa-（開ける、開く）

② age₂（挙げる）：aɤsa-（上がる、上げる）

③ oki（置く）：orki-（放置する、置き捨てる）

④ obi（帯びる）：emüs-（身につける）

⑤ sari（去る）：sarni-（四散する、去る）

⑥ tiri（散る）：tara-（散る、四散する）

⑦ tuki（搗く）：tük-i（杵などでつきつぶす）

⑧ tuki（突く）：tük-i（押す、突く）

⑨ nuri（塗る）：nul-i（塗る）

などの例を見ると、意味的にも形態も似ているように見える。

　① ake₂（開ける）：aŋɤa-（開ける、開く）の対応は、もともと anka-という語があり、それが日本語では ake₂ に変わり、モンゴル語では aŋɤa に変化したと説明している。日本語の場合には n が脱落したと解釈するのであろう。モンゴル語では n が ŋ に変化し、ŋ の鼻音の影響で k が ɤ に変化した結果 aŋɤa になったというのであろうか。モンゴル語の aŋɤa は aŋ（裂け目、穴）と関係し、「開く」という意味であったと言う。たしかに辞書には、aŋarhait（亀裂）やaŋal（裂け目）という派生語もある。現代語では aŋɤai-（開く）に他動詞語尾-lɤa-がついて aŋɤailɤa-（開ける）となっているので aŋɤa-自体は自動詞なのだろうが、日本語 ake₂ は下二段活用なので他動詞「あける」である。自動詞で対

応させるなら四段活用の「あく」の連用形 aki と比べる方が良いだろうが、モンゴル語の形とは対応しにくくなる。

　日本語の ake₂ は「(夜が) 明ける」の意味の「あく」と同語幹の語である可能性が高く、「赤し」「あけ (朱)」「明るし」とも関連があると思われる。

形状言

　ここで古代日本語の造語法の説明に用いられる「形状言 (情態言)」という概念について説明しておく。形状言というのは、品詞としては未分化で、概念だけを表し、後に接辞や語尾が付くことによって初めて文章の中で機能するようになるものである。例えば「たか (高)」という形状言は、「高い」という概念を表すが、品詞としては未分化なので、そのままでは文章の中で機能することができない。これを形容詞として使おうとすると形容詞語尾「し」を付けて形容詞とする。動詞として使うときには動詞語尾「む」を接続させる。そのままでも「たかやま (高山)」のように複合語をつくる。この「たか」を名詞で使用するときには「さ」を付ける方法と e 列音の「たけ (岳、丈)」の形をとる方法がある (この take₂ は taka に名詞を作る語尾 i が接続して、taka + i → take₂ となったと考えられている)。つまり、

$$taka + si \rightarrow takasi （高し）$$
$$taka + mu \rightarrow takamu （高む）$$
$$taka + yama \rightarrow takayama （高山）$$
$$taka + sa \rightarrow takasa （高さ）$$
$$taka + i \rightarrow take₂ （岳、丈）$$
$$taka + mi_1 \rightarrow takami_1 （高み）$$

のようになる。この taka は taku (長く) という動詞の未然形相当の形 (taka) である。もともと未然形は単独で用いられることがなく、必ず後に「る、す、ず、む」などの助動詞か、助詞「ば」が接続して初めて文中で機能することができる。未然形は活用の中に含められているが、古くは動詞、形容詞、連体詞、名詞などの語を作り上げるための造語形とみることもできる (阪倉篤義『語構成の研究』)。このように品詞未分化で、概念だけを表し、色々な語を派生する

基になるものを「形状言」または「情態言」とよぶ。多くは「-a」の形をとるが、前に u 母音、o 母音があるときには「-o」形をとることが多い。

-a：いた（痛）、あか（赤）、たか（高）、わか（若）

-o：ふと（太）、おほ（多）、とほ（遠）、ほの（仄）

上述の「あか」の場合なら、

aka + si　→　akasi（赤し）

aka ＋ mu　→ akamu（赤む）

aka + i　→ ake₂（朱）

aka　→ aka（赤）

aka + sa → akasa（赤さ）

aka + mi₁→ akami₁（赤み）

aka + tama → akadama（赤玉）

aka ＋ ru ＋ si → akarusi（明）

のようになる。この aka は aku（明く、開く）の未然形相当の形である。名詞形の「あか」は形状言相当のものがそまま名詞にも用いられたものといわれる。この形状言による派生は基本的な造語法であり、奈良時代から平安時代になっても、第3章で論じられるように、造語力はかなり強かった。

自動詞と他動詞

日本語の自動詞と他動詞の対立関係は、

(1) 四段活用と下二段活用の対立として現れる。

分く（四段、自動詞）：分く（下二段、他動詞）

掛く（四段、自動詞）：掛く（下二段、他動詞）

(2) 同語幹に「る」「す」を付けて対立させる。

あまる（余）：あます　　いたる（至）：いたす

(3) 他動詞に「る」を付けて自動詞に、自動詞に「す」を付けて他動詞にする。

「る」：あづく（預）→あづかる、さぐ（下）→下がる

「す」：ある（荒）→あらす、なやむ（悩）→なやます

の三形式があった。(1)(2)(3)の順番に新しくなり、文献時代では(3)の方式が活発に造語してゆくのであるが、これも語幹の部分は「形状言」になっている。

この(2)(3)に用いられる「す」は、モンゴル語の他動詞語尾 lɣa-と同じ働きをしている。モンゴル語には「る」に相当する自動詞語尾 ɣda もある。たとえば他動詞 ura-(破る)に自動詞語尾 ɣda をつけて自動詞(受身動詞)ura-ɣda-(破られる、破れる)を派生する。従って機能的にみて、以下のような対応がある。

　　　る　：　ɣda
　　　す　：　lɣa

機能としては似ているが形態は似ていない。

このように日本語とモンゴル語に、動詞の派生法に類似した形式を持っているのであるが、ake₂と aŋɣa の比較にはこのような動詞派生法に対する考慮はなされていないようで、anka という仮想形を設けてまで対応例に入れる必要はないだろう。

さらに付け加えれば、「あく」に対して「ひらく(開く)」という語もあり、aŋɣa の意味は「ひらく」の方に似ているようである。日本語での「あく」と「ひらく」の意味の違い、相互関係も考慮しておかねば、間違いのない対応例にはできないだろう。

②age₂と aɣsa-の対応も、モンゴル語は aɣsai-(上がる)、aɣsa-(腕に下げる、持ち上げる)などがあるので意味としては問題なさそうである。日本語では s の脱落とみるのであろうか。s の脱落かと思われる例はいくつか挙げられているが、はっきりした例がない。たとえば日本語 uruφ-i(閏)に対するモンゴル語 urus-(流れる、潤う)の例をみると、uruφ と uru の対応と見ているのか、φ と s が対応しているというのかはっきりしない。urus-を含む語彙は、urusxal(水流;x は k の口語形。発音は[h]に近い音)、urusulta(流れる雨水、流れ)のように「流れ」に関係するのが基本的な意味のようであり、日本語の「うるふ」とは意味に差がある。s の脱落例とは見ないのが良いだろう。

age₂と aɣsa-は対応例から省いておくのが良さそうである。

　③ oki（置く）：orki-（放置する、置き捨てる）の例は、意味も形もよく似ているが、モンゴル語 orki-は辞書に依れば orxiɣul が「サイコロ」、orxiɣuli が「投げ縄」、orxičaɣ-a が「玉投げの遊び」というように、「投げる、棄てる」に意味の中心があるようである。意味的に一致していないように見える。

　④は語形があまり似ていないようであるが、日本語は *ömb-i、モンゴル語は *emb-ü-sio（* が付いているのは推定形）という形を想定しての一致である。他の場所でも日本語 oɸu（生ふ）とモンゴル語 ebesü（草）が対応させられている。モンゴル語の ebesü（草）の語幹 ebe は öɸö-（生える）の変化したものであり、その öɸö-が日本語の「おふ（生ふ）」と対応するというのである。この対応の説明は随分複雑で、モンゴル語で ö → e の交替があり、「名詞化の r」が接続したあと、脱落し、b が p に交替したという。このような過程を証明することは難しい。そこまで無理をしてみても「生える」という意味が「草」の意味になるとは考えにくいので、対応例から外しておく方が良いだろう。

　⑤ sari：sarni-は、モンゴル語の後の n が気になるが、対応例と見ても良さそうである。

　⑥ tiri（散る）：tara-（散る、四散する）の tara-は「散る、分散する」で、意味と子音が対応しているように見えるが、広い a 母音の連続が、i という狭い母音の連続と対応しているのは不自然である。日本語の a に対してモンゴル語 a、e、i が対応するとは書かれているが、その分化する条件は挙げられておらず、例を見ても法則らしいものは見つからない。対応例としない方がよいだろう。

　⑦⑧日本語の tuki に対応しているというモンゴル語の二つの tük-i は同じ語であろう。これについては子音も母音も意味も似ているのだが、他のところでは日本語 tuki（tukï）という形に、モンゴル語 tüge-（ゆきわたる）、tüges-（杵などでつきつぶす）、türki-（つける）、tülk-i（押す）、düri-（dürü）（漬ける）、tuɣur-（終わる）とも対応させられている。これらの形態の異なるモンゴル語が日本語の一つの音形（tuki）に収斂していったとするのは無理がある。対応例を整理しなければ、どれを本当の対応とみるべきか判断できない。

　また上に掲げたもの以外にも、日本語 kiraɸi（嫌）に対して、kilayi-（横目で見る、嫌う）が対応させられているのであるが、日本語 kiraɸu は「切る＋ふ」

と分析され、切り分けることから、選ぶの意味になり、不必要なもの、不快なものを選び棄てることに重点が移り、現代語の「嫌う」という意味に移っていったと思われる。kilayi-にそれに近い意味があればもっと似ていることになるが、xilar（kilar）（斜眼）、xilai（kilai）-、xilui（kilui）-（ちらっと見る、睥睨する）などの同源らしい語を見ると、基本的な意味は「（斜めに）見ること」に意味の中心があるようで、「嫌う」はかなり意味が延伸したものではないかと思われる。日本語の語構成を考えると、対応例には入れにくい。

　多くはないが、確かに似ているものもある。上に挙げた例では、nuri（塗る）：nul-i（塗る）であり、他にも kiru（切る）：xiru-（細かく切る、切る）などである。xiröge（ノコギリ）という語もあり、xiru-は確かに古くから「切る」という意味を持っていたようである。これは対応例として問題はないだろう。

　このように検討してゆくと、342 例の中、対応しているとみても良さそうなものは、無理をしてもせいぜい 45 例ほどになってしまう。

　モンゴル語と日本語との関係は、朝鮮語との関係よりも遠い感じがする。

6　タミル語と日本語

　最近日本語の起源について、大きな論争を引き起こしたのはタミル語との比較である。

　タミル語は日本ではあまり知られていなかった言語であるが、インドの南部で話されているドラヴィダ語族に属する大きな言語である。このドラヴィダ語が、日本語との関係で、1970 年代から注目されるようになった。最初に芝蒸氏が日本民族学会の第 12 回研究大会で系統関係を論じたのが最初という(1973)。つづいて藤原明氏（1980「日本語の基礎動詞の起源」）が日本語とドラヴィダ語の動詞について比較を行った。

　そのあと大野晋氏が 20 年の歳月を掛けて分析を続けた。大野晋（2000『日本語の形成』）では対応語彙を 500 例近く挙げ、文法の比較も行った。そして考古学的成果、文化的類似も根拠として、縄文時代終わりから弥生時代の初めにかけて、タミル語を話す集団が日本に到来し、当時日本列島で話されていた

縄文語と混淆して、日本語に発展していったと結論した。タミル語説はテレビ
や新聞にも大きく取り上げられ、反響も大きかったので、言語学の専門家、ド
ラヴィダ語や南インド文化の専門家が、それぞれの立場に立っての反論を行い、
大野説を検討するフォーラムまで開催されたという点で、特筆すべき比較研究
であった。

　ドラヴィダ語はインド南部からスリランカにかけての地域で話されるが、そ
の周辺には類似した言語がなく、系統のはっきりしない語族と言われている。
ドラヴィダ語の研究はかなり積み重ねられており、ドラヴィダ祖語の復元もな
されている。

　日本語とタミル語は、語順をはじめとして、格を表す格接尾辞や語尾（助動
詞に当たる）など、アルタイ系言語と同じように日本語に類似している。先ほ
どの文章をタミル語に訳してみると、

　　　　　私-の　父　- は　　あの　山 - に　　　住んで　いる。

　　　en　　appaa　　　anta malai - yil　　val -　kir- aar。

のようになり、非常によく似ていることが分かる。しかしタミル語にも人称語
尾があり、上の例では aar が三人称単数の男女共通の人称語尾である。一人称
の動作には een が付き、二人称の動作には動詞末尾に aay が付く。

　　　naan　　poo - kir　-een。　　　　　nii　　poo- kir -aay。

　　　私は　　　行く - (現在) - (私)。　　　　君は　　行く - (現在) - (君)。

　「私たち」なら-oom、「あなたたち」なら-iirgal が付き、主格は省略しても構
わない。この人称語尾の存在は日本語との大きな相違点である。三人称には文
法的性による区別もある。細かなことでは、格接辞（格助詞）の用い方にも違
いがあるし、音韻でも母音連続を避けるときには二つの母音の間に y、v を挿
入するという子音挿入の方式が中心であるという点も比較的大きな相違点であ
ろう。

　またタミル語の母音は a、i、u、e、o の五母音であるが、それぞれに長母音
aa、ee、uu、ee、oo がある。日本語の長母音は、現代語でも発達しているとは
言えず、漢字音や外国音を除くと、オトーサン、オカーサンなどの親族名称と

オーカミ（狼）、トーイ（遠）などのように語中尾で「お」と表記すると定められている語にオ段長音があり、ほかにイ音便・ウ音便によって生じた長音（「聞いた」、「問うた」など）がある程度で、本源的な長音ではない。古い時代でも長音は無かっただろうと見られている。

　タミル語が縁遠い印象を受ける理由の一つは、その子音体系が日本語・アルタイ語などと大きく異なっていることが挙げられる。タミル語の子音体系は、文字で表すと、以下のようになる。

　　　　k、ṅ、c、ṇ、ṭ、ṇ、t、n、p、m、y、r、l、v、ḷ、ḻ、ṟ、ṉ

　これを語頭に来ることができるかどうかで分けると、

　　（1）語頭に来る　　　　k、c、ṇ、t、n、p、m、y、v
　　（2）語中・語尾　　　　l、ḷ、ḻ、r、ṟ、ṅ、ṇ、ṉ、ṭ、

となる。特に（2）に、大きく異なるという印象を与える音が含まれる。これらは舌音関係の音ばかりで、根源的な音であるといわれているが、語頭に出ないところからみると、何かの音が変化してできたものである可能性を示している。インド大陸特有の巻き舌音も（2）に入っている（「巻き舌音」とは舌を上へ持ち上げて、あるいは舌を巻いて発音する音）。

　ここには濁音文字がないが、t、ṭ、k、p、cなどは語中で母音に挟まれた場合や前に鼻音がある場合には濁音になる。つまり濁音は語頭には出現せず、語中語尾の環境には音声現象として表れるのである。音韻としては清濁の対立はないということで、朝鮮語と同じである。日本語でも古くは語頭に濁音は立たない。語中においても「連濁」（「いし＋はし」が「いしばし（石橋）」、「あか＋たま」が「あかだま（赤玉）」になる現象）という現象があり、濁音は不安定な位置にあった。平安時代になって平仮名ができたときには濁音を表示しない体系として成立していることもその不安定さを示している（平安時代中頃から濁点を補助符合として用いる工夫はなされたが、現実には江戸時代終わり頃になってようやく一般化した）。

　音節構造をみても、タミル語は子音終止（閉音節）が普通に存在しているのに対して、日本語は母音終止（開音節）が基本であり、現代語では鼻音終止

（kaŋ〈カン〉）や撥音（ton-de〈トンデ〉）、促音（kit-te〈キッテ〉）などがあるが、それ以外は母音終止の音節ばかりである。奈良時代には促音・撥音・長音もなかったと言われている。おそらく実際の音声では、一部に存在していたとは思われるが、文字資料には表れなかったのであろう。タミル語は子音でおわる音節を許容するが、現実の音声としては、語末にくるのは鼻音と巻き舌音の場合に限られるようなので、実際にはそんなに多くはなさそうである。

　さらに、タミル語の語根は名詞、動詞などの品詞性が弱いという（家本氏1996「大野説の問題点」）。文章の中で名詞接辞・動詞接辞がついてそれぞれ名詞・動詞となるのは、先述の「形状言」と似ている。しかも a 母音で終わる形が中心というのであるから、ますます形状言に似ている。大野氏がタミル語に引き込まれていったのは、当然のような気がする。

大野説の概要

　大野説は『日本語の形成』（2000 年、『形成』と略称する）を中心に、『日本語の源流を求めて』（2007 年、『源流』と略称する）を参考にする。山下博司氏（1996「大野博士の所謂「日本語＝タミル語同系説」によせて」、1998「大野晋氏の問いに答えて」）の批判も参考にしながら考えてみる。

　大野氏はタミル語と日本語の全体的な分析を行い、以下のような類似点を挙げている。

（1）語順がほぼ同じ。

（2）助詞の体系が似ており、音形も似ている。

　　　〈格助詞〉　日本語　　　　　　タミル語

　　　　　① no　（の）　　　　　　iṉ

　　　　　② ni　（に）　　　　　　iṉ

　　　　　③ tu　（つ）　　　　　　attu、atu

　　　　　④ ga　（が）　　　　　　aka、akam

　　　　　⑤ kara（から）　　　　　kaal

　　　　　⑥ to　（と）　　　　　　oṭu

　　　〈係助詞〉

        ① mo（も）   um

        ② fa（は）   vaay

        ③ ka（か）   kkol、kolloo

        ④ ya（や）   ee ＜*yaa

        ⑤ so（そ）   taan

〈終助詞〉

        mono（もの）   man

(3) 動詞接辞（助動詞）の対応がある。

	日本語	タミル語
①自動詞化接辞	-ru	-ul、-ir
②他動詞接辞	-su	-ttu、-ttu
使役接辞	-su、-simu	-ppi、-pi、-vi
③自動詞の完了接辞	-nu	-nt
他動詞の完了接辞	-tu	-tt
④持続接辞	-ri、-tari	-irunt
⑤推量（未来）接辞	-mu	-um
⑥必要・義務・命令・禁止接辞	-besi	-veent
⑦否定接辞	-ani	-anru
	-ina	-inru

(4) 接辞の順番が同じ。

	①自動・他動	②受身	③完了・持続	④否定又は推量	⑤質疑・感動
行カ	セ	ラレ	タラ	ム	カ
naṭa	tta	ppaṭ	ṭat	um	kolloo

(5) 指示代名詞に近称、中称、遠称の三区分がある（「こ」「そ」「あ」）。

音韻の類似点は以下の項目である。

(6) a、i、u、e、o の五母音である。

(7) 分布の制限：

    ①母音連続を嫌う。母音音節が語中に来ない。

　　　②語頭に、l、r が来ない。

　　　③語頭に、複子音（str、pr など）が来ない。

　　　④語頭に、濁音（b、d、g、j など）が来ない（v のみ語頭に立つ）

　　　⑤t、ṭ、k、p、c などは語中で、母音間、または前に鼻音がある場

　　　　合には濁音になる。

(8)　a／u の交替現象があり、それが古代日本語の a／ö の交代と対応す

　　る。

　　　　　タミル語　　kacakaca：kucukucu、atir：utir、

　　　　　日本語　　　tawawa（実る様）：töwöwö、kata（片）：kötö（独）

　　などである。

タミル語との相違点として、以下の点が上げられている。

　　　①巻き舌の子音、ṭ・ḷ・ṇ・ṛ・ṟ などがある。

　　　②長母音がある。

　　　③子音で終わる音節（閉音節）がある。

(2)　の〈係助詞〉①②の「の」「に」と「in」の関係であるが、確かに似た
用法をもち、形でも n を含むので「の」「に」の両方に通じる。大野氏に依る
と、「の」に対応する例は、

　　all‐　iṉ　maṟai（maḻai）

　　夜‐　の　　雨

　　mutu　peṇṭ‐ iṉ　kaatal　am　ciṟaaaṉ

　　老　　婦人‐の　愛する　　美　少年

のように、連体句内の主格（老婦人の愛する～）も表せるのであるから、まさ
しく「の」と同じであると見える。一方、この in には日本語の「に」に当た
る用法もあり、

　　el　aṟu　poṟut‐iṉ

　　夜　終る　時‐に

　　cevi‐yil　keeṯp‐ iṉ‐ um　col　　　iṟantu　vekuḷvooḷ

　　耳‐に　　聞く‐　に‐も　その言葉に　耐えず　怒るだろう。

という例が挙げられている。どちらの in も日本語「の」では表現できず、「に」に相当する用法である。そうなればタミル語の in は日本語の「の」と「に」に相当することになる。しかし日本語では「の」と「に」がもともと同じ助詞であったということは考えにくい。というのは「に」は連用句を作る接辞であり、「まさに、ついでに」などの副詞句を作る。格助詞として使用されるのも、その用法の一部であると思われる。そのような広い範囲に使用される「に」に対して、「の」は連体格（通常は体言と体言を結びつける）であって、その機能にはかなり大きな違いがある。「父の住む家」のような連体句の主格を表す用法は連用修飾句をつくる働きに近いように見えるけれども、通常は「父の」は「(住む) 家」にかかっていると解釈する（普通の「A の B」の形ということである）。タミル語においては「in」はどのような意味合いをもって使用されているのか、同じ属格をあらわすという③の attu、atu とどのように違いがあるのかなど、かなりタミル語に詳しくなければ文法の比較は表面的なものになってしまう。

　③ attu、atu に対比される「つ」は「天つ空、上つ瀬」のような連体格の「つ」である。家本氏（1996）、山下氏（1996）に批評があるが、atu は「属格形成接辞」というのは間違いないようなので、「つ」と平行する。一方、attu は伝統的文法では caariyai（inflectional increment , empty morpheme）、あるいは irrational nouns に当たるものであるという。これは語幹を形成するときに接続する「意味の分からない小辞」ということのようである。atu と attu は異なったものなのか、大野氏の言うように、共通したものであるのかは、タミル語の専門家の判定が必要であるが、属格的意味の点では「つ」と一致していると見られる。

　④「が」と aka、akam の対応。akam は「の中に、の内に」を示す格接辞（case marker）であるが、もとは「中、内」の意味の名詞であったという（山下氏）。大野氏も指摘するように、日本語の助詞の中にも名詞が形式化してできたものがあるので（「へ」「から」「ばかり」）、「が」も代名詞や名詞から助詞になった可能性はある。指示詞の「か」が語源であるという説もある（「彼の」の「か」）。語源はさておいて、「が」と aka、akam は、属格や連体句の中の主格を表す点は似ていることは間違いないようである。

　⑤「から」はもともと「くにから（国柄）、やまから（山柄）、かみから（神柄）」や「はらから、やから」の「から」で、「本体、根幹」の意味を表す名詞であったらしい。そして「そのまま、そのために、そればかり」などの意味の形式名詞となっていったようである。奈良時代から原因・理由を表す用法、経過点を表す用法があり、「より」と意味の重なりがある。また、中世では口語的な表現であったとも言われる。タミル語の kaal は、「足、脚、根本、家族、関係」などを表す名詞であったのが、それが空間・時間に関する locative（from の意味）に変化したらしい。おそらく「足→基づく→原因・理由」というような変化があったのであろう（山下氏）。この対応例は確証は得られないとしても、否定もできないというレベルのもののようであるが、元の意味として共に「根幹、根本」などに繋がる意味であるらしいのが興味深い。

　⑥「と」と oṭu については、平行した現象があるが一対一に対応させることは困難であると言う（山下氏）。しかし「〜と（一緒）」や「〜と（混ぜる）」という表現に使用されるのであるから、一対一に対応しなくても共通性のあることが重要である。

　次の〈係助詞〉の例の中でも、①「も」と um の類似は一般的に認められているようである。ただ大野氏は um と助動詞の「む」も同源であると主張するが、助動詞「む」は活用するので、その活用をどのようにタミル語に対比するのかがはっきりしない。「む」と同源というのは広げすぎていると感じる。

　②「は」も、vaay の「主題の提示」という用法を持っているというが、山下氏に vaay は「口、穴」というのが本義で、形式化したものは場所格と見る方が良いという指摘があり、この対応は難しいようである。

　③「か」は係助詞であるから、文中にあれば述部は連体形で結ぶ。語末にあれば疑問を表す。kkol、kolloo も文末では感嘆、疑問の意味を表し、また、文中に来ると述部は名詞で終わるか、動名詞で結び、それは日本語の「か……連体形」の係り結びと同じであるという。この類似はかなり重要である。

　④「や」と ee。これも用法としては類似しているが、y の脱落例になるので、形態の対応ははっきりしない。

　⑤「そ」と taan。代名詞としても使用され、形式化して助詞として文末に用

いられると強調の意味になるという点で共通している。日本語の「そ」も古くは指示代名詞であったという意見もあり、それほど離れた存在ではない。ちなみに、古代日本語のサ行は tsa, tʃa のような破擦音であったらしいので、t とも s とも対応し得る。

　以上のように係助詞は機能的にも音的にもかなり似ていると言って良さそうである。特に、「か」と kkol の関係は、大野氏の説明が正しければ重要な類似点となるだろう。

　(3) の助動詞、動詞接辞の対応もかなり重要である。モンゴル語との比較の所で述べたように、日本語には自動詞「る」、他動詞「す」という対立の枠組みがある。ここで上げられた①自動詞化語尾、②他動詞化語尾はそれに平行する現象で、対応関係にあると大野氏は主張しているのである。

　日本語の nas-u（生す、成す）に対してタミル語 naaṭṭ-u（dedr3583）（据える、創造する）が対応し、この naaṭṭ-u は naaṟ-u（生す、成す）の他動詞形であるという。つまり、

　　　　　　　日本語　　　　　：タミル語

　自動詞　na-ru（成る）　：naa-ru（生まれる、現れる）

　他動詞　na-su（成す）　：naa-ṭṭu（植える、立てる）

という平行した対応関係を想定しているのである。タミル語の ru と日本語の「る」は形も機能も似ている。タミル語の ṭṭu と日本語 su の音の対応もそれほど無理な対応ではない（後述）。接辞としての機能もほぼ同じようである。ただしこの例の場合には、大野氏は naaṭṭ-u を「作る」という意味として説明しているが、田中孝顕氏監修『ドラヴィダ語語源辞典』（きこ書房、2006 年：以下『語源辞典』と呼ぶ）では「植える、立てる」という意味で、意味的に対応関係にあるのかはっきりしない。それでも、ṭṭ が他動詞語尾であるのは確かなようであるので、接辞の対立関係としては問題はない。ただし他動詞語尾としては他にも ṟṟ、kku などがあり、いくつかの他動詞語尾の中、似た形態のものだけを比較しているのである。もちろん他の形については別の説明をすれば良いのであって、この対立が無効になるのではない。このような文法的な対立が対応し、語形まで似ているのであれば、かなり大きな意味を持つ。この対応が確か

であれば、ここから tt と s の対応も確実なことにもなる。

　完了の助動詞「ぬ」「つ」にも対応する接辞があるという。

日本語 ：タミル語

　　　完了（自動詞に付く）　nu　　：nt

　　　完了（他動詞に付く）　tu　　：tt

　nt は自動詞に付くのであるが、特に-ir、-uḷ という動詞語尾をもつものには
常に nt が接続するという。-ir、-uḷ は自動詞化語尾であるから、nt と自動詞の
関係は明確である。tt はほとんど他動詞に接続するが、一部、状態を表す自動
詞にも接続するという。体系としての一致があるのなら、両言語の相関関係は
確実なものになってくる。日本語の「ぬ・つ」は大野氏の説明の通り、「ぬ」
は「去ぬ→ぬ」、「つ」は「棄つ→つ」という変化でできた助動詞である。ナ変
は「去ぬ、死ぬ」しかなく、この助動詞「ぬ」もナ変であることからも語源が
「去ぬ」であることは確実である。「つ」も「うつ」の下二段活用をそのまま維
持している。両助動詞ともに、接続は動詞であった名残の連用形接続である。
このように語源が分かるのは通常は新しいものである。奈良時代では、まだ
「去ぬ」の語感を維持していたかもしれないくらいである。つまり古いもので
なさそうな「ぬ」がタミル語と対応関係をもち、古いものらしい「き（確実な
過去）」に対応するものが無いのはどうしてなのかという疑問は残る。

　④「り・たり」と irunt については、「り・たり」が両方とも「あり」から出
来たものであり、irunt は iru ＋ nt であろうから、「あり」と iru の問題と考え
て良いのであろう。この iru の形は「あり」よりも「ゐる」の方に似ている。
日本語の「あり」は存在の意味、「いる（ゐる）」は「坐る、とまる」の意味で
あった。「ゐる」が「とどまっていること」を表すことから、「あり」と近い意
味も表すようになり、「あり」も「（そこに）存在する」という意味から「ゐ
る」に近い意味も表すようになった。タミル語の iru は現代日本語の「居る」
と「在る」の二つの意味を表しているようである。日本語の「いる」は「守り
ゐる」のように「動詞連用形＋ゐる」で状態を表す用法があり、タミル語 iru
も paarttu　irunta（見えて-いる）のように「動詞接続分詞形＋ iru」で状態の存
続、進行形の意味を表すという共通点がある。形、意味、用法、これを偶合と

しても思わず唸ってしまう。

⑤「む」と um についても、大野氏の挙例を見る限り、似ているのは間違いなく、上で述べたように um は助詞の「も」と対応しているので、日本語助詞「も」と助動詞「む」が同源であるという所まで進んでゆく。広げすぎるという感じがするが、もしこの解釈が成立するのなら、日本語では助詞と助動詞の区別がない時代になるだろう。朝鮮語の所で述べたように、nïn という形態の付属辞は、名詞に付くと助詞、動詞に付くと語尾になったように、nïn 自体には品詞的な区別はない時期があったことも考え得るので、「も」「む」が同じものであった時代も考えることも不可能ではない。ただ、その時には活用をどのように考えるのかが問題になってくる。「む」は「む、め」の形しか無く、ほとんど活用しない状況にあることと関連するのかもしれないが、日本語の助詞・助動詞の発達について考える一つの視点として価値はありそうである。少なくとも「む」と um は類似した用法をもっているようだが、「む」が活用するので「参考」としておくのが良いだろう。

⑥「べし」と -veeṇṭ については、大野氏は -veeṇṭ を「必要に、に違いない」の意味として説明しており、用例もその意味で良さそうである。ただ、おそらく動詞 veeṇṭu（欲する、請う、頼む）（『語源辞典』No. 5528）に由来するものであろうから、日本語の「べし」が「欲する、請う、頼む」に近い意味だったのかが問題になる。「べし」は当然、推量、義務、意志、可能、勧誘、命令など多くの意味があり、どの意味が本源であるのか不明であるが、「当然（そうなるはずだ）」を中心に考えると他の用法もだいたい説明が付くので、おそらく「当然」とか「当為」と呼ばれる用法が基本なのではないかと思われる（学界未承認）。この意味と「欲する」は願望という点で繋げることは可能であるし、「必要である」でも意味は繋がるので、意味的には問題ないだろう。ただ、タミル語の ṇṭ は対応していれば日本語では d になるはずである。また、-veeṇṭ の用例を見ると不定詞（-a、-ka 形）か名詞形に接続している。日本語の「べし」は終止形接続で推量系統の助動詞の性格を示している。日本語では名詞形、あるいは不定詞に相当するのは連用形である。これが相違点になるのか、問題にしなくて良いのか、両言語の文法全体に対する理解がなければ、判断ができ

ないのである。日本語の「べし」の活用形式は形容詞活用であるから、形容詞由来のものであろう。意味も用法も対応例としても大きな問題はなさそうであるが、形容詞的ベシと動詞的-veeṇt の違いが気にかかる。

　⑦「あに・いな」と -anṛu、-inṛu について、日本語の「ぬ」が古くは-anu であったと見るのは、大野氏の自説の 1 つで、未然形接続の助動詞は、a-で始まっていたという仮定を立て、*anu → nu（ぬ）、*amu → mu（む）、*ayu → yu（ゆ）のように a-の形であったとする。四段動詞は kak-（書く）のように子音終止であったと見て、kak-anu → kakanu（未然形＋ぬ）のようになって、未然形に「ぬ」が接続した外形を取ると説明するのである。動詞の基本形を連用形と見る立場に立つと、否定の助動詞 anu（あぬ）は連用形の ani（あに）が基本形となる。そこで「あに」と-anṛu が対応するというのであろう。日本語側からみると、一つの仮説としてとして成り立つ。しかし-anṛu は名詞や形容詞の否定に使われるが、動詞の否定にはほとんど使用されないようである。動詞の否定には現在・過去時では illai、未来時では maatṭ が接続するようである。日本語の「ぬ」は動詞の否定に使用され、名詞、形容詞の否定に用いられないので、用法の点でかなりの相違がある。否定としての基本は同じであるけれども、対応すると見て良いのかは判断が難しい。用法の差についてはどちらの言語でも何らかの説明が必要だろう。

　ちなみに、助動詞「ず」に、「に」という連用形があるというのは、高校の文法を覚えている方には不思議に思われることと思うので、簡単に説明しておく。「ず」は高校では、

未然	連用	終止	連体	已然	命令
ず	ず	ず	ぬ	ね	○
ざら	ざり		ざる	ざれ	○

と学んでいるはずである。これを活用の行で分けると、

未然	連用	終止	連体	已然	命令
			ぬ	ね	
ず	ず	ず			
ざら	ざり		ざる	ざれ	（ざれ）（「ずあり」→「ざり」）

のようになり、ナ行は「ぬ」「ね」の二つしかないが、奈良時代では、

　　　（な）　に　ぬ　ぬ　ね　○

のような活用で、このナ行の活用が古い活用であったらしい。未然形の「な」
は、「あらなく（〜でないこと）」のような動詞を体言句にする「ク語法」（現代
でも「願わくは」などに生き残っている表現法）に表れる「な」で、「く」を未然
形接続と解釈するのが通例であったので、未然形に「な」を立てているのであ
る。ク語法は通説では今もこの通りの解釈であるが、大野氏をはじめとする
人々が主張した「動詞連体形＋あく」のようにして成立したと分析する方法の
方が優れている（この解釈は「アク説」と呼ばれる）。たとえば「願はく」は
「願ふ＋あく→願はく（negafu + aku → negafaku）」のように分析される。この
「アク説」に拠れば未然形の「な」は存在しないことになるので（　）を付け
てある。

　この「ぬ」の連用形「に」は奈良時代でも稀であって、わずかに「知らに
す」という例が残っており、これが

　　　sira-ni-su → sira-nzu → sira-zu

となって、打消の「ず」ができた。この「ず」に「あり」が付いた形から「ざ
り」ができあがった（zu + ari → zari）（佐竹昭広 1957「上代語の文法」）。平安時
代には「な、に」は無くなってしまったので、高校文法で学んだ活用形式にな
るのである。

　また「いな（否）」と -inru（-anru の母音交替形）とも対応しているというが、
それなら日本語の「あに（豈）」「いな（否）」は兄弟語であり、もとは同じ語
であったということになる。母音の組合せも逆になっているし、用法も異なる
ので、根拠を探すのはかなり難しいと思われる。

　名詞文の存在も注意して良い。現代語日本語では「これは本だ」という形が
基本形とされて、「だ」「です」が繋辞（be 動詞相当のもの）として働いている
と言われることが多いが、これは西欧語の文法の投影であり、日本語において
も文末が名詞だけで文章が成立すると考えるべきである（「これは川。」）。「だ」
や「です」は「〜にてあり」「〜でそうろう（でございます）」からできたもの
であるから新しいものである。古くは『枕草子』のように「春はあけぼの」

「すさまじきもの、昼吠ゆる犬」が普通であり、この点も大きなことではないが、類似点として良いかもしれない。ただし否定文では「これは本で（は）ない」と表現するように、「で」を必要とする。古文でも「今にあらず」「秋にあらずとも」のように、名詞に「にあらず」を付けて否定を表す。タミル語の名詞否定文は、名詞の後に illai ／ lai（ない）を付けるが、これは動詞にも接続して否定形を作る。

　　idu　tii　illai（これはお茶ではない）

　　caabiidalai（食べてない）

この名詞の否定方式は日本語とは異なっている。むしろこの相違点の方が問題となるかもしれない。

大野説の対応例の検討

　以上、大野説を検討してきたが、タミル語と日本語の文法はよく似ていることは間違いなく、他のアルタイ語との対応例に比べてみても、形態の類似もある。この類似を否定するならば、アルタイ語・朝鮮語との類似も否定しなくてはならなくなる。日本人が、アルタイ語を学ぶと、あまりに日本語文法と似ているので、日本語と何らかの関係があると感じてしまうのと同じように、タミル語も、日本語と比較したくなるほど似ているのである。印欧語における兄弟言語の類似と同じような共通性があると言って良いだろう。そこで問題となるのは兄弟関係を決定づける「音韻対応」が存在するのかどうかという点である。次に、大野氏の挙げた対応例について検討してみなければならない。

　大野説に対する批判は対応例に対するものが多かった。大野氏は『形成』では487例、『源流』では対応パターンに応じて5例ずつ上げている。『源流』の方が刊行が後なので、おそらく再検討して、大野氏が確実と判断した例なのであろう。その例の中には、日本語の語頭のsがタミル語で脱落するというパターンの対応がある。sak-ebu（叫ぶ）：ak-avu、sak-ayu（栄ゆ）：ak-ai のような例である。語頭のsが脱落するということはあり得るし、タミル語にも起こったことが明らかになっている。音声的には si、se のような狭い母音に起こりやすい現象であるが、脱落例の多くは a、u の場合が多く、また全ての語頭の s

が脱落したのではなく、日本語の c、t と対応している例もある。つまり、日本語の s はタミル語の、①語頭母音、② c、③ t と対応することになる。対応が分岐する条件があるはずであるが言及がないし、法則的なものは見つからない。何らかの条件がなければ恣意的な対応ということになるので、s の脱落例は対応からは省いておく方が良いだろう。y の脱落による対応も、恣意を除くために省くのがよいと思われる。

　『源流』の対応例の中、代表として母音対応、子音対応のそれぞれ二つの型を見てみる。

(1) 日本語 a とタミル語 a が対応する例（以下の例は真中に意味、その左が日本語、右がタミル語）。

　　① af-are　　　　哀れ　　　　av-alam

　　② as-i　　　　　足　　　　　aṭ-i

　　③ as-obu　　　　遊ぶ　　　　āṭ-u

　　④ an-i　　　　　兄　　　　　aṇṇ-ā

　　⑤ an-e　　　　　姉　　　　　aṉṉ-ai

(2) 日本語 a とタミル語 o、ō と対応する例。

　　① ag-u　　　　　上ぐ　　　　ōṅk-u

　　② kag-i　　　　　留め鍵　　　kokki-i

　　③ katt-ai　　　　ハンセン病者　kott-ai

　　④ af-u　　　　　合ふ　　　　opp-u

　　⑤ nay-amu　　　悩む　　　　nōy

(3) 日本語の k とタミル語 k とが対応する例

　　① ka　　　　　　場所　　　　kaṇ

　　② kat-u　　　　　勝つ、勝る　kat-i

　　③ kat-a　　　　　型　　　　　kaṭ-aṉ

　　④ kat-a　　　　　堅　　　　　kaṭṭ-u

　　⑤ kan-e　　　　　金属、鐘　　kaṉ（銅）

(4) 日本語の t とタミル語の t が対応する例

　　① taka-a　　　　高　　　　　tak-ar

②　tak-ara　　宝　　　tak-aram

③　tat-aku　　叩く　　taṭṭ-u

④　tat-u　　　断つ　　taṭ-i

⑤　tar-u　　　垂る　　taal

　これらの例を見ると、確かに似た語形であることが分かる。ここでは大野氏の判断に従って、ほぼ語頭の CVC（語頭母音の場合は VC）の一致だけをみている（任意の子音を C〈consonant〉、任意の母音を V〈vowel〉と表示）。CVC の後に -alam や -an などが付いているが、これは語彙を作るときに付せられる小辞（品詞も意味もはっきりしないが、語形を肥大化させる要素として「小辞」というあいまいなものを仮定しておく）とみておく。日本語でも「こ（粉）」が「こな」、「あ（足）」が「あし」となるような、現在では意味不明の小辞が付いて語形ができあがっていることが多いので、語頭の CVC の一致に重点を置くという方法も一つの方法だろうと思う。

　(1) a:a の例では、①「哀れ」に関しては両語の意味はほぼ同じ範囲内にあって、形の上でも似ている。タミル語の方は av-alam に関連する語としては avastai（苦しみ）くらいと思われるが、これと対比させると、*av- を語根と見ることに大きな問題はなさそうである。②「足」と③「遊ぶ」の、日本語 s とタミル語 ṭ の対応については、タミル語の ṭ は挙げられた例ではだいたい日本語の s、t（d）に対応している。s と対応するものは狭い母音（i）のものが多く、t と対応するものは広い母音のもの（a、o）が多い傾向がある。音としては問題がなさそうである。ただ日本語「遊ぶ」を as-obu と分解するのは見慣れない分析である（普通は asob-u）。タミル語の āṭ-u は、基本的な意味としては「動く」のようで、『語源辞典』では「動く、揺れる」の次に「遊ぶ、踊る」となっている。現代語辞書では āṭ-u は「動く、振る」で「遊ぶ」の意味は掲載されておらず、āṭṭam という名詞形が「動き、踊り、遊び」という意味で掲載されている（この名詞形は『語源辞典』にもある）。āṭ-u は「動く→踊る→遊ぶ」と意味が広がっているようである。日本語の「あそぶ」はもともとはどういう意味であったかははっきりしないが、「生活とは関係のない行動」、つまり、「遊戯をする、野・山・川を散策する、音楽・踊りを楽しむ」というような行

動を指すようである。従って意味としては大きくは離れていないと見て良いのだろうと思う。

④「兄」と⑤「姉」は親族語彙で、変化しやすい語彙であるにも関わらず、意味も形も似ている。これまでは「兄・姉」の両方に似た形の語彙をもつ言語はなかった。日本語の n とタミル語の ṇṇ、nn が対応することになるが、ṇṇ、nn は語中で、形態素の間（単語と単語、あるいは単語と接辞の間）に来る場合が多いためか、日本語との対応例は稀である。対応する場合には日本語 n と対応しているので、音としての対応も問題なさそうである。

(2) の a と o、oo の対応では、タミル語では o、oo が語中に来る単語は少ないようで、対応する例は、第一音節のものがほとんどであり、比較的纏まっているが、上の例では②③に問題がありそうである。②「留め鍵」は、タミル語の kk が日本語の濁音の g に対応するというのが不審である。kk は促音的な発音であったはずで、対応するなら k であろう。kk が d と対応する例は他には無い。kk もやはり語中では例が少ないために、対応例はほとんどない（k と対応する例が 1 例、脱落例が 2 例ある）。日本語の g に対しては nk（ṅk）が対応するのが普通である（8 例）。文化語であるから借用の可能性もあり、これは対応例から省くべきであろう。③「ハンセン病者」の katt-ai：kott-ai はそっくりである。なんとまあこんなに似ていて良いのだろうかと思うくらいであるが、問題は意味である。kottai という単語は『語源辞典』では（No. 2094）「腐敗、しみ、傷」、それから「かさぶた」などの意味が載っている。「ハンセン病」は現代語辞書では peruviyaati と掲載されているが、その患者のことを何というのかは掲載されていないので、この kottai の意味が正しいのかどうか判断できなかった。タミル語の場合は「かさぶた」から「ハンセン病」へと意味が転化していったのかもしれない。日本語の「かったい」のもとの形は「かたゐ」であろう。「乞食」の意味である。この語が古くは「ハンセン病」のことを指していたとは思えない。「かたゐ」の「かた」は「十全ではない、欠けたところがある」の意味、「ゐ」は「居る」の「ゐ」であろうから、生活するのに不足をもっている状態を表したのではないかと思われる（正座の出来ない身体の者という意味であると説明する辞書もある）。しかも「かったい」という促音便の形が

古くから存在していたとも思えないので、対応例に入れないほうが良いだろう。大野氏の古代日本語の知識から見れば、このような語形は古代日本語には存在していなかった可能性が高いことはよく分かっていたはずであるが、あまりに形が似ているので入れてしまったのであろう。しかしこういう例を入れることによって、全体的な信頼度が落ちてしまったように感じる。

　①④⑤は形は類似しているし、意味も類似している。a と o の対応を認めれば問題はない。

　(3) の語頭子音 k と k の対応の例は、意味さえ合っているならば問題がなさそうである。①の ka：kaṇ は、朝鮮語では ka（ありか）ではなく ku（いづく）と比較していたものである。一音節語の比較なので不安ではあるが、母音も一致しているので朝鮮語よりもはっきりしているようにみえる。⑤ kane と kaṇ などは文化の問題としての確認が必要である。

　(4) の t と t の対応例でも音としては問題はない。対応例を批判している人々はこのような意味も音も類似している例についてはどのように判断していたのだろうか。やはり CVC の一致だけでは不足と判断しているのだろうか。

　語頭の k は (3) に見たように、対応例としてもよいものが多いが、語中の k の場合には、　対応していると見られる例は少ない。

　　①（kötö）fuk-i（寿）：pak-ar（賛辞）
　　② *pak-asu ＞ bak-asu（化かす）：pak-aṭṭu（竦ませる、脅迫する）
　　③ fök-ö（煙、湯気）：puk-ai（燻る、蒸かす）
　　④ tuk-i（桃花鳥〈つき〉、赤冠の朱鷺）：tuk-ir（赤珊瑚）

などが上げられているが、①「寿」は「ことほき」が本来の形であり、別のところで「禱く」と puk-ar（賛辞）の対応があるので、わざわざ「ことぶき」の「ふき」に対応させる必要はないだろう。②「化かす」は語頭濁音でもあり、用例も中世からしか確認できない。いかにも新しい語である。③タミル語 puk-ai（燻す、蒸かす）は日本語の fuk-asu と fök-ë の二つに対応する事になって、不自然なので、fök-ë を削除するのが良いだろう。④「鴇（とき）」は古くは東アジアに普遍的な鳥であったようで、インドでも生息しているようであるが、「赤珊瑚」と対応させるのはどうしてなのだろうか。こういう例も対応全

体の信頼感を落としている。

　このように検討してゆくと、対応例から省くべきものはかなりの数になる。それでも、残った例を見ると、これまで比較された言語に比べても、はるかに似ている。漏れ聞くところによれば、大野氏の挙げた例を見て、「似すぎている」と言った言語学者が 2 人居るそうであるが、思わずそう言ってしまうほど似ている。

大野説の留保

　大野氏が『形成』で挙げた 487 例を日本語の方から検討してみると、日本語の方言を用いているもの 62 例と aka と saka、ya と ee のように語頭の子音が脱落していると見ている例（s とゼロ、y とゼロ）34 例、そして日本語の言葉が新しいと思われたり、語構成の分析に問題があると判断される語 35 例を除く。さらに、語義の面から対応例としてもよいのか判断が付かないものも除く。例えば、*köb-u（瘤）と kum-ir.（瘤）が対応するとされているが、「瘤（こぶ）」は中世以降の用例で、古くは「ふすべ」や「こくみ」と言われていたものであろう。kome（米）と kum-ai（踏みつける、臼の中で打つ）の対比では、「踏みつける」や「臼の中で打つ」（脱穀作業だろう）と「米」が対応するとは思えない。*köm-i > gom-i（泥）と kump-i（ぬかるみ、どろ）の対応も、kömi（泥）はどういう語を想定しているのかはっきりしない。古代では「泥」なら「ひぢ」が普通に使われたと思われる。現代語の「ゴミ」の由来を「こみ」としたのかもしれないが、語頭で濁音であるから、新しい語形であろう。こういうものも除き、形態的にも意味的にも似ているものを残してゆくと、対応例らしきものが 180 例ほど残る。意味の一致をどう判断すべきかがかなり揺れるので、残るのはだいたい 200 例前後とみてよいだろう。

　fafa（虵）というような、古代日本語の中で化石的に残っていた語が、タミル語の paappu（蛇）に対応するという。fa（歯）が pal、faru（腫）が paru、futo（太）が putai、fune・funa（船）が puṇ-ai、miru（見）が miṟi、waku（分）が vaku、kame（亀）が kamaṭam、madi（貧）が maṭi、afare（憐）が avalam、uku（浮）が uka などなど、CVC が対応している（l 脱落を含むが）。これらを偶合と

片づけるにはあまりに似ている。たとえば、先掲の iru（居る）という動詞は、形も意味も「いる（ゐる）」と似ており、動詞に接続して「〜ている」という意味も表わせるというのであるから、これを否定してしまえば、対応例などは存在しないことになるだろう。

　音韻の対応の「法則」がないという批判はそのとおりであるが、それなりの配慮がある。ドラヴィダ祖語を考慮していないという批判もあるが、祖語には言及しなくても、いくつかの重要な方言は考慮している。祖語や方言を持ち出すと比較が曖昧になるので（南島語の比較ではその欠点がよく現れる（後述））、まずは一つの言語（方言）と比較してゆくのも一つの方法である。現在のところ、200 例近くは否定できないこと、文法的な類似があることを考えると「タミル語説」は簡単に捨て去ることができない。特に文法体系の類似は、印欧語の親族関係を探るときの基盤となった共通感覚に近いのではないだろうか。

　日本語の側からの検討については、以上のような結果である。多くの研究者にひどく叩かれた説を擁護するのは、研究者としての信頼を失ってしまうような躊躇を覚えるのであるが、現象から出てくる結論を尊重しておきたい。

　ところで、遺伝子の研究は日々急速に進んでいる（後述）。遺伝子の研究からは、2500 年前に、7000 キロの海上の道を通って、タミル人が大量に日本に到来した可能性はほとんどないことが明らかにされている。従って、日本語とタミル語とが関係があるとすれば、1 万年、2 万年前というような長さを考える必要がある。そんな長い間、一部の語彙だけとしても、これほどよく似た形で、意味も大きく離れないで生き残るということがあり得るのか、はなはだ疑わしいと感じるのは当然である。

　我々が知っている言語の歴史は印欧語の知識が中心である。従って言語の変化の実態、速度などは印欧語の変化を尺度としている。しかしアルタイ語のような膠着語は、印欧語のような屈折する言語とは異なった変化をするのかもしれない。名詞や動詞が形を変えること無く、核として存在しており、それに単純な機能を担う接辞類が接続してゆく言語では、核となる名詞や動詞は急速には変化せず、主として接辞類が入れ替わってゆくというようなこともあり得な

いことではない。つまり印欧語のような屈折語による言語変化の尺度や類型を膠着語に当てはめることができない可能性も考えてみる必要があるだろう。

　同時に、膠着語は膠着語としての共通の性格がある可能性も考えておかなくてはならない。たとえば、先掲の自動詞化語尾、他動詞化語尾の-uḷ・-ir と ṭṭu のような対立は、モンゴル語の γda（自動詞語尾）、-lγa（他動詞語尾）、ウイグル語の-l、-n（自動詞・受身動詞語尾）、-t、-dur（他動詞語尾・使役動詞語尾）、日本語の語尾などと機能としては対応しているのは確かである。以下に並べてみると、

　　　　　　　　自動詞語尾：他動詞語尾

　　モンゴル語　　γda　　　：　lγa

　　ウイグル語　　ul　　　　：　t（dur）

　　タミル語　　　uḷ、ir　　：　ṭṭ

　　日本語　　　　ru　　　　：　su

のようになる。ウイグル語の具体例を補っておくと、

　　　　buz-（壊す）＋ l　　→　　buz - ul（壊れる）

　　　　köpäy-（増える）＋ t　→　köpäy-t-（増やす）

のように l は自動詞を作り、t は他動詞を作る。

　これらの四言語の例を見ると、自動詞の造語法、他動詞の造語法が類似していることがわかる。その形態を見ると、タミル語と日本語が似ているだけでなく、タミル語とウイグル語はもっと似ている。ウイグル語の自動詞を作る語尾として-n もあるが、これは、本来の意味は反身動詞語尾（自分自身でする、自分自身に向かってするという意味の動詞を作る）である。他動詞語尾でも、t、dur 以外に-ar、-γuz もある。日本語でも使役助動詞「しむ」もあり、各々の言語の派生体系を分析しておかねばならないだろうが、それでもこれらの類似は認めざるを得ない。これまでもこのような対立の類似は気付かれていたのであろうが、形態の違いが大きいので、単なる平行現象として理解されていたと思われる。直感的に感じられる語彙の対応関係がなかったために、注意が向けられなかったのであろう。このような類似が膠着的性格をもつ言語が必然的に選ぶ方法として類似しているのか、偶合なのか、何らかの関係があるのか、考えて

おく必要があるだろう。

　膠着語は核となる名詞や動詞に、文章中の役割に合わせて助詞や接辞が接続してゆく。従って自動詞、他動詞のような意味の違いを語尾や接尾辞で表してゆくことになる。自動詞、他動詞のような基本的な意味のものは、対立関係を作りやすく、同時に動詞の基本的な意味に関わるので、語根の直下に付くというのも自然なことである。たとえば「私は父親に手紙を書かされた」という状況を、「私」を中心に表現する時、「書く」に受身が接続すると、主格「私」が「書かれる」ということになり事態とは合わない。先に「（父親が）書かせる」事態であることを表現しなければならない。そしてそのあとに「私が書くことを要求されたこと」を表現する順番になるだろう。つまり「語根＋使役＋受身」という順番に接続してゆくのは現実の事態を想像すれば理解しやすい。このように考えると、助動詞（接辞）の使役と受身の承接の順番が似ていることは（大野氏の挙げる（4）の項目、38頁）、膠着語としての必然的な共通点となるのかもしれない。

　またタミル語は母音調和がないけれども、基本的な文法はアルタイ語によく似ており、人称語尾もある。タミル語がアルタイ系言語であるという意見があるのももっともなことである。タミル語と日本語だけでなく、タミル語とアルタイ系言語との関係も明らかにしてゆく必要がある。

　ちなみに技術の伝播については大量の人間の往来を想定しなくてもよい。技術の伝播だけなら、数人のタミル人が流れ着くだけでも良いのである。種子島（火縄銃）が到来したのが1543年、わずか30年後には3000丁の火縄銃が使われたといわれる長篠の戦いが行われる。有用と思われたものは広がってゆくのである。

7　その他の言語との比較

(1)　南島語

　南島語はオーストロネシア語とも言われ、東はイースター島から西はマダガ
スカル島まで、インドネシア、メラネシア、ミクロネシア、ポリネシア地域で
話されている言語を総称したものである。南島語の話し手が日本列島に先住民
として住んでいたのではないかという予見があり、南島語との関係も検討され
た。南島語と日本語とを比べると音韻体系も異なるし、文法にもかなりの違い
がある。動詞に接頭辞を（あるいは接中辞も）加えて完了や未完了を表したり、
人称に応じて動詞に人称接頭辞がつく。名詞の派生も接頭辞を加えることによ
る。日本語の ma（真っ赤）、ka（か細い、か弱い）、to（戸惑う、とぎれる）など
の接頭辞がその名残であるとも言われるが、日本語の場合は語彙的なものであ
り、南島語のように文法機能を表すものとは異なったものである。日本語の接
頭辞には文法的意味を表すものは発見できていない。

　南島語については泉井久之助氏（『マライポリネシア諸語』1975）が 22 種類の
対応形式に分けて例を上げるが、それぞれ 2 例〜4 例ほどしかなく、法則にま
ではなっていない。川本崇雄氏（『南から来た日本語』1978）が泉井氏の型に基
づき、700 例ほど上げているが、対応例と認められるものは多くない。人体の
部に上げられている 10 例をあげると、

　　①abara-fone（肋骨）：*qampar（広がる）
　　②agi（顎）、agit-ofi（口を開閉する）：*zaŋgut（顎）
　　③aki（開）：*aŋap（口を開く）
　　④aruki（歩く）：*haiq（歩き回る）
　　⑤asinafe（足萎え）：*sambe（足の奇形）
　　⑥ciN-ko（現代語）陰茎：*utin（陰茎）
　　⑦fa（歯）：*baraŋ（小臼歯）
　　⑧fafi（這）：*papak（這う）
　　⑨fagi（脛）：*paqi（すね）

⑩ fase、fasiri（馳）：*pantas（活発）

のようなものである。この中で、対応している可能性があるのは⑧⑨くらいで
あろうと思われるが、⑧の *papak は、他の箇所で、「平ら」の意味として、日
本語の tuku-bafi（蹲）と対応させられている。同じ語が二つの語と対応すると
いうのはおかしい。どちらかが間違いのはずである。⑨の fagi と paqi は意味
も形も似ている。しかし、700 例の中の対応例を見ると、語頭・語中の q は日
本語の k に対応させられており、g に対応するのはこの例だけのようで、その
理由が分からない。南島語祖語の q は語末に多く、ほとんど脱落させることに
よって日本語に対応させている。①②④⑤⑥のように南島語の語頭音を脱落さ
せて対応させる例も多く、その脱落の条件も提示されていない。このような条
件無しの脱落は対応例には入れられないだろう。⑩は少し形は似ているが、意
味は同じと見てよいのか不安である。また nta の脱落ということになるのだろ
うか。対応例にしにくい。700 例の中で対応例と見て良い例はかなり少なく、
対応条件を整理しようとしても、複雑になりすぎて整理できない。

　村山七郎氏（1978『日本語系統の探求』）でも南島語とツングース系統の言語
とが混淆して日本語ができたと主張し、南島語との一致について 29 例上げて
いる。その説明は複雑で、南島祖語（南島祖形）、原始ポリネシア語、原始イ
ンドネシア語などが利用され、意味としてもかなり離れたものが引き当てられ
ている。例えば日本語「いか（烏賊）」は接頭辞「い」に「食べ物」の意味の
「か」が接続したもので、それに対応する南島祖形 *ikan（食べ物）は「魚」と
いう意味から変化してきたという。つまり、南島の人間にとっては「魚」が食
べ物の中心であるから「魚」から「食べ物」へと意味が移ってきたというので
ある。日本語の方も、南島語の方も根拠はほとんどない。こんな無理をしてま
で対応させる必要はないだろう。日本語「きり（錐）」は *giliC（C は何らかの
子音が接続していたことを示すのであろう）から kiri に変化したもので、もとの
形は *galiŋ、*guliŋ、*guluŋ（回転すること）と対応するという。日本語の kiri
が *giliC に由来するということはまったく証明できないことである。*のつ
いた三つの形はデンプウォルフ（ロシアの南島語研究者）が上げているという
だけで、それをどのように処理して日本語と対応させるのか分からない。そし

て意味としても「錐、鑽り」と「回転すること」とを繋げても良いのかという疑問がある。29 例の内、対応と見て良さそうなのは 5 例ほどである。日本語 puto（太）は原始インドネシア語 *bət-aɭ と対応させられているが、原始インドネシア語というのは再構型であり、具体的な語形としては、bəsar（大きい、太った、偉大な）、bosar（ふくれた）、vesatră（重い）などであるという。再構形に比べると形がかなり違う。再構形というのは抽象的な理論的仮構物であるので、現実の語形とは離れたものになることも少なくない。タミル語の putai は実際の語形の類似である。現実の語彙の対応も、推定祖語や再構形とを比較しなければ、類似があっても認めないというのは衒学的ではないだろうか。

　南島語の対応語彙については確実なものはほとんどないようである。

（2）ツングース語

　語彙の比較対照は体系的には行われていないが、可能性の高そうなものについては、行論の端々で論じられることがある。例えば「蛇」は、エヴェンキ語 miikii、満州語 məixə、オロッコ語 muigi で、日本語の「巳」との対比されたり、ツングース語の dətu（ツンドラ、沼沢、苔の多い草地）が日本語のヤチ、ヤツ、ヤト（谷）に対応させられたりする（ツングース語やアルタイ語の d は y に変化することがある）（池上二郎氏「ツングース語学入門」1980）。しかし断片的であるので、対応しているのかどうか確認はできない。

　村山七郎氏（1973）では、ツングース語との対応について少し詳しく述べている。ツングース語と日本語では格助詞に共通点があるとしている。たとえば古代日本語の助詞、「よ、ゆ」（起点・経由点を表す）がツングース語の *du、*dü に対応し、さらにそれにエヴェンキ語の沿格助詞 lï が加わった *du-li、*dü-lï が「より、ゆり」に対応すると言う。また、格助詞「に」は機能的にツングース語の沿格助詞 -lï と似ているので、原始日本語では「に」は *lï であったとも言う。しかし、このようなことは証明できることではない。ツングース語と関係するのかどうかを論じるのが起源論であるはずだが、はじめから関係があるというのであるから、ここには証明が無いことになる。

　改めて日本語の側から考えてみる。村山氏の主張するように、「より、ゆり」

に「沿格」の「り」（lï）が含まれているために、「比較の基準」の意味を持ち得たとしても（比較の基準の意味で用いられた例は少なく、通常は「動作の起点・経由点」を示す）、「よ、ゆ」には「沿格」の「り」が付いていないのであるから、単なる場所格（*du、*dü は場所格）であって、「比較の基準」の意味はないはずである。しかし「ゆ、よ」は、それだけで動作の起点・経由点、比較の基準を表す。

　　剣太刀（つるぎたち）　いよよ研ぐべし　古ゆ（いにしへ）　清けく負ひて　来にしその名そ（万葉 4467）

　　（剣太刀をいっそう研ぐべきである。昔から清らかに負ってきたその名前だから）

　　人言（ひとごと）は　暫しそ吾妹子（しば）　縄手引く（わぎも）　海ゆ（つなで）まさりて　深くし思ふを（万葉 2438）

　　（噂は暫くの間だ、私の恋人よ。漁師の網綱を引く海よりもいっそう深く愛しているのに）

　「ゆ、よ」自体が「比較の基準」（起点・経過点）の意味を持っていることがわかる例である。『万葉集』では「ゆ」160 例、「より」130 例、「よ」17 例、「ゆり」1 例と、「ゆ」が安定して用いられている。それに、アルタイ語では d が y に変化することがあるからといって、日本語の y がツングース語の d から変化してきたということは証明のしようがない。*li が本来の形で、日本語では ni（に）に変化したというのであれば、「より、ゆり」は「よに、ゆに」という形になるはずである。「より、ゆり」の場合だけ、ツングース語の lï の形を残したとは、さすがに主張できないだろう。

　「ゆ、ゆり、よ、より」の四形の関係は未だはっきりしないが、「ゆ」は常に名詞の下に付くのに対して、「より」「よ」は名詞以外に動詞・助動詞の連体形にも接続するので、「ゆ」と「よ」の性格は異なっていた可能性もある。これは難問なので、解答無しのままで処理してゆくことは仕方がないが、ツングース系言語と日本語との対応関係を証明しないで、ö、u の母音の違いを無視し、d と y が対応すると断定するのでは論にならないだろう。

　しかも村山氏は、日本語は南島語系言語とアルタイ・ツングース系言語の混合語であり、南島語は下層言語として日本語の核心部を形成しているという。しかし上で述べたように、南島語については確かではない。またアルタイ・ツ

ングース系言語との関係についても、文法構造以外に、どういう現象を根拠にしているのか、断片的な記述しか探し出せなかった。アルタイ系言語の中、ツングース系言語を優先する理由も分からない。単語の比較ではモンゴル語やチュルク語も利用しており、特にツングース語との関係が深いことを示す現象は指摘されていない。

村山氏の説に対して、公には誰も批判していないようだが、このような論を認めてきたのだろうか。大野晋氏のタミル語説への集中砲火と比べると不公平である。村山氏はツングース語と親縁関係にあることを証明せずに論を立て、大野氏はタミル語との親縁関係を証明しようとして悪戦苦闘した。朝鮮語やモンゴル語の対照例についてここで論じたように、対応例を提示すれば、さまざまに批判されることになる。対応例を並べて見せるのは勇気のいることなのである。しかしどのような根拠をもっての主張であるのかを明示し、自説を認めさせるためには是非とも必要な作業である。

なお、ツングース語に関しては、高句麗語（紀元前37年-668年）がツングース系言語ではなかったかとも言われ、『三国史記』（高麗朝、1145年）の高句麗地域の地名から、高句麗語の数詞の形を推測し、たった三つであるが日本語に似ているという意見もある。高句麗語は完全に滅んでしまったので、現在ではほとんど高句麗語を知る術がない。

（3）チベット語：

チベット語は日本語と語順などはよく似ている。『蔵語語音史』（2002、江荻）の例を挙げると、

bafla - gi　　bufguf -la　　ngaenfba　　deefba　re.
父親 - 格接辞　こども -に　お菓子（独立格）　与えた。

のように、似ているのは間違いないのであるが、文章の作り方や言葉の作り方には、かなり違った側面も持つようである。白井聡子（1999）では、

(a)　pu　lagba　tsii　püʔ　ba　tɛ　ŋüü　ba　re
　　少年　腕　関節　外れる　事　その　泣いた　事　だ。
（その腕を捻挫した男の子は泣いた）

のような構文もあるという。下線部が前の pu（少年）を修飾し、更にそれらを
te（その）が後から修飾していることになる。日本語と同じように、

　(b)　lagba　tsii　püʔ　　bei　pu　te　ŋüü　ba　re
　　　　腕　　関節　外れる　事の　少年　その　泣いた　こと　だ。

と表現することもできるという。「その」の位置以外は日本語とおなじ語順に
なっている。動詞が名詞を修飾するときには名詞化して gi を付けるのは日本
語の連体形と同じ機能と見て良いし、日本語の連体形が体言にもなり得るとい
う点から、チベット語の「〜事の」という形式と矛盾はしない。チベット語の
形容詞は名詞を後から修飾するので、本来は（a）の方が基本的な文型であっ
たと思われる。名詞を後から修飾するのは南島語と共通しており、日本語とは
異なった点である。

　他動詞や使役動詞を作るときにも、チベット語では接辞を膠着させる方式以
外に、接頭辞をつける方式もある。

　　　ts'öh（煮える）　　dz'öh（煮る）　dz'öru juh（煮させる）

過去形や未来形を作るときにも接頭辞を付けるので、語順や助詞、接辞など
の機能は似ているが、文語の段階ではかなり異なった造語法、統語法をもって
いたらしいことが垣間見える。

　音韻に関しても、音節構造が大幅に異なる。もともと単音節言語であり、複
雑な音節構造であったらしく、接頭辞・接辞の付いた形から複音節語化しつつ
あるようである。音節構造は、現代ラサ方言では CCCCVCC が可能な音節構
造であるという（mtshams（時））。現在では高低アクセントをもっているが、
語頭子音の性格によって異なったアクセントになったことが明らかになってお
り、方言によってはまだ声調を発生させていない方言もある（アリク方言など）。

　語頭に来ることが出来る子音の種類は 32 から 39 種類、語末は 7 種類という
から本当に複雑な音節構造を許容する。これほど音韻体系・音節構造が異なる
と、どのように比較すればよいのか判断するのが難しいと思われる。西田竜雄
氏（1978「チベット・ビルマ語と日本語」、1980「チベット語・ビルマ語と日本語」）
に比較があるが、はじめから同源であることを前提に語彙を対応させているの
で、ツングース語との関係を論じた村山氏と同じ状況である。

西田氏（1980）に上げられた例は

  上代日本語   ：チベット語

 ① tidim-φu〈縮む〉 ：ḥdzem-pa〈縮む〉

 ② kagam-φu〈曲がる〉：ḥgum-pa〈曲げる〉

 ③ sosok-φu〈注ぐ〉 ：gsho-ba〈注ぐ〉

 ④ tatam-φu〈たたむ〉：ltab-pa〈たたむ〉

のようなものである。チベット語の語形は文語の綴りで、 ḥdzem-pa なら基本形は dze であり、そこに接頭辞 ḥ が付き、接尾辞mが付き、終わりに動詞基本形の助詞 pa ついている。上に挙げた例では、接頭辞 ḥ、g、l の部分は対応の中に入れていないようである。dze-m、gu-m、sho、ta-b と日本語が対応しているとしても、かろうじて子音は同じ発音部位であるが、母音は異なるものがあるし、有声無声の違いもあれば、自動詞と他動詞の違いもある。接尾辞を対応させているものと対応させていないものがある。日本語「縮む」を tidim のように m で終わる形にする根拠も分からないし、その後に動詞語尾として φu を付けている理由も分からない。

 名詞・形容詞の比較でも、

  上代日本語 ：チベット語

 ① kusa〈草〉 ：rtswa〈草〉

 ② kaze〈風〉 ：rdzi〈風〉

 ③ kata-si〈堅い〉 ：tha-ba〈堅い〉

などの例をあげ、日本語は接頭辞が付いた形であると言う。kusa の ku-、kaze の ka-、kata の ka-が接頭辞ということであるから、日本語の「草」は sa、「風」は ze、「堅い」は ta（-si）であったということになる。これも根拠が分からない。ただチベット語の語根の子音に合わせるために、語頭の ka-、ku を接頭辞と解釈しているだけに見える。日本語分析は根拠が無いものが多く、信頼できるものはほとんど無い。

 西田説については、村山氏による批判もある（1977「言語学における比較の方法」）。そこでも対応例のほとんどは無効であると指摘されている。

チベット語は中国語と一つのグループとして、シナ・チベット語族というくくり方もある。どちらも単音節言語という共通点があり、語彙的にも似たものがある（借用か同源かはまだ結論は出ていないようである）。

完全な単音節言語であるなら単語の数は限られてしまう。語頭音の数の多いチベット語と韻母（母音＋語末子音＋声調）の数の多い中国中古音を組み合わせても 39 × 206 で、8000 音節ていどしか作れない（声調の違いを捨象すれば 4000 音節くらいか）。おそらくこれが音節数の最大限であろう。しかし社会が複雑になってゆけば、必要な単語も多くなるので、8000 語では不足するだろう。多音節化してゆくのは当然の流れである。中国語も古代語から現代語になるに従って多音節語が増えてきている。しかし現代語を見るとチベット語と中国語はかなり異なった発達をしている。中国語は多音節化はしつつあるが、語順を構文法にとりこみ、孤立語的な文法のままであるのに対し、チベット語は助辞・接辞を発達させることによって日本語とおなじような膠着語的性格をもつようになってきている。古いチベット語は現代語とはかなり異なった文法を持っていたようで、接頭辞によって自動詞と他動詞を作ったり、時制を表したりして、いっそう日本語とは異なった造語法、構文法であったようである。また、その音節構造の複雑なこと、接頭辞・接尾辞の消滅から声調が発生するという歴史的な変化を考えると、音韻対応の分析をする前に、比較するほどの共通性があるのかという疑問も湧くのである。現在のところ、チベット語と日本語との間に何らかの関係があったとは全く証明されていないと言って良いだろう。

ただ、後述する遺伝学の研究成果を見ると、日本人に高い比率で存在する Y 遺伝子（後述）の D2 のグループがチベット族と共通しているということが分かっている。これはいつか、日本列島に住む男性とチベットに住む男性が同じグループとして生きていた時代があった可能性を示している。もしもそのような共通した時代があったとするなら、その古い古い日本語は単音節語であったということも許容すべき仮説になる。そのように仮定するならば、古代日本語の中に単音節言語であった痕跡を探してみるべきであろう。実は奈良時代の日本語では単音節語が多く、単音節語的であった可能性はゼロではない。

（4）アイヌ語：

日本列島北部に住んでいたことが明らかであるので、古くから注目されていた。語順は基本的なところは同じであるが、その文や句の作り方にはだいぶ異なるところがある。アイヌ語は輻合語（抱合語）と言われ、他の言語なら文に相当する内容を一語で表すことがある。例えば「私は君に与える」なら、

a-e-kore　　　　　　　＜　　a　-　e　-　kore

（私は）君に与える　　　　私　-　君　-　与える

（不定称）　　（目的格・与格）

のように、人称接辞（代名詞）が動詞と融合して一語で表現される。直接目的語は輻合的表現にはあまり用いないらしく、「私は君に魚（cep）を与える」は、a-e-cep-kore とは言わず、

cep　a　-　e　-　kore

魚　　私が-君に-与える

のように輻合動詞の外側で表現するようである。

このように、動詞を中心として人称接辞が接頭され、一語化されるところが、日本語と大きく異なるところである。ただその輻合的表現でも、「私（が）君に与える」となっているので、語順としては日本語に似ている。しかし「そのことについて君は私に嘘を言う」という表現は、知里真志保（1985『アイヌ語入門』）によれば、

neampe　　　　e-i-ko-sunke。

そのこと　君は-私に-ついて-嘘を言う

と表現するという。-ko は「～について」の意味なので、日本語が「そのこと」の後に続けるのとは位置が異なることになる。こういうところでは語順にも違いがある。

「食器」という単語でも、

a　-　e　-　ipe　-　p

我々 - それで - 食事する - もの

という構成というから、かなり異なった表現形式を持っていたことがうかがえ

る。

　おそらくこの輯合的表現の大きな相違が強い印象となって、日本語とアイヌ語は別系統の言語であると言われたのであろう。しかし語彙そのものを見ると、アイヌ語と日本語には似た言葉がかなり多い。それは借用語と解釈されてきているが、服部四郎氏は、かってアイヌ語の基礎語彙を調査した結果、日本語との類似が多く、偶然と断定し去ることは不可能であり、同系関係に起因する蓋然性を考慮しなければならないと主張したことがある（1960「アイヌ語諸方言の基礎語彙統計学的研究」）。アイヌ語との関係については、強く主張する人は少ないが、根強い同系論がある。最近では梅原猛氏（「古代日本語とアイヌ語」1982）、片山龍峯氏（『日本語とアイヌ語』1993）が同系を主張し、中川裕氏（「日本語とアイヌ語の史的関係」2003）が否定している。

　梅原氏が辞書から選んだ、ｐで始まる語の対応例の中で、他の辞書類でも確認できたものを上げると、

　　　　日本語　　　　：アイヌ語
　　　① hachi（鉢）　：pachi（鉢）
　　　② hera（箆）　　：pera（箆）
　　　③ hone（骨）　　：pone（骨）
　　　④ hora（洞）　　：poru（洞窟）
　　　⑤ huta（蓋）　　：puta（蓋）
　　　⑥ hie（稗）　　　：piyapa（稗）
　　　⑦ hito（人）　　：pito（神、カムイ）
　　　⑧ huri（振り）　：puri（行い、態度）
　　　⑨ hikari（光）　：peker（明るい）
　　　⑩ hakari（秤）　：pakari（秤）

のような例で、確かによく似たものがある。「鉢、箆、骨、洞、蓋、秤」などは意味も同じであり、「へら」以外は平安時代には存在していたことが確認できる。これらは日本語からの借用とされるが、アイヌ語がｐの形を採っているので、日本語からの借用とすれば、奈良時代以前の借用になるだろう（借用当時も、アイヌ語にｈとｐが存在していたとすればの話であるが）。借用かどうかに

ついてはその派生語や関連語からあるていどの判断ができる。上の例では⑧ puru（振る）と puri（行い、態度）では、日本語には「魂振（たまふ）り」「ふり向く」などという語があり、日本文化に根付いた言葉も派生している。アイヌ語では名詞としてよく使われているようであるが、他に関連した語も無いようであるから、この場合には日本語の方が元で、アイヌ語に借用された可能性がある。⑤ puta（蓋）については動詞の「ふたぐ（ふさぐ）」が関係する可能性が高く、そうすれば日本語からアイヌ語の可能性がある（それが正しいとしても「蓋」なんかをどうして借用する必要があったのだろう）。③ pone（骨）は、『和名類聚抄』に「肉の核である」という説明があり、平安時代から存在していたことが分かるのであるが、関連する語が見つからない。アイヌ語でも孤立しているようで関連語がない。そもそも、「骨」は旧石器時代から生活必需品であったのであるから、極めて基本的な語彙であるはずである。どちらかが借用したとしても、この語をわざわざ借用する理由も分からない。あまりに意味も形も似ているので借用語とはしているが、不自然な借用語である。不自然な借用といえば、kamuy と kamï（神）も想起される（日本語「神」がアイヌ語に借用されたと解釈されているが、こういう精神生活の上で中心となるような語を借用することがあるのだろうかという疑問がある）。上の例の① pachi（鉢）、② pera（篦）もやはり基本的な単語と思われるが、両言語ともに関連する語がなく、どちらから入った言葉か分からない。一方、⑥ piya-pa（稗）は縄文時代からの日本列島の栽培植物とされており（日本原産とも言われる）、稗の栽培は北から西日本へと南下していったと推定されている。「稗」が借用語ならアイヌ語から日本語という可能性が高い。

　これらの形も意味もよく似た語彙は、借用とみるのが一般的なのであるが、借用でなければ同源となる。つまり同系言語になってしまうので、借用という以外にはないからである。

　文法の面から観察すると、輯合的表現以外に、他動詞と自動詞、使役と受身などの体系にも違いがある。アイヌ語では、他動詞を作るには自動詞の末尾に、re、te、ke、ka、i、u、e などを接続するが、他動詞から自動詞を作るときには、i（それを）を輯合させて、

　ruska（〜に腹を立てる）→ i-ruska（それに腹を立てる＞腹が立つ）

のように、i という「それを（に）」に相当する語を輯合させることによって、それ以上目的語をとれない形にするのである（他動詞は目的語をとることが一つの指標となる）。

　他動詞を作る語尾は日本語と同じように使役動詞も作り、他動詞と使役動詞が連続するのであるが、「受身」は不定称を利用して、a-en-kore（人が - 私に - 与える）のように表現するというので、受身形はもっていないといっても良いだろう。従って自動詞と受身が連続することはない。他にも「兎の耳」は「兎・それの耳（isepo　kisara）」と表現するなど、日本語とは異なっている点は多い。

　これだけ文法形式が異なると、同系であったとしても、かなり古い時代ということになる。アイヌ語の輯合語的性格が古い形式であるのか、新しい形式であるのかということが問題になってくるが、こういう形式が日本語のような膠着的な文法形式から生じてくる可能性は低いと思われる。また、この輯合的な体系だけを借用するということも考えにくい。おそらく古くからの形式なのだろう。ユーカラのような韻文の方がこの輯合形式を多用するという点からもそう考える方が良い。シベリアやアラスカなどのエスキモーやアメリカインディアンの言語にも輯合的、抱合的な言語があり、それらの言語との似寄りの方が強いので、もともとはそういう輯合的な言語であったのが、膠着語的な言語に変化しつつあると考える方が自然である。

　もちろん遙か昔には、日本語もこのような輯合的な文法を持っていたのが、膠着語的な文法体系に変化して行ったという可能性もある。もしそれが正しいのであれば、その方向で検討して行けばよいのであるが、そのためには、日本語の文法現象の中で、輯合的な文法形式をもっていた何らかの形跡や名残を見出す必要があるだろう。

　また、注意すべき点は、アイヌ語の形容詞は動詞と同じであり、形容詞という品詞を認める必要がないことである（知里真志保『アイヌ語入門』1956）。東アジア周辺では朝鮮語の形容詞と共通していることになる。また、否定表現も、アイヌ語では動詞の前に来る方式と後に来る表現とが存在しているように見え

る現象がある（佐藤知己『アイス語文法の基礎』2008）。

（A）　　tan　　pe　anak　seta　ka　<u>somo　ne</u>　　　wa
　　　　　　この　もの　は　犬　も　ない　である　よ＝これは犬ではないよ。

（B）　　na　epuyke　　hecirasa　ka　<u>somo　ki</u>。
　　　　　　まだ　花　　　　咲く　　も　ない　する。＝まだ花が咲かない。

（A）は動詞（ne）の前に否定辞（somo）が来ているので、否定辞を動詞の前に付ける形式であることがわかる。（B）は hecirasa（咲く）が体言化しているのか、後に ka（強調の助詞）が続き、そのあとに否定辞（somo）を前接した ki（する）が来ている。somo ki で（A）と同じように「否定辞＋動詞」ではあるが、動詞の内容はその前の hecirasa であるので、「咲く」という動詞の後に否定辞が来る形にはなっている。動詞の前に否定辞が付く形が本来の形式のようであるが、その点で朝鮮語の「an＋動詞」の表現法と共通している。

　両言語で、形容詞の性格と否定辞が動詞に前接するという二つの特色が一致するというのは示唆的である。というのは、統計的研究においても、次章の類型論的研究においても、日本語と朝鮮語とアイス語は一つのグループになるというのである。その推定の一致も偶然でないのかもしれない。

　アイス語との関係については、まだ考慮する余地がある。

　以上、簡単に各言語との関係について、論じてきたが、いわゆる「音韻対応」のある言語は見つかっていないことは明らかである。しかし文法的にはよく似た言語が存在していることも間違いない。これらの文法的類似は偶合とするには似すぎている。この似ているという感覚は、印欧語の話し手達が、兄弟言語を探し当てたときの基盤となった共通感覚に近いものではないかと想像できる。印欧語では音韻対応、あるいは単語の対応が見つかったのであるが、日本語、アルタイ系言語には見つからなかったのである。

　これまでの系統論は一つの祖形から各地域に分散し、それぞれに変化を遂げ、更に枝分かれして各種の言語になっているという、系統樹の考え方である。それに対して、印欧語族に属するヒンディー語が、周辺の言語に近い形になり、ドラヴィダ語でも巻き舌音のようなインドの言語に特徴的な音を持っていると

いうように、それぞれの語族の垣根を越えて、地域の言語としての共通性を持つようになるという図式もあり得ることが論じられるようになっている。インド・アーリアンがドラヴィダ語などを話す地域に進入し、ドラヴィダ語を基層言語として、インド・ヨーロッパの言語が変容を受けてゆき、ドラヴィダ語も到来した印欧語の影響を受けて変容してゆく。そして両言語が少しずつ似た言語となってきて、やがてはその地域特有の言語群となってゆくというようなこともあり得ることである（エメノー 1980）。つまり新しい語族の誕生である。これは系統樹ではなく、相互に影響を及ぼす関係を考えていることになる。

　印欧語が 5000 年、6000 年の昔に一つの祖形に収斂するとしても、言語の混淆の仕方によっては一つの祖形に収斂するとは限らないかもしれない。例えば、南アメリカではほとんどスペイン語、ポルトガル語になってしまったが、それは少数のスペイン人・ポルトガル人が南米大陸を征服したことが原因である。コロンビアでは男性遺伝子 Y（後述）の 94% がヨーロッパ起源の遺伝子であり、女性遺伝子ミトコンドリア遺伝子は現地のものであるという（青木薫訳『DNA』下、2005）。つまり、少数のヨーロッパの男性が現地の女性に子供を産ませ、男を殺してしまったために、現地の男性の遺伝子は 6% しか現存しないということである。このような場合には言語は、スペイン語、ポルトガル語に収斂することが可能である。一方、日本列島の遺伝子の研究ではいろいろな民族が集まってきて、平和的に混淆していったと推定されている（槍の刺さった弥生時代人骨も発見されているので、もちろん闘争はあったようであるが）。平和的な、時間を掛けての接触による言語の変化は、印欧語のように一つの祖語に収斂してゆくものではないのかもしれない。

8　統計学的研究

　統計学的に日本語と他言語を比較する研究方法がある。

　例えば安本美典氏（2009『研究史日本語の起源』）は 200 個の単語リストを用いて、日本語と 70 ほどの言語と統計学的処理を行って比較し、日本語の単語と偶然以上の一致を見せる言語を取り出した。そして以下のような言語が日本

語と関係していたと推定している。

　　(1) 朝鮮語、アイヌ語（これらに日本語を含めて「古極東アジア語」と呼ぶ）。

　　(2) インドネシア語、カンボジア語（インドシナ半島語）

　　(3) ナガー語、ポド語などのビルマ系江南語

　　(4) 中国語

の四層である。その経過は、(1)「古極東アジア語」が基層となって、(2) インドシナ半島の諸言語を話す人々が到来し、(1) の人々と混住していたが、弥生時代の始まる頃、(3)「ビルマ系江南語」を話す人々が、中国江南地域から稲作とともにやって来た（「ビルマ系江南語」というのはビルマ系の言語を話す人々が揚子江以南に住んでいたという設定であろう）。最後に西暦紀元前後から、(4) 中国語が到来し、日本語が成立したとする。

　この結論はまだまだ多くの人の認めるところにはなっていない。インドシナ半島の言葉やビルマ系言語が日本列島に到来したというところが、これまではほとんど想定されていなかったために受け入れにくく感じられることもあるだろう。しかしこれは先入観なのでまずは押さえておくべきであろう。もっとも大きな障害は、対応関係は数値として表れてくるけれども、その具体的な対応の様子が分からないので、判断がつかないという点である。

　コンピューターによる統計学的分析における対応の基準は、

　　① H、h、p、b、f、v、x→h　（x はドイツ語の nacht の ch）

　　② t、θ、ð、tʃ、ts、d、dz、dʒ、s、ʃ、z、ʒ　→t

　　③ k、g、q、ŋ　→　k

　　④ r、l

のようなものであるという。この基準がはたして単語の対応関係を計る基準としてどこまで有効なのかという疑問がある。

　音の変化はかなりバラエティがある。k と h、x はよく相通するが、①と③のように別の枠になってしまう。t、d、n はよく相通するが、②には n は入っていない。l と n も、t と l も交代することがあるが、その変化も上の基準では拾われない。m、n、ng が通用することも珍しくなく、y と d が交代した言語もあれば、p の一部が t に変化した言語もあるが、それらは対応例に入らない。

対応の基準については、それぞれの言語の特色を反映させなければ、正確には分析できないであろう。

　もう一つ重要な点は、統計処理では、t：t で一致するのと、t：s、t：ts で一致するのも、同じ 1 として処理されるのは不合理ではないか。たとえば t：t は 3、t：s は 1 というように一致判断の重みを変えるという方法も採ってみてもよいだろう。もちろん音韻対応の法則があって、全ての、あるいは一定の条件のもとに t が s になるような場合は問題ないのであろうが。

　タミル語を例に考えてみると、タミル語は異常なほど舌音が多い。先ほど上げた子音文字を整理すると、

　　　牙音　　　k、ṅ

　　　舌音 (1)　t、ṭ、n、ñ、ṇ、ṉ

　　　舌音 (2)　r、ṟ、l、ḷ、ḻ

　　　歯音　　　c、

　　　唇音　　　p、m、v、

　　　半母音　　y、

となるが、舌音 (1) n・t と l とは同じ舌音で交替することが多い。ḷ と ṭ は交替することがあるし、特に r は語中で t、d、ṉ、l とよく交替する。たとえば kurram のように rr が連続すると [kuttram] のように、ttr と発音される。従ってタミル語では舌音 (1) (2) は連続することになる。これらが日本語のタ行、ダ行、ナ行、語中のラ行と対応するのであるから、日本語とタミル語の舌音は、

　　　　　日本語　　　：タミル語

　　　　　t、d、n、l　：t、ṭ、n、ñ、ṇ、ṉ、r、ṟ、l、ḷ、ḻ

のような対応関係になる。つまりたとえば日本語の t は、タミル語の 11 個の子音に対応する可能性がある。日本語とタミル語のように、これだけ音韻体系が異なると、どの音とどの音を対応させるべきなのか判断が難しい。

　母音調和のある言語と無い言語の比較の場合にも、陽性母音・陰性母音の対立を捨象して対応させることが多いが、中期朝鮮語の母音調和の崩壊過程を見れば、陽性母音 ʌ は第一音節では同じ陽性母音の a に変化し、第二音節以下は対応する陰性母音の ï に変わった。従って陽性・陰性の対立を捨象するなら、

ʌ、ï、a、ɔが一つになってしまう。子音も接続する母音によって音色が変わる。たいへん面倒であるが、やはり言語ごとの特徴を考慮しながら、どのように対応させるかを判断してゆく必要があるだろう。しかしそうすれば大量の言語を一つの基準で整理するという方法がとれなくなってしまうので、この研究の特徴が薄れてしまうことになる。

　人間は感情や習慣の裏付けを持ちつつ言語を使用し、言語ごとに音韻体系が異なり、同じ文字で書かれても音色や発音は違っていることが多い。数値化するのは非常に難しい。いかに厳密な統計学的処理をしても、その基準の取り方で、結論は大きく変わってくるので、統計的処理の結論は参考にしかできないのである。しかし、この方法からでてきた、古極東アジア語（日本語、アイヌ語、朝鮮語）という推定は類型論的な結論に一致するし、後述するように遺伝子的からの研究とも合うのである。偶然以上のものを捉えている可能性はある。

9　類型学と遺伝学

　日本語の起源についての考察は、個々の言語との対照しか方法がないのかと言えば、まだまだ方法がある。それが次章に述べられる「類型学的」な分析と「遺伝子」による基盤的な背景調査である。

　類型学的研究とは、言語のさまざまな特徴を調査し、相違点・類似点をまとめ、普遍性を求めて行く研究である。かならずしも普遍性を求めなくても、相違点・類似点を調査することにより、言語の相互関係や地域的連関などの問題を解決することもできる。

　いろいろな類型を調査し、類型が共通する場合には、その言語どうしには何らかの関係があった可能性がでてくる。この方法からも、言語の親縁関係を調査することができるのである。

　たとえば、橋本万太郎氏（『言語類型地理論』 1978）では、中国大陸の中国語の語順を分析して、北方（北京語）ではアルタイ語的であり、南方（広東語）ではタイ系言語に類型的に似ていることを明らかにしているが、このような方法を積み重ねてゆけば、言語の親縁関係や影響関係も明らかになることがある。

先述の、他動詞語尾が使役語尾と連続し、自動詞語尾が受身語尾と連続していて、それぞれが動詞の語幹に接尾することによって新しい動詞を派生するというのは小さな体系であるし、主格・目的格が無表示が原則というのも、述部が名詞で終わるというのも、一つの類型である。悠久の昔を考えるならば、元は一つであった言語が様々な変形を受け、時間と共に切れ切れになりながらも、古い特徴を部分部分で保存していると考えることはむしろ当然なことである。一つの類型だけでなく、いくつかの類型がセットになって一致すれば、何らかの関係があったと考えることができる。この方法では何を類型として選ぶかによって結論は変わる可能性もある。具体的には次章を参照。

　もう一つは、最近急速に進んでいる「遺伝子」による、人間の移動を後づける方法である。これは人間の移動が分かるのであって、言語とは直接的に繋がるとは言えないが、朝鮮半島の人々と日本列島の人々の遺伝子が類似していれば、朝鮮半島と日本列島の間で人間的な交流があったことがわかる。そして考古学的資料や地理学的分析を考慮して、たとえば水田耕作が朝鮮半島で早く始まっていれば、朝鮮半島から水田耕作とともに弥生人が移動してきたと解釈ができる。人間がどのように移動してきたかということを知るのは言語の関係を調べるときには、基礎的な情報になる。タミル人が直接日本に来た可能性は低いというのも、現在のタミル語の話し手と日本人との遺伝子の違いによってほぼ確実なことなのである。

　遺伝子に関する論述では専門用語や概念がでてきて、理解しにくいと思うので、簡単に紹介しておく。

遺伝学の利用

　人間の遺伝子には 23 対の染色体がある。その内の一対は性染色体で x と y が対になっており、子どもは母親から x をもらうが、父親からも x を貰った場合には女性（xx）に、y を貰った場合には男性（xy）になる（高校の生物で習ったとおり）。次章では、男性由来の Y 遺伝子の研究を柱にして論じられている。つまり男性の移動の歴史を推定するという方法である。日本人の Y 遺伝子の

調査で、日本列島に住む男性がどのようにして日本列島にやってきたのかを探るのである。

　女性の側からの研究もある。女性の移動に関しては、ミトコンドリアの遺伝子の研究がふさわしいと言われている。ミトコンドリアは人間の 60 兆余の一つ一つの細胞の中に、複数個存在する小器官で、エネルギーを作る重要な働きをしている。このミトコンドリアは母親から受け継ぐもので、父親のミトコンドリアは受精の時、排除されてしまうという。ミトコンドリア（mt）の研究が進んだのは、一つの細胞の中に複数存在していて集めやすかったこと、遺伝子の構造がリング状で単純なので分析が簡単なこと、さらに、突然変異の速度が核遺伝子に比べて速いこと、などの点が有利なためである。ミトコンドリアによる人間の移動は女性の移動の歴史になる。

　遺伝子の情報は「塩基」で書かれているが、その塩基は四種類ある。A（アデニン）、G（グアニン）、C（シトシン）、T（チミン）の四つである。この塩基が並んで、必要なアミノ酸の種類を指定している。その順番は決まっているのであるが、突然変異によって、別の塩基に置き換わっている場合がある。たとえば、CCACCTG という連続があったとき、三番目の A が突然変異によって G に変わったりすると、それを A1 型と名付ける（CCGCCTG）。五番目が G に変化しているものを A2 型とする（CCACGTG）。時間が経つと、A1 型の中で、更に七番目が変化したりする（CCGCCTC）。それを A1 の a 型（A1a）と名付ける、他の部分が変化したものがあれば、A1b とする。そうして A1 のグループは、A1a、A1b、A1c……という下位グループを抱えることになる。

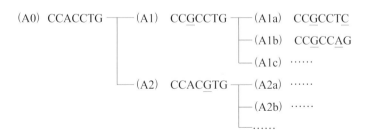

　もし、A1a グループが大陸内部のある地域に広がっており、A1b グループが遠くの島に広がっていた場合、この島の人々は大陸内部の A1a グループと関係があって、A1a と A1b に分かれる以前の段階、つまり A1 グループのときには一緒に生活していたことを示す。その後、一部のグループが島に移動し、そこで突然変異を起こして二つのグループに分かれたと推定できる。

　また、A2 のグループが別の地域に住んでいたとすると、彼等は A1 と A2 に分かれない時代、一つのグループ（A0）として生活していたことが推定できる。一般的に人間がそっくり入れ替わるということは稀で、一部が移動してゆくことが多いので、もと住んでいたところでは A0 型の比率が高くなる。そして移動の途上で定着する人々が居るので、移動した経路には A0 型系統の遺伝子型をもつ人々が点々と生活していることが多い。つまり、A0 型の比率の高いところが原郷で、その比率の目立つところを辿ってゆくことによって、移動の様子が窺えるということである。このような典型的な形での分布が見られないことも多いが、考古学的あるいは地理学的な知見などで確認しながら判断してゆくのである。

　遺伝子のどの部位に突然変化を起こしているかで遺伝型を特定できるが、こまかく分けるときりがないので、特徴的な部分が共通するものをグループにまとめ、そのグループを「ハプログループ」と呼ぶ。一般的な「グループ」として理解してもほぼ問題はない。「クラスター」という用語が出る場合があるが、ハプログループの近い関係のものをまとめた「群」ということである。

　突然変異が起こる確率はかなり低いのであるが、核遺伝子（体を作る本体の遺伝子）に比べて、ミトコンドリアはその数倍の速さで変わると言われる。変化が早いといってもミトコンドリアは染色体の数が少ないので、塩基の変化は 1 万年に 1，2 個くらいの割合らしい。核遺伝子は 30 億塩基もあるが、1 年で 1，2 個、あるいは 1000 年に数個とも言われている。この突然変異の速度（分子速度）はまだ一致した見解は無いようで、部位によっては遅速があるとも言われている。

　また、日本語の Y 遺伝子について、YAP という術語が使われることもあるが、YAP は、Y-chromosome Alu Polymorphism（Y 遺伝子アルⅠ的多型）の頭文

字で、Y 遺伝子の中に、余分な塩基の重複がある型を指す。5 万年ほど前にアフリカに居た一人の男に生じた変異で、その子孫達は D、E というハプログループに分岐して現代まで生き残っている。D は日本やチベットに、E は中東や北アフリカに生き残る。D、E のハプログループは遠い遠い親戚になるわけである。時折、日本人とユダヤ人が同族であるという説が唱えられることがあるが、このような YAP 型のつながりによる連想からかもしれない。

　ほかにも「ボトルネック効果」という用語も使われることがある。これはある地域で、多様な遺伝子型が存在していたけれども、環境の変化などで人が死んでしまい、一部の遺伝子型だけが生き残った状況を、瓶の狭いところに喩えたものである。ボトルネックを過ぎて、再び遺伝子が多様化してゆくのであるが、もとの遺伝子型の種類が少ないので、多様性にも限定がある。

人間の拡散

　遺伝子の研究によれば、現世人類の原郷はアフリカで、10 万年〜15 万年前（研究者によって巾があるので、以下の年数は概数）、アフリカに住んでいた現生人類の一部がアフリカ東部から「中東」へ移動した。これを「出アフリカ」と呼ぶ。「中東」は、エジプトからアラビア半島、シリア、トルコ、イラク、イランあたりを指す用語であるが、「出アフリカ」の場合には、エジプトを通って広がっていったと想定されていたので、パレスチナやアナトリア（トルコ）あたりを漠然と指していたようである。最近は、UAE（アラブ首長国連邦）のファヤ遺跡で 12 万 5000 年前にアフリカと同じ石器をもった人類が居たらしいという発見があり、紅海を渡って（氷河期にはアラビア半島の東側がアフリカと繋がっていたという意見もある）、アラビア半島の東側を通り、イランに行った人類もいたと想定されている（その頃のアラビア半島はサバンナのような地域だったという）。その場合、「中東」はサウジアラビアからイランあたりのことになる。

　「中東」にたむろしていた人類は、一部が 6 万年程前、東へと向かう。通常、人が移動するのは食べられなくなったことが原因であることが多い。人口が増えすぎたり、気候が変化した場合である。東へ向かった人々は、海岸線に沿っ

〈図 1 〉

【人類の移動の地図】（氷河期には海水面が 100〜120 メートルくらい低下しており、マレーシア、インドネシア、ボルネオなどが陸続きになって「スンダランド」を形成し、ニューギニア、オーストラリアがサフルランドを形成していた）；オッペンハイマー他（2007）の地図をもとに諸説を矢印で加えた。

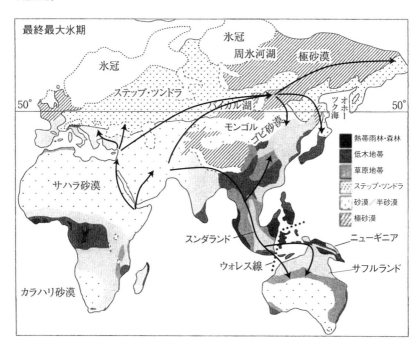

て南へ向かい、印度、マラッカ海峡、そしてスンダランド、サフルランド（図1参照）に到り、4万年前にはオーストラリアにまで至ったという。

　もう一つの経路は北ルートで、「中東」から、ヒマラヤの北を通って、シベリアの方に移動した。この北ルートへの移動時期は南ルートよりも遅かったと言われているが、そのルートと時期はまだはっきりとしない。4万年程前にはシベリアに至っていただろうと言われている。スンダランドに到った人々が北上してシベリアへ向かったと考えている研究者もいる。それ以外の地域にも、小集団が色々なルートを通って移動し、生活できるところがあればそこに定住したことであろう。

　その後、「中東」に残っていた人々の一部が、5万年ほど前に北西へ移動してゆき、ヨーロッパに広がった。それがコーカソイド（白人種）と呼ばれる人々になった。東に進んだ人々はモンゴロイドと呼ばれる人種になる。モンゴロイドは南方モンゴロイドと北方モンゴロイドに分けられることが明らかになっている。南方モンゴロイドは、インドシナ半島、ポリネシア、ミクロネシア、メラネシアの地域の人々で、比較的最近になって（5～6000年程前）、中国南方・雲南・台湾から南へ広がっていった人々と言われる。パプアニューギニアの人々やオーストラリアのアボリジニは、アフリカから到達した人々の後裔で、古い遺伝子を残しており、周辺の南方モンゴロイドの遺伝型とは異なっていて、アフリカとの共通性があるらしい。

　シベリア地方の北方モンゴロイドはバイカル湖周辺が中心だったようであるが、寒暖に応じて南下・北上を繰り返していたと思われる。氷河期には北海道は大陸と繋がっていたので、マンモスを求めて北海道にもやってきたであろう。北海道でも20,000年前のシベリアのものと同じ石器が発見されており、シベリアでも日本産の石材を使った石器が発見されている。12,000年前頃の最寒冷期には、シベリアからベーリンジア（ベーリング海も陸地化してアラスカとほぼ繋がっていた）を通ってアメリカ大陸へと進み、一部は北海道に南下してきたと言われている。その後、温暖化によって海水面が上がり、各地域が分断されて、大量の人間の移動は少なくなったことであろう。アメリカ大陸への移動についても、それが何度目かの大量の移動であったらしく、後述の免疫グロブリンの分析によると、この時に移動したと思われる人々はアラスカ周辺に分布しており、その遺伝型は北米のインディアンとも南米のインディアンとも異なっている。現在の南米のインディアンはこの時期よりももっと前にアメリカ大陸に進出した人々と言われ、アメリカ大陸への移動は少なくとも三回の波があったと想定されている。北海道への移動も何度も起こっていたと思われる。

　日本人は、北海道アイヌ・琉球人・本土人、全て北方モンゴロイドに属することは、今はほぼ共通の理解になっている。台湾は南方モンゴロイドである。沖縄と台湾の間に南北モンゴロイドの境界があり、台湾から琉球列島を通って日本列島に南方の人間が広がり、縄文人になったという説は成り立ちにくいと

される。もちろん台湾から琉球に人が渡ってきたこともあったはずで、実際に最近、石垣島の白保竿根田原洞穴遺跡から出てきた人骨は南方モンゴロイドの遺伝型を持っていたということである（20,000年前）。南方モンゴロイドが渡ってきても、現地の人々、あるいは九州からやってきた人々の数が多くて、淘汰されてしまったということもあるだろう。こういう点については、考古学的資料などの諸成果を利用しながら、考察を継続してゆかねばならない。

　ごく最近でも、核遺伝子の100万個の塩基の分析の結果、アイヌ人と琉球人が近縁関係にあり、本土人は琉球人の次にアイヌ人に近く、「日本列島人」として特異なひとまとまりのグループになるという発表があった。その関係は以下のような図になるという。

〈図2〉

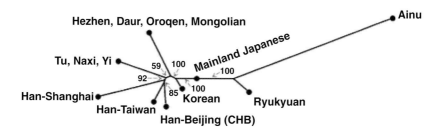

〈斎藤成也他「日本列島3人類集団の遺伝的近縁性」（Journal of Human Genetics、Nature Publishing Group、2012年11月1日オンライン版）プレリリースより〉

　さらに本土日本人は韓国人と同じグループに属しており、韓国人、本土日本人、琉球人、アイヌ人は近縁関係があることが証明されたという（図では一本の線から韓国人と本土日本人・琉球・アイヌのグループが分かれ、次に琉球とアイヌが分かれている）。アイヌ人には北方の民族との混血があったらしく、多様性に富んでいるという（線が長いほど差が大きいことを示す）。日本列島の北と南によく似た遺伝型をもつ人々がおり、列島中央部に少し異なる遺伝型の人々が住んでいることになる。この分布は日本列島にアイヌ人・琉球人に似た人間が住んでいたところへ、少し異なった遺伝型をもった人間が到来し、混血して

〈図3〉【松本秀雄氏の図二枚】

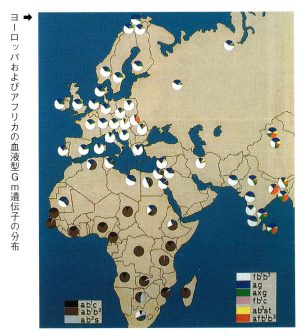

アジア・アメリカ
血液型Gm遺伝子の分布

ヨーロッパおよびアフリカの血液型Gm遺伝子の分布

○上図：アジアの北方モンゴロイドでは青色と黄色が特徴的であり、南方モンゴロイドは赤色の比率が高いことが分かる。これで北方モンゴロイドと南方モンゴロイドが区別される。また、南北アメリカにはアジアとは異なった型が多く（緑色）、アジアのモンゴロイドとは区別される。
○下図：白い色がコーカソイドの特徴であり、アフリカの型も独特で、他の地域の型とは一致しないことも見える。

いったことを示しているという。列島の南北に残ったアイヌ人と琉球人は旧石器時代から縄文時代を通じて住んでいた縄文人であり、弥生系渡来人との混血があまり多くなかったので古い遺伝子を残しているということがはっきりしたという。

　遺伝子の研究の中では、ミトコンドリア遺伝子、Y遺伝子、そして核遺伝子の研究が中心であるが、他に免疫グロブリンの遺伝子型による研究もある。この免疫グロブリンの研究は他の遺伝子の研究とあまり連関していないようであるが、人種を明確に区別できる遺伝子として、たいへん興味深い結果がでている。モンゴロイドの北方・南方の区別も明瞭である。この遺伝子では、日本人のハプログループはバイカル湖周辺に住むブリヤートモンゴルとそっくりなので、日本人はバイカル湖周辺からやって来たという「バイカル湖畔起源説」が提起されている（ブリヤートモンゴルとの遺伝子の一致については他の遺伝子の研究でも指摘されている）。〈図3〉に松本秀雄氏（『日本人は何処から来たか』1997）の分布図を掲載しておく。

　この図でわかるように、モンゴロイド（青と黄）、コーカソイド（白）、ネグロイド（茶）を見事に分けることができる。これほど人種を明確に分けることができる遺伝子は貴重である。タミル語の話し手にはコーカソイドとの混血があったことが分かる。ドラヴィダ族はコーカソイドとの混血だけでなく、北方モンゴロイドの特徴の一部（青）も持ち、特異である。彼等が日本列島に到来したのなら、コーカソイドとの混血以前の、かなり古い時代を想定しなければならないのである。

　ただ、遺伝子だけで人間の足跡の全てがわかるというのではなく、その比率が何を意味するのかもまだ考えなければならない。例えば免疫グロブリンからは朝鮮半島との関係は強くないという結果になるという。これはY遺伝子の分析と一致する。しかしミトコンドリアと核遺伝子の側からは、朝鮮半島との関係は深いという結果がでている。Y遺伝子ではモンゴル・チベットとの関係が深いようだが、縄文・弥生時代にモンゴルやチベットから大量の男性がやってくるということは考えにくいので、かなり古い時代に日本に到来した遺伝子と

考えるべきであろう。ミトコンドリアからは朝鮮半島から多くの女性がやって来て、日本列島在住の男性と混血したことになる。これも不自然な設定になるので、このような齟齬が起こる原因を探る必要がある。つまりそれぞれの遺伝子の分析が何を表しているのかがはっきりしない間は、正確な判断は難しいのである。核遺伝子は 30 億の塩基があるというが、先述の 100 万個の塩基調査でもまだ 3000 分の 1 である。全ての核遺伝子による調査がでた時点で最終判断が出せるのであろう。

　次章は、そういう類型的研究と遺伝子による研究を合体させた論である。これもまだ試みの段階であるが、予想外の結論を導く糸口になる可能性がある。

10　日本語の変化の速度

　最後に日本語の変化がどのくらいの時間を経て変化してゆくのかも、一度、探ってみる必要がある。日本語の体系が分かる最古の資料は、8 世紀の奈良時代のものである。『万葉集』『古事記』『日本書紀』の和歌・歌謡が中心の資料となり、奈良時代の発音や文法をかなり詳細に復元することができる。この奈良時代の言葉は、現代人にとっては分かりにくいところがあるが、それは助動詞の交替、形容詞の意味変化、滅んだ語彙、特殊な表現法（ミ語法やク語法）などがあるからである。そういう部分を除いた基本的な部分はだいたい理解できる。文章の骨格にあたる名詞や動詞があまり変化していないせいであろう。例えば『万葉集』の 7 番、8 番歌は、

　　秋の野の　み草刈り葺（ふ）き　宿（やど）れりし　宇治の宮処（みやこ）の　仮庵（かりいほ）し思ほゆ（7）
　　熟田津（にぎたづ）に　船乗りせむと　月待てば　潮もかなひぬ　今は漕ぎ出でな（8）
であるが、分からない語はほとんど無く、「宿れりし」の「し」と「思ほゆ」、「かなひぬ」の「ぬ」、「出でな」の「な」くらいが耳慣れない語であろうか。

　何を言葉の変化の時間を計る基準にすればよいのかという問題はかなり難しく、かつ限られてくる。単語の意味の変化などは文脈の中で少しずつ変化することが多いので、どの時点で意味が変わったのかが判断ができないことが多い。古代の助動詞は変化が速いのであるが、やはり文語的な表現などに生き残り、

どの時点で消えたのかを文献から探るのは難しい。意味や機能という点から見てゆくのは、かなり主観的な判断が入るので、やはり形態の変化を伴う現象が望ましい。ここでは、形態によって確認できる文法形式の変化を基準にしてみる。

　日本語の文法変化の中では、①二段動詞の一段化、②終止形の消滅、という2つの大きな変化があった。②の「終止形の消滅」というのは、①と並行的に生じた変化であるが、用言の終止形が使われなくなって行き、連体形が終止形の役割をするようになる現象である。したがってこれが終わると、動詞・形容詞・助動詞の終止形と連体形が同形になってしまう。

一段化

　「一段化」とは、先に少し触れたように二段活用が一段活用に変化することを言う。「起く」という動詞は上二段活用であったが、現代語では以下のように、一段活用に変化している。

　　　古　語：　oki　oki　oku　okuru　okure　oki (yo)

　　　　　　　　　　　　　↓

　　　現代語：　oki　oki　okiru　okiru　okire　oki (ro)

この一段化は、京都語では平安末期（11世紀頃）から見られる現象で、だいたい17世紀の江戸時代初期に完成したと言われる。そうすると、11世紀から17世紀ということで、600年ほどを掛けてこの変化が完成したということになる。かなり長期間にわたる変化である。ただし、この時間は奈良方言・京都方言でのことであり、例えば九州方言ではつい最近まで、この一段化は完成していなかった。もし日本全体が一段化したのは？といえば、20世紀になってからということになる。方言の時間を加算すれば変化の期間は更に300年延びて、900年になる。

　奈良時代では、下一段活用の動詞はなく、上一段動詞だけがある。その上一段動詞は「射る、着る、似る、煮る、見る、廻る、率る、居る」のように語幹がi母音で一音節という共通点がある。その活用は、

　　　　　mi　　mi　　mi-ru　　mi-ru　　mi-re　　mi-(yo)

のように mi という語幹に ru、re が接続するだけであるから、ほとんど語形変化がないと言って良い。語幹が安定しているということである。

　もともと、二段動詞は母音が e と u（下二段）、または i と u（上二段）の二つに変化する上に、一段動詞と同じように ru、re が接続するので、四段活用の母音交替法と一段動詞の語尾接続法が混淆していることになる。

　一音節語幹の二段動詞は動詞の同定には不便なところがある。たとえば、「廻る」は古くは上二段であるが、活用は、

　　　　　mi　mi　mu　mu-ru　mu-re　mi（yo）

という形であったはずである。未然形・連用形の mi が mu（廻）という動詞であるということが分かりにくい。語幹が二音節の「過ぐ」ならば、

　　　　sugi　sugi　sugu　sugu-ru　sugu-re　sugi（yo）

のように、sug という部分が共通するので、語の認定には支障は少ないだろう。

　語の認定のためには語幹の形が安定している方が良い。そのために音節数の少ない語は一段化することによって語幹を安定させる方向へと進んだのである。奈良時代に上一段動詞である「廻る」「居る」「嚏る」は古くは上二段活用であったことが明らかになっている。奈良時代にはまだ上二段活用であった「干」は平安時代に上一段活用になり、全ての一音節語幹の上二段が上一段に変化したことになる。下一段動詞では、平安時代になってようやくワ行下二段活用の「蹴う」が一段化して「蹴る」となり、はじめて下一段動詞ができる。これで高校の古文の文法の体系（9 種の活用形式）になる。ほかにも下二段の「経」も一段活用化して「経る」となる（これも語幹一音節である）。平安時代に一音節語幹の下二段活用動詞というのは、「ぬ（寝る）、う（得る）、く（消える）」くらいしかない。平安時代末期から鎌倉時代に掛けて、二音節以上の語幹の動詞に一段化した例が増えてくるが、室町時代末期になっても京都の知識階級のことばでは二段形が正式であった。一段化が急速に進むのは江戸時代になってからである。関東方言（江戸言葉）は一段化は進んでいたらしいので、その影響も強かったと思われる。

　このように二段動詞の一音節語幹から一段化していったと考えると、奈良時代の上一段動詞は「一段化」の先触れであると見ることができる。そうなれば、

一段化は平安時代末期から生じてきたのではなく、奈良時代にはすでに生じていたことになる。つまり 11 世紀からではなく、8 世紀からということになるので、変化の時間に 300 年プラスする必要がある。600 年に 300 年プラスして 900 年（九州方言を計算に入れると 1200 年）。結局、文献時代を通じて一貫して一段化が進んでいたということになり、日本語の文法の変化が予想外に緩慢であることが分かる。

　ところが、8 世紀には上二段動詞の一音節語幹動詞のほとんどが一段化していたのであるから、この「一段化」はかなり進んでいる状態であることになる。8 世紀以前から「一段化」の現象が始まっていなければならないのである。それはいつ頃からと考えればよいのかは、文献時代以降の一段化の変化の緩慢さを考えると、少なくとも 200 年から 300 年は掛かって奈良時代の状況に達したと推定してもよいだろう。控えめに見て 200 年とすると、1100 年前（方言を入れると 1400 年）からこの一段化が始まっていたと見ても、大きな誤りではあるまい。京都語においては、江戸 300 年の間の江戸方言の影響によって、一段化が加速されているだろうと思われるので、その影響がなければ、九州方言のようにもっと長く二段動詞が残存した可能性も高い。そこで九州方言を計算に入れて 300 年を加え、1400 年前から一段化が始まっていたと仮定しておく。1400 年前ならば、6 世紀、古墳時代である。

　古墳時代の言葉と奈良時代の言葉が連続しているというのは、むしろ当然なことではある。

二段古形説

　「二段古形説」というのは、まだ学界では承認されていない学説である。これは文献時代以前のある時期、上下二段動詞が中心であった時代があり、その体系の中から四段活用・一段活用が発達してきたという考え方である。「二段古形説」の根拠は、一つは「係り結び」の存在である。係助詞の「ぞ、なむ、や、か」が文中にあると、述部は連体形で結ぶという法則がある。通常の文章は終止形で終わるので、その中に連体形が混じるとたいへん目立つ。それによって強調や焦点化などが表現できるのである。しかし四段動詞は終止形と連

体形が同形なので、四段動詞が中心の時代には係り結びの表現法は成立しないのである。

　例えば、「書く」であれば、kaka　kaki　kaku　kaku　kake　kake　であるから、終止形と連体形が同じ形で、終止形で終わっても、連体形で終わっても違いがない、つまり係結びは成立しない。

　もう一つは、上二段動詞、下二段動詞と変格活用（カ変・サ変・ナ変・ラ変）では終止形と連体形の形が異なる。変格活用は頻用されるので、古い活用形式を残したものと思われるが、全ての変格活用で終止形と連体形の形が異なるのである。これは古い時代の動詞活用の形式を残していると理解することができる。

　少なくとも、係り結びの法則ができあがった時には二段動詞が中心であったはずである。四段動詞の発達は係り結びを崩壊させる力になったであろう。上一段活用も終止形と連体形が同形であるので、係り結びを破壊する方向にあり、上一段活用が後の発展であることも裏付けるのである。

　二段活用でも一段活用でも四段活用でもないものを「変格活用」に分類しているが、高校時代の古文の記憶が曖昧になっている方のために、以下に活用を挙げておく。

カ変：	ko	ki	ku	kuru	kure	koyo
サ変：	se	si	su	suru	sure	seyo
ナ変：	na	ni	nu	nuru	nure	neyo
ラ変：	ara	ari	ari	aru	are	are

　カ変、サ変はあまりに頻用されるために現在も変格活用のままであるが、ナ変とラ変は8世紀の段階ですでに、四段に近い活用形式を持っており、中世には四段動詞に吸収される。（注意：現在の国語学界では四段活用と一段活用が基本的な活用形式で、二段活用はその二つの活用形式が混淆して生じてきたという意見が強い。しかし、四段動詞のように整然とした母音交替の形式と一段動詞のように語幹は一定で、「る・れ」が接続する形式は、見事な対立を見せており、このような明瞭な形式の対立の中から、母音が二つだけ交替し、「る・れ」が接尾するというような混交した形式の活用が生じると考えるのは不自然である。）

　さて、古墳時代から「一段化」が始まっているだろうと仮想したが、それ以上に遡ろうともがいてみることにする。「二段古形説」に拠って、古くは二段動詞が中心であったとすると、四段動詞は後に発生したことになる。奈良時代にはすでに動詞の7割近くが四段動詞であり、後にナ変、ラ変も四段動詞に合流してしまう。四段動詞にはナ行に活用する動詞が存在しないのであるが、もし存在していたとして、ナ変と並べてみると、

　　　ナ　　変　：na ni nu <u>nuru</u> <u>nure</u> ne〔yo〕

　　　ナ行四段　：na ni nu <u>nu</u> 　<u>ne</u> 　ne

のようになる。四段動詞と異なるのは連体形と已然形だけで僅かな違いしかない。ほぼ四段に近い状態である。そして不思議なことに「ナ行四段活用」は存在しないのである。ナ行のように安定した、聞こえの良い子音が、動詞の70％を占める四段活用に利用されていないということは不思議なことである。四段活用になることができる行は、カ、サ、タ、ナ、ハ、マ、ラ行のたった7行しかないのであるが（濁音行を入れると11行）、その中のナ行が四段活用に存在しないということは異常といってもよいくらいである。何らかの歴史的要因を考えるべきである。ナ変が四段活用に変化することによってようやくナ行四段活用ができ、7行が揃うことになるので、「四段化」というべき流れを背景に考えることができるだろう。つまり、ナ行以外の動詞も二段動詞から順次変化してきたもので、ナ変を最後にようやく「四段化」が終わったとみることもできる。ナ変は「死ぬ」という特殊な意味から、「去ぬ」は助動詞「ぬ」の頻用によって活用形式が支えられていて、四段化が遅れていたと考えるのである。

　もしこのように考えることが正しいのであれば、四段動詞は奈良時代でもすでに動詞の中心の活用となっているのに対し、一段化はようやく一音節語幹だけが一段化しているだけなのであるから、「四段化」は「一段化」よりも進んでいたはずである。つまり、「一段化」よりも古くから生じていたはずである。しかも、四段動詞は下二段動詞との間で意味的な対立をもち、四段の発達は動詞の体系と意味の体系を大きく変化させるもので、「一段化」よりもはるかに

複雑な変化である（31 頁参照）。どうしても「一段化」よりもさらに長い時間を想定しなければならない。一段化の最短の見積もりである 900 年以上を見ておかねばならないだろう。8 世紀から 900 年遡れば、紀元前 100 年頃ということになる。弥生時代である。この時期はまだ二段動詞が中心であった時代ということになる。

　これは推定を重ねたもので、確かな数字ではないが、突拍子もない推定でもない。言語の変化の速度は時間と共に速くなっているようであるから、古い時代にはもうすこしゆっくりとした時間を考えてもよいかもしれない。文法は人間の考える方法や考える順番に基づくものであるから、予想外に変化しにくいようである（これは膠着語の特徴かもしれない）。ぼんやりとはしているが、少なくとも 6 世紀には上下二段動詞の対立の時代があり、もう少し四段化で「頑張る」と、紀元前後までは上下二段動詞の対立の時代であったというところまでは行けるのではないかというのである。これは弥生語である。この弥生語が現代の日本語に直接つながる日本語ということになる。これ以上は遡れない。これ以上引き延ばせば、ゴムは切れてしまう。

　しかし実を言えば、私は、この二段動詞が中心の時代はもっと古くから存在していたと考えている。縄文時代の日本語もこのような二段が中心になる動詞体系を持っていただろうと想像しているのである。それは四段動詞が日本語の特徴であり、四段動詞の形成が日本語の成立そのものだと思っているからである。

　二段動詞のような二種の母音の交替（u と e、u と i）ていどなら、ごく一般的な現象で、珍しくはない。日本語の上下二段動詞だけなら、「活用」と呼ばずに接辞の添加（る、れ）で十分説明でき、それはよりアルタイ語的な文法体系になるだろう。

　しかし四つの母音が交替して文法機能を果たす体系というのは珍しい。日本語をアルタイ語の水の中に放り込めば、ほとんどはそのまま解けてしまうが、四段活用だけは溶けないで固まったままであろう。アルタイ語的な二段動詞中心の時代から、どのようにして四段動詞が出来てきたか、その過程が日本語が成立する過程であるにちがいない（四段活用の成立過程のなかで、已然形以外は

だいたい説明できるのではないかと思う〈木田 1991〉。縄文時代の日本語もそのアルタイ語的な二段動詞中心の体系である方が自然である。そういう見通しがあって、縄文時代も上下二段活用が中心である動詞体系であった可能性が高いと推測しているのである。

　ただ、一つ気をつけなければならないのは、この縄文語かもしれないという日本語が、日本列島で話されていたとは保証できないことである。大陸に住んでいた人々がこのような言語を話していて、日本列島に到来したと考えれば、縄文時代の日本語ではあっても、縄文語ではなくなるのである。

　縄文語については、どうしても類型論、遺伝学そして考古学の助けを借りなければならない。

　上では、四段活用が日本語の特徴と述べたが、見方によってはチベット語も3〜4 母音が交替しているような現象があるらしい。語幹の母音交代には 10 種を超える形式があるようで、そのパターンは 3 母音の交代、2 母音の交代、母音交代しない（ただしアクセントの変化がある）などがあるようである。

　その中、3 種類の交代についてみると、「見る」という動詞は、dää（完了）、da（未完了）、döö（命令）のように変化するという（北村甫、長野泰彦「チベット語（現代口語）」『言語学大辞典』1989）。長音も一つの母音と考えると、これは 3 段活用になる。ä は a の口蓋化した母音であるというから、通常なら異音（同じ母音が環境によってすこし発音の変わったもの）と理解すべきところであるが、この語にみられるように同じ子音（d）に接続しているので、由来としては a の口蓋化したものであっても、形態上は母音交代と見なすことができる。完了などの文法的機能が母音交替によって示されていることになる。10 数個の動詞の母音交代のパターンが整理されてゆくと、日本の活用のように数種に収斂してゆくかもしれない。

11　これからの起源論

　以上述べて来たように、比較のもととなる日本語の方をどこまで遡るかに

よって基準が異なってくる。比較される言語でも、古い資料があれば、できる
だけ古い形に復元してゆく試みは必要であろう。これまでのさまざまな説の中
では、タミル語がもっともよく似ていることは認めざるを得ないだろう。音韻
対応を模索する方向で進みたい人はまずタミル語との対比を行うのがよいと思
われる。語の意味と構造、派生語をはっきりさせること、文法的現象の細部を
検討して、見せかけの類似でないことなどを明らかにしてゆく必要がある。た
だ、タミル語は古代に遡るほど日本語との違いが目立つという意見もあること
を付言しておきたい（山下氏）。アルタイ語の方面から探りたい人は、ツン
グース語、モンゴル語の文法や形態の類似を探るのが良いだろう。タミル語と
チュルク系語との関連が明瞭になりそうであれば、チュルク系言語との文法体
系の相似を探るのもおもしろいと思う。チュルク語には8世紀からの石碑、文
献が残っており、ちょうど日本語の奈良時代から現代までの資料が存在するの
と平行している。タミル語には紀元前後の資料があり、さらに古い時代を伺う
ことができる。歴史的変遷を比較することによって、新しい展開も可能であろ
う。南島語やチベット語については、これまで挙げられた対応例が対応例とは
解釈できないことを指摘し、文法体系の違いにも言及したが、南島語やチベッ
ト語を長く分析してきた研究者が、直感的に関係があると感じたのであれば、
そこにはそう感じさせるものがあるのかもしれない。長い経験から来る直感は
棄てがたいので、南島語やチベット語との比較対照も継続してみてもよいだろ
う。

　アイヌ語は特に興味深い。音韻対応でゆけば最も日本語と関係が深いのに、
文法に目立った相違点があるために無関係とされているのである。朝鮮語やア
ルタイ語とは逆の状況である。

　始めに述べたように、アストンが日本語と朝鮮語との関係は、印欧語のもっ
とも遠い関係にあるくらいのものと推定しているのは、印欧語の話し手ならば、
日本語・朝鮮語の間の文法的類似は親縁関係を感じさせる程度のものであるこ
とを物語る。今も海外では朝鮮語と日本語の間の音韻対応を見つける努力が続
いているのも、印欧語母語者にはそういう直感が働くからであろう。実際、日
本語と朝鮮語は助詞が非常に発達しているという共通点もある。「は」「が」の

用法の習得は外国人にはたいへん難しいものであるが、既に述べたように両言語ではほぼ同じと言って良い。ただ助詞の形態が異なるのである。

　そういう共通点や相違点を踏まえながら、改めて各言語を見直して行けば、新たな着想もあり得るにちがいない。

　いっそう望まれるのは、新しい方法論や新しい視点での関係の捉え直しや新たな類似言語の発見である。類型学なら、もっとも言語関係を示す類型の検討、考古学なら文字資料や特有の文化的類似品の発掘などであろう。

　パプアニューギニアには日本語に似た言語があると聞くし、アボリジニの言語も興味深い。アフリカ、中東、シベリアなどでも、山の中にひっそりと、猫を neko、猿を saru と呼ぶ人々が生活しているかもしれないではないか。空想は果てしなく広がって行き、興趣は尽きない。想像するだけでも楽しい。日本語の起源、あるいは日本人の起源について、これから楽しく議論してゆきたいものである。

【引用文献・参考文献】

アストン・ウイリアム・ジョージ　1879　「日本語と朝鮮語との比較研究」『アジア協会誌』11（ASTON, W. J.,“*Comparative Study of the Japanese and Korean Languages*” The Journal of the Royal Asiatic Siciety of Great Briain and Ireland, New Series, Vol. 11,）

家本太郎　1996　「大野説の問題点」『日本語研究』13　国際日本文化研究センター

池上二郎　1980　「ツングース語学入門」『日本語の系統・基本論文集』1　和泉書院

石垣謙二　1955　『助詞の歴史的研究』　岩波書店

泉井久之助　1975　『マライポリネシア諸語』　弘文堂

稲葉正就　1979　『チベット語古典文法学』　法蔵館　1979 年改訂版

梅原猛　1982　「古代日本語とアイヌ語」『梅原猛著作集』20

エメノー・M. B.　1980　『言語と言語圏』（M. B. Emeneau,“*Language and Linguistic area*”, Stanford University Press）

大野晋　1957　『日本語の起源』（旧版）　岩波新書

大野晋　1996　「タミル語＝日本語同系説に対する批判」を検証する『日本語研究』15　国際日本文化研究センター

大野晋　2000　『日本語の形成』　岩波書店 200 年 5 月

大野晋　2007　『日本語の源流を求めて』岩波文庫『源流』

小沢重男　1968　『古代日本語と中世モンゴル語』風間書房『言語研究』55 号に村山の意見。

小沢重男　1978　『モンゴル語と日本語』弘文堂

小沢重男　1979　『日本語の故郷を探る』講談社現代新書、545、昭和54年6月

オッペンハイマー，スティーブン／仲村明子訳　2007　『人類の足跡　10万年全史』草思社

片山龍峯　1993　『日本語とアイヌ語』すずさわ書店

川本崇雄　1978　『南から来た日本語』三省堂

木田章義　2013　「音韻史」『国語史を学ぶ人のために』世界思想社

木田章義　1991　「二段古形説」補　『愛文』26号　愛媛大学国語国文学会

江荻　2002　『蔵語語音史』民族出版社

小島幸枝　1999　『圏外の精神』武蔵野書院

斎藤成也他　2012　日本列島3人類集団の遺伝的近縁性　Journal of Human Genetics、Nature Publishing Group、2012年11月1日オンライン版プレリリース

阪倉篤義　1966　『語構成の研究』角川書店

崎谷満　2009　『新・日本列島史』勉誠出版

崎山理　1971　「マライ・ポリネシア諸語比較形態論」『大阪外国語大学』32

佐竹昭広　1957　「上代語の文法」『講座日本語文法』3　明治書院

佐藤知己　2008　『アイヌ語文法の基礎』大学書林

篠田謙一　2007　『日本人になった祖先たち』NHKブックス1078　日本放送出版協会

芝　蒸　1973　『人文論叢』19

芝　蒸　1985　『古代日本人の意識』創元社

白井聡子　1999　「現代チベット語の名詞修飾構造」『言語研究』116

知里真志保　1956　『アイヌ語入門』北海道出版企画センター　1985年4月初版は1956年

中川裕　2003　「日本語とアイヌ語の史的関係」『日本語系統論の現在』国際日本文化研究センター、アレキサンダー・ボビン、長田俊樹共編

西田竜雄　1976　「日本語の系統を求めて」月刊『言語』1976年6月、7月、8月号　大修館

西田竜雄　1978　「チベット・ビルマ語と日本語」『岩波講座日本語』12（日本語の系統と歴史）岩波書店

西田竜雄　1980　「チベット語・ビルマ語と日本語」『日本語の系統』至文堂

橋本万太郎　1978　『言語類型地理論』弘文堂

服部四郎　1960　「アイヌ語諸方言の基礎語彙統計学的研究」『民俗学研究』14-4

バロー・T、エメノー・M. B. ／田中孝顕監修　2006　『ドラヴィダ語語源辞典』きこ書房

藤原明　1980　「日本語の基礎動詞の起源」『現代のエスプリ』別冊（日本語の系統）至文堂

宝来聡　1997　『DNA人類進化学』岩波科学ライブラリー52

松本秀雄　1992　『日本人は何処から来たか』NHKブックス652、日本放送出版協会

村山七郎　1977　「言語学における比較の方法」『月刊言語』1977年2月号

村山七郎　1969　「小沢著書書評」『言語研究』55

村山七郎・大林太良　1973　『日本語の起源』弘文堂（1973年4月）

村山七郎　1974　『日本語の語源』弘文堂（1974年1月）

村山七郎　1974　『日本語の研究方法』弘文堂（1974年10月）

村山七郎　1976　「日本語と南島語」『歴史公論』（1976年12月号）

村山七郎　1978　『日本語の誕生』筑摩書房（1978年3月）

村山七郎　1978　『日本語系統の探求』大修館書店（1978 年 5 月）

村山七郎・国分直一　1979　『原始日本語と民族文化』三一書房（1979 年 2 月）

村山七郎　1981　『日本語の起源をめぐる論争』三一書房（1981 年 5 月）

村山七郎　1982　『日本語－タミル語起源説批判』三一書房

安本美典　2009　『研究史日本語の起源』勉誠出版（平成 21 年 7 月）

山下博司　1996　「大野博士の所謂「日本語＝タミル語同系説」によせて」（『日本語研究』
　　13　国際日本文化研究センター

山下博司　1998　「大野晋氏の問いに答えて――「日本語＝タミル語同系説」の手法を考え
　　る」『日本研究』17（1998 年 2 月）国際日本文化研究センター

吉田和彦　1966『ことばを復元する』三省堂

ワトソン・J. D., ベリー・A/ 青木薫訳　2005　『DNA』（下）　講談社

〈後記〉

　本稿を書くために必要な知識については、アルタイ語を母語とする若手研究者を育成し
つつ、日本語文法に基づいてアルタイ系諸言語を分析するというテーマで、以下の諸団体
の助成金のお世話になった（若手研究者の育成については成果があがっている）。

　　　　鹿島学術振興会（1996-7）

　　　　稲盛財団（1999-2001）

　　　　旭硝子財団研究助成（2004-5）

　また、文部省・文部科学省の科学研究費、

　　　　1993：ウイグル語

　　　　1994-6：ウイグル語

　　　　1997-9：シボ語（満州語、シベ語）

　　　　2000-2：モンゴル語

によってアルタイ系の個別言語の調査も行えた。

　ここに記して、感謝の意を表す。

第2章　私の日本語系統論

——言語類型地理論から遺伝子系統地理論へ——

松　本　克　己

はじめに

　日本語の系統または起源という問題は、今から百年以上も前から内外の大勢の学者が取り組んできて、未だに決着のつかない難問とされてきました。通常、言語間の同系関係というものは、人間の親族関係と同じように、同じ祖先を共有するというような意味で、その祖先に当たる言語を「祖語」、同じ祖語を共有する同系諸言語の全体を「語族」と呼びます。

　現在、日本列島を含むこのユーラシア大陸には、数にして 2,000 ないし 2,500 以上の言語が話されていると見られていますが、これらの言語のほとんどは、このような同系関係によって 10 個余りの語族の中に纏められています。これまでに確立されたユーラシアのこのような語族の名を挙げると、次のようです。

1. アフロ・アジア語族の一派とされる「セム語族」
2. ヨーロッパからインド亜大陸まで広範な分布を見せる「インド・ヨーロッパ語族」
3. 南インドを主な分布圏とする「ドラヴィダ語族」
4. カフカスの山岳地帯を中心に密集分布する「南および北カフカス語族」
5. ユーラシアの北西部一帯に拡がる「ウラル語族」
6. その東方に拡がるチュルク、モンゴル、ツングース諸語を含むいわゆる「アルタイ語族」
7. 中国大陸からヒマラヤ地域、東南アジアまで拡がる「シナ・チベット語族」
8. 中国南部からインドシナ半島に分布する「タイ・カダイ語族」

9. 中国貴州・雲南省からインドシナ半島北部に散在する「ミャオ・ヤオ語族」

10. インドシナ半島からインド東部まで分布を拡げる「オーストロアジア語族」

11. 台湾からインドネシア、そこから南洋諸島まで広大な分布を見せる「オーストロネシア語族」

12. そして最後に、シベリアの東北隅に局在する「チュクチ・カムチャツカ語族」

　この中で、6番目に挙げたアルタイ語族というのは、通常の語族としての性格が疑わしく、厳密には「チュルク」、「モンゴル」、「ツングース」という3つの語族に区分すべきという見方も有力です。

　この"アルタイ語族"や北部カフカス諸語などを除けば、これら語族内部の言語間の同系関係は、それぞれの言語の基礎的な語彙、例えば、1から5ないし10までの基本数詞や、目・鼻・手・足のような身体名称、あるいは父・母・キョウダイなどの身近な親族名称などを比較・照合すれば、簡単に確認できるような性格のものです。

　しかし、日本語の場合、このような基礎語彙のレベルで同系関係が確かめられるというような言語は、これまで全く見つかっていません。この意味で、従来の歴史・比較言語学の立場からは、日本語は外部に確実な同系言語を持たない、つまり系統的に孤立した言語として位置づけられてきたわけです。

　現在、ユーラシアにはこのような系統的孤立言語とされるものが10個近く数えられるのですが、実は、その中の半数近くがこの日本列島とその周辺に集中しています。すなわち、当面の日本語のほかに、同じ列島北部の「アイヌ語」、その対岸のアムール下流域と樺太で話されている「ギリヤーク（別名ニヴフ）語」そして朝鮮半島の「朝鮮語」がそれに該当します。いずれも日本語と同じように、系統関係の定かでない言語とされてきました。つまりこれらの言語は、見方を変えれば、それ自体が単独でひとつの語族を形成するとも言えるわけです。実際、最近の言語学者の間では、日本語に対して"Japonic"（日本語族）というような名称を与えて、本土方言のほかに沖縄諸方言や八丈島方言

などを同系語として含むひとつの語族とする見方も行われています。

　ところで、日本語を含むこれら4つの言語のほかに、ユーラシアに残された他の系統的孤立言語としては、次のような言語が挙げられます。

　　1. フランスとスペイン国境のピレネー山系の中で孤立する「バスク語」
　　2. 西シベリアのイェニセイ川流域に残存する「ケット語」
　　3. インダス川上流のカラコルム山系の峡間に孤立する「ブルシャスキー語」
　　4. インド中部マハーラシュトラ州の一隅に辛うじて存続する「ニハーリー語」
　　5. 東部ヒマラヤ地域で最近少数の母語話者が発見された「クスンダ語」

　このほかに、東部シベリアのコリマ川流域で話される「ユカギール語」が同じような系統的孤立言語に含められることもありますが、この言語はどうやらウラル諸語と親近で、"ウラル・ユカギール語族"として纏める見方も有力視されています。仮にこのユカギール語を加えたとしても、現在ユーラシアで話されている2,500以上もの言語の中で、日本語のように系統不明とされる"孤立言語"は、全部を数え上げてもその数は十指を超えません。日本語の系統問題に取り組むに当たっては、まず最初にこうした基本的事実をしっかり確認しておく必要があるでしょう。

　いずれにしても、通常の「語族」という枠組みからはみ出したこのような言語の系統関係を明らかにするためには、伝統的な歴史・比較言語学の手法とは違った何か別のアプローチを試みなければなりません。

　従来の歴史・比較言語学で「比較方法」と呼ばれる手法──これはまたこれまで大方の日本語系統論者がその指針として仰いできたものですが──これは主に形態素や語彙レベルの類似性に基づいて、言語間の同系性を明らかにしようとするわけです。ところが、このような手法でたどれる言語史の年代幅は、大体、5〜6千年あたりがその限度と見られています。上に挙げたユーラシアの諸語族の中で、これまで比較方法によって再構された例えば「インド・ヨーロッパ祖語」、「オーストロネシア祖語」、「シナ・チベット祖語」などの推定年代は、今から5〜6千年前あたりの線でほぼ一致しています。つまり、これら

の語族に所属する個別言語の場合にしても、それぞれの祖語の段階まで遡れば、それから先は系統不明ということになるわけです。日本語やアイヌ語の系統が不明だということは、結局のところ、これらの言語の系統関係が従来の比較言語学では手の届かない遠い過去にまで遡るという意味にほかなりません。

1　類型地理論から探る言語の遠い親族関係

　それでは、このような語族という枠を超えた"言語の遠い親族関係"を探るためには、どのような方法をとったらよいのか。日本語の系統問題に取り組むに当たって、まず最初にぶつかるのは、このような方法論上の問題です。もっぱら語彙レベルの類似性に頼るという在来の手法では、日本語の系統問題はこの先百年続けてもおそらく解決の見込みはないでしょう。

　そのようなわけで私の場合、伝統的な比較方法に課せられたこうした制約と限界を乗り越えるために、あれこれ試行錯誤の末にたどりついたのが「言語類型地理論」と呼ばれるような手法です。これは簡単に言うと、それぞれの言語の最も基本的な骨格を形作ると見られるような言語の内奥に潜む特質、通常は「類型的特徴」と呼ばれるものですが、そのような言語特質を選び出し、それらの地理的な分布を通して、それも世界言語の全体を視野に入れたきわめて巨視的な立場から、それぞれの言語または言語群の位置づけを見極めようとするものです。

　この目的のために、特に日本語に焦点を据えて私が選び出した類型的特徴というのは、最終的には以下のような8つの特徴に絞られました。それぞれの特徴ごとに、相対立する2つ（ないし3つ）の言語タイプが設定され、これによって対象となる言語ないし言語群の性格づけや相互間の親近性の判別が可能となるわけです。

1. **流音のタイプ**：「複式流音型」～「単式流音型」～「流音欠如型」
2. **形容詞のタイプ**：「形容詞体言型」～「形容詞用言型」
3. **名詞の数カテゴリー**：「義務的数カテゴリー型」～「数カテゴリー欠如型」

4. **名詞の類別タイプ**：「名詞類別型」〜「数詞類別型」

5. **造語法の手段としての重複**：「重複多用型」〜「重複欠如型」

6. **動詞の人称標示**：「多項型」〜「単項型」〜「欠如型」

7. **名詞の格標示**：「対格型」〜「能格型」〜「中立型」

8. **1 人称複数の包含・除外の区別（包括人称）**：「区別型」〜「欠如型」

ご覧のように、ここには通常の語彙項目だけでなく、統語法の基本を形作る語順の特徴や屈折・膠着などの形態的特徴、また語の音韻・音節構造といった言語のいわば「表層構造」にかかわる現象が一切排除されている点に留意ください。従来の類型論や系統論で注目されてきたこのような特徴は、言語の歴史的変化に対してさしたる抵抗力を持たないからです。

上に挙げた類型論的諸特徴が世界諸言語の中でどのような現れ方をするのか、ここでは一々立ち入った検証は省略して、その主な特徴についてごく簡単な説明を加えておきましょう（詳しくは松本 2007：第 4 章を参照）。

まず、最初に挙げた**流音のタイプ**というのは、とりわけ日本語ラ行子音の特徴に着目して選ばれたものです。周知のように、日本語にはこのラ行子音が一種類しかなく、例えば英語などヨーロッパの諸言語に見られる r 音と l 音の区別というものがありません。この現象に着目すると、世界の言語は r と l を区別する「複式流音型」、それを区別しない「単式流音型」、さらにまたごく少数ですが、流音という音素を全く持たない「流音欠如型」という 3 つのタイプを立てることができます。

ちなみに、日本語のラ行子音の「単式」というこの特徴は、現在日本列島で話されているすべての方言、またこれまで記録に現れたかぎりのあらゆる資料を通じて全く変わっていない、という事実をここに付言しておきましょう。

2 番目の**形容詞のタイプ**、これはそれぞれの言語で通常"形容詞"と呼ばれる語類が品詞として名詞に近い語類として位置づけられるか、それとも動詞に近い語類として振る舞うかという観点からの分類です。日本語のように形容詞が動詞に類した活用をし、そのまま述語として用いられるような言語が「形容詞用言型」、アルタイ諸語や古い印欧語（たとえばギリシア語やラテン語など）

のように、形容詞が名詞と同じような格変化をしたり、そのまま名詞として用いられるものが「形容詞体言型」として区別されます。

3番目の**名詞の数カテゴリー**というのは、名詞に「単数」・「複数」というような区別が文法的に義務化されているかどうかという問題です。インド・ヨーロッパ諸語やウラル、アルタイ系諸言語などユーラシアの主要な諸語族では、このような数の区別が文法的に義務化されているけれども、日本語、アイヌ語、朝鮮語などでは、名詞の複数表現は可能ですが（たとえば日本語で「殿がた」「女たち」「餓鬼ども」「家々」など）、義務的な文法カテゴリーとして確立されていません。

また4番目の**類別タイプ**、これは例えばドイツ語やロシア語などで、名詞に「男性」、「女性」、「中性」、フランス語やアラビア語では「男性名詞」と「女性名詞」というように、いわゆる"ジェンダー"の区別があります。一方、日本語にはこのようなジェンダーという現象は見られないけれども、ものを数えるときに、人間ならば「ヒトリ、フタリ」、犬や猫なら「一匹、2匹」のように対象物の意味的カテゴリーに応じて違った「助数詞」というものを使います。このように、ジェンダーまたはクラスによって名詞自体を直接類別するタイプを「名詞類別型」、数詞などによって間接的に類別するタイプを「数詞類別型」として2つのタイプが立てられます。

次に**造語法の手段としての重複**というのは、日本語で名詞なら「山々」「国々」、形容詞なら「高々」「細々」、動詞なら「飛び飛び」「行く行く」などのように、語の一部ないし全体を繰り返す造語法で、これを多用するかしないかというのも言語の位置づけにとって重要な目印となるわけです。

このような類型特徴の諸タイプが世界言語の中ではたしてどのような分布を見せるか。ここではアフリカ、ユーラシアそしてオセアニアの諸言語に限って、調査されたそれらのデータを整理してみると、本章末尾の**【付属資料】**の最初に掲げた**別表1**のような形となります。なお、この表の語族・言語群の欄の横罫線は、後に取り上げる「世界諸言語の人称代名詞」の各タイプ（表5）に対応する区分です。

さらにまた、このようなデータに基づいて、それを世界言語地図上に概略的

な分布図として表したいくつかの具体例がその後に挙げてあります（付属資料の**地図1**、**地図2**、**地図3**、なお、これ以外の分布図については、松本2007:195以下を参照）。

　その中で、まず〈**地図1：世界言語における流音タイプの分布**〉をご覧ください。日本語のような単式流音型の言語は、ユーラシアではその大平洋沿岸部に集中的に分布し、しかもその分布圏は、ベーリング海峡を越えて遠くアメリカ大陸まで拡がっています。これと全く同じような分布を示すのが、**地図2**に示された「形容詞用言型」のタイプです。ユーラシアにおけるこれらの特徴の地理的分布は、概略的に、北はチュクチ・カムチャツカ半島からロシア領沿海州を通って朝鮮半島北辺、そこから中国大陸を横切って南はインドのアッサム地方に延びる線のあたりを境にして、ほぼその西側に「複式流音型」と「形容詞体言型」、その東側に「単式流音型」と「形容詞用言型」が集中分布することが判ります。

　一方、**地図3**に示した類別タイプの分布図では、日本語のような数詞類別型の言語は、その分布圏が1、2の場合より狭まるけれども、やはりユーラシアからアメリカ大陸にかけて分布の拡がりを見せています。

　このような類型特徴の地理的分布に基づいて、日本語という言語がはたしてどのように位置づけられるのか。これをとりあえずユーラシア諸言語の範囲内で纏めてみると、次ページの〈**表1**〉のような形で表すことができます（この表の右欄の共有特徴の中で＊印の付いているのは、同じ言語群の内部で部分的に不一致を見せる特徴です）。

　この表でご覧のように、ユーラシアの諸言語の全体は「**ユーラシア内陸言語圏**」と「**太平洋沿岸言語圏**」という2つのグループに大きく分けることができます。

　この中で太平洋沿岸言語圏と名づけられた言語群は、地理的に「南方群」と「北方群」の2つにはっきりと分かれます。その南方群には、「ミャオ・ヤオ」、「オーストロアジア」、「タイ・カダイ」、「オーストロネシア」という4つの語族が含まれ、これらは全体として、これまでも一部の学者によって提案されたように、"オーストリック大語族（Austric macrofamily）"というような名称で纏

系　統　関　係		所属語族・言語群	共　有　特　徴
ユーラシア内陸言語圏	中　央　群	セム語族（アフロ・アジア B） インド・ヨーロッパ語族 ウラル語族 チュルク語族 モンゴル語族 ツングース語族 ドラヴィダ語族	複式流音 体言型形容詞 義務的数カテゴリー 単項型人称標示 対格型格標示 名詞類別 * 重複欠如 * 包括人称欠如 *
	残　存　群	シュメール語その他古代オリエント諸語 バスク語、ケット語、ブルシャスキー語 南・北カフカス諸語	多項型人称標示 能格型格標示 複式／単式流音 体言型／用言型形容詞
	周辺境界群	チュクチ・カムチャツカ語族 ［エスキモー・アリュート語族］ チベット・ビルマ語族	
太平洋沿岸言語圏	南　方　群 (オーストリック 大語族)	漢　語（中国語） ミャオ・ヤオ語族 オーストロアジア語族 タイ・カダイ語族 オーストロネシア語族	単式流音 名詞類別欠如 用言型形容詞 数カテゴリー欠如 数詞類別 重複形態法 多項型人称標示 * 中立型格標示 * 包括人称 *
	北　方　群 (環日本海諸語)	ギリヤーク語 アイ　ヌ　語 **日　本　語** 朝　鮮　語	

表 1　言語類型地理論から導かれたユーラシア諸言語の系統分類

めることができるでしょう。それに対して北方群というのは、前述の日本海を取り囲む比較的狭い地域に分布する４つの"系統的孤立言語"です。すなわち、北の方からアムール下流域から樺太にかけて分布するギリヤーク語、日本列島のアイヌ語と日本語、そして朝鮮半島の朝鮮語がひとつのグループとして纏まります。私はこれらの言語を「**環日本海諸語**」と名づけましたが、このように見てくると、日本語はまぎれもなく環日本海諸語の一員として位置づけられることが判ります。なお、これらの言語をそれぞれ単独で一語族を形成すると見れば、この北方群もまた南方と同じように、４つの語族を含むひとつの macro-family と見なすこともできるでしょう。

　一方、ユーラシア内陸言語圏は、それぞれ共有された一連の類型特徴（表1の右欄）に基づいて、その中心部に連続した広域分布を示す**「中央群」**と、その周辺部で非連続な分布を示す**「周辺・残存群」**と名づけられるような言語群に分けられます。

　なお、この分類表で特に指摘したいのは、従来日本語系統論の中でしばしばその同系ないし親縁語の有力候補と目されてきたいわゆる"ウラル・アルタイ"、ないし"アルタイ"系の諸言語が、日本語とは全く別系統のインド・ヨーロッパ語族などと同じグループに組み入れられている点です。これは日本語の系統を考える上で非常に重要なポイントです。

　またもうひとつこの表で注目されるのは、表のちょうど中間に置かれたチベット・ビルマ語族と漢語（つまり現在の中国語）です。この2つは「シナ・チベット語族」という名称でひとつの語族を形作ると見なされているわけですが、その中の漢語は、ここで扱った類型特徴から判断するかぎり、太平洋沿岸系の言語とほとんど同じ特徴を共有し、従って、その中の一員と見なされるような性格を具えています。そのためこの言語群は、あたかも2つの言語圏の間で両者をまたぐような形になってしまうわけですが、漢語という言語がなぜこのような位置づけになるのかという問題が生じます。

　これについて、私の考えを結論的に述べますと、この言語はチベット・ビルマ系の言語と太平洋沿岸系の言語が、今からおそらく4千年ほど前に、黄河中流域のあたりで接触した結果生まれた一種の混合語（言語学の用語でいわゆる"クレオール"）と見なされる、というのが私の解釈です。これは古代の漢語自体に見られる構造的な特徴、例えば、動詞や名詞に語形変化が全く欠ける（いわゆる"孤立語"的性格）とか、非常に変則的なSVO型語順を持つというような点からも、十分に証拠づけられるのです。ここで"変則的SVO語順"というのは、この言語で動詞を含む構文では目的語が日本語と反対に動詞の後に置かれるのに、名詞句の構造では、形容詞や関係節など名詞の修飾的成分が日本語と同じように全部名詞の前に置かれ、文法的支配の方向に関して著しく一貫性を欠く現象を指します。

　ところで、このような類型地理論から導かれた「太平洋沿岸言語圏」に関し

て、もうひとつ大事な点は、先ほどのいくつかの分布図を見ても判るように、この言語圏がユーラシア大陸だけでなく、ベーリング海峡を越えて遠くアメリカ大陸まで拡がっていることです。アメリカの先住民言語は、南北両大陸を通じて非常に複雑・多様な様相を示していますが、これらの類型特徴の分布をたどっていくと、この大陸の場合も、同じ特徴を共有する諸言語はこの大陸全体ではなく、どうやらその西側、つまり大平洋沿岸部に集中することが判ってきました。そこで、私は太平洋を挟んで2つの大陸の沿岸部に拡がるこの大きな言語圏を「**環太平洋言語圏**」と名づけたわけです。

　ただし、アメリカ大陸の場合、ここで扱ったような類型的特徴だけでは、複雑に分布する諸言語のどのあたりに境界線があるのか、それを正確に見極めるのが非常に難しい、という方法論上の問題も出てきます。このような類型特徴というものは、それがどんなに根源的と見られるにしても、言語接触などによる伝播・拡散という現象を免れないからです。その意味で、ここで試みた類型地理論的アプローチは、やはり水深測量的な性格を脱し得ないと言えるかもしれません。

2　人称代名詞から導かれた世界言語の系統分類

　このような限界を乗り越えるために、私が改めて取り組んだのが人称代名詞です。この人称代名詞というのは、どんな言語にも必ず具わる必須の道具立てのひとつで、しかもきわめて具体的な形をとって顕現します。これは前述の類型特徴の8番目に挙げた「1人称複数の包含・除外の区別」という現象に関連して、世界言語の人称代名詞のデータを集める中で次第に判ってきたことですが、この人称代名詞が言語の遠い親族関係を探る上で非常に有力な決め手となる。というのは、同じタイプの人称代名詞が単に同一語族の内部だけでなく、しばしば語族の枠を超えて広域に分布することが明らかになったからです。

　ユーラシアには、このような広域に分布する人称代名詞として、ひとつは「**太平洋沿岸型**」もうひとつは仮に「**ユーロ・アルタイ型**」と名づけられる2つのタイプが挙げられます。この中で太平洋沿岸型の人称代名詞は、その分布

が先の表1の太平洋沿岸言語圏と正確に一致し、一方、漢語とチベット・ビルマ諸語は「シナ・チベット型」と呼ばれる独自の人称代名詞によってこの言語圏から離脱します。

　さらにまた、この人称代名詞の分布をたどっていくと、アメリカ大陸の太平洋沿岸系言語の輪郭も、かなりはっきりした形で捉えることができます。ここではその具体的な検証は抜きにして、太平洋沿岸型人称代名詞を共有する諸言語の地理的分布の様相を結論的に纏めてみると、次ページの＜表2＞のような形で表すことができます。アメリカ大陸の場合も、表に挙げられた諸語群はこの大陸の太平洋沿岸部に集中分布し、ここに文字通り「環太平洋」的な分布圏が現出しているのです。

　この表で見るように、太平洋沿岸型人称代名詞は、その現れ方がやや複雑で、1人称には基幹子音として k- を持つ形と n- をもつ形の2つがあって、言語によってそのどちらかが選ばれるか、あるいは同じ言語の中で2つが共存する場合は、k- 形は動詞に接して主語人称、名詞に接して所有人称、一方 n- 形は目的語人称を表すという形でその役割が分かれます。手近な例として、アイヌ語の1人称代名詞 ku（主語および所有形）と en（目的語形）がまさしくそれに当たります。

　また「包括人称」（これは従来の1人称複数の包含形に対して私の与えた新しい名称ですが）これにも2種類あって、基幹子音として唇音 w-/b- を持つタイプ（A型）と t-/d- を持つタイプ（B型）が区別されます。日本語の「ワレ ware」や朝鮮語の1人称複数の uri などは、w- を基幹とする「A型包括人称」として位置づけられ、また日本語の1人称の「アレ are」、「オレ ore」などの a-/o- は、語頭の基幹子音 k- の消失形に由来すると見られます。また特に注目される点として、この言語圏の中の特に環日本海諸語では、いわゆる"待遇法"の影響によって、本来の2人称代名詞がほぼ全面的に失われました。その結果、日本語をはじめこれらの言語では、本来の人称代名詞の姿が大変見えにくくなっています。

　ちなみに、上代日本語で2人称代名詞として用いられる「ナ（レ）na-(re)」は、元は1人称代名詞が2人称に転用されたものです。同様に1人称

	大語群		言語・語群名	人称代名詞の特徴		
				1人称	2人称	包括人称
環太平洋言語圏	ユーラシア太平洋語群	オーストロ・ミャオ群	ムンダ語群	n-	m-	A型 (b-/w-)
			モンクメール南東群	n-	m-	
			モンクメール北西群	k-	m-[/k-]	
			ミャオ・ヤオ語群	k-		
		オーストロ・タイ群	タイ・カダイ語群	k-	m-	B型 (t-/d-)
			台湾高砂語群	k-	s-	
			西部オーストロネシア群	k-	m-/k-	
			東部オセアニア群	n-/k-	m-/k-	
		環日本海群	**日本語**	n-/[k-] -	m-/n-	A型
			朝鮮語	n-	m-	
			アイヌ語	n-/k-	e[n]-	B型
			ギリヤーク語	n-[/k-?]	t-	
	アメリカ太平洋語群	北米沿岸群	ペヌーティ語群	n-[/k-]	m-	B型?
			ホカ語群	n-/k	m-	
			ユート・アステカ語群	n-	m-[/t-]	B型
		中米群	ミヘ・ソケ語群	n-	m-	
			マヤ語群	n-/k-	k-/t-	
		北部アンデス群	チブチャ語群	n-	m-	?
			アラワク語群	n-	m-	A型
			トゥカノ語群	n-	m-	
		南部アンデス群	パノ・タカナ語群	n-	m-	?
			ハキ・アイマラ語群	n-	m-	?
			アラウカノ語群その他	n-	m-	?

表2 人称代名詞から見た「環太平洋言語圏」の輪郭

are の母音交替形と見られる ore（現代語に生き残った唯一の1人称代名詞）も、すでに上代語で2人称として用いられ、また琉球方言では完全に2人称代名詞に転用されました。さらにまた、現在朝鮮語で2人称代名詞となっている nə やアイヌ語の2人称 e も、これと同じような1人称からの転用形に由来すると見てよいでしょう。一方、上代語で2人称代名詞として用いられる「（イ）マシ（i)masi」の ma- は、太平洋沿岸型本来の2人称代名詞の継承形という可能性も考えられます。

　なお、太平洋沿岸言語圏に属する主要な言語の人称代名詞の具体例については、次ページの〈表3〉をご覧ください。ここには各語群から代表的言語がひ

とつだけ選ばれています。この表で、南方群の中のオーストロアジア系のムンダリ語（ムンダ群）とスティエン語（モン・クメール南東群）は n- 形の 1 人称、カトゥ語（モン・クメール北西群）と川黔滇苗語（ミャオ・ヤオ）は k- 形の 1 人称を持っています。タイ・カダイ系（西双タイ語）と大部分のオーストロネシア諸語（セデック語、タガログ語）も k- 形の 1 人称ですが、メラネシアの東部オセアニア語群（ビナ語）は、アイヌ語と同じように、k- 形と n- 形の双方を具えています。また包括人称では、オーストロアジアとミャオ・ヤオ諸語が「A型」、タイ・カダイとオーストロネシア諸語が「B 型」に属し、一方、環日本海では、日本語と朝鮮語が「A 型」、アイヌ語とギリヤーク語がどうやら「B型」に属していたようです（松本 2007: 240 以下）。

	言語名	1 人称単数	2 人称単数	包括//1 複	2 人称複数
太平洋沿岸南方群	ムンダリ語	añ	am	abu//ale	ape
	スティエン語	ʔañ	may	bən//hej	/
	カトゥ語	ku	mai	hɛ//yi	pe
	川黔滇苗語	ko/ wɛ	mi/kau	pe	me
	西双タイ語	kau	mai	hau//tu	su
	セデック語	yakku/ku	issu/su	ita/ta//yami	imu
	タガログ語	aku/ku	ikau/mu	tayu/ta//kamin	kayu
	ビナ語	nau/a-	moni/o-	ita/ta-//nai/a-	umui/o-
環日本海諸語	上代日本語	a-/na-/(ore)	[i]masi/na-/ore	wa[re]	/
	古典沖縄語	a-N/wa-N	o-re	wa-N	/
	中期朝鮮語	na	nə	uri	nə-hiy
	アイヌ語	ku-/en-	e-	a-/i//ci-/un-	eci-
	ギリヤーク語	ñi	ci	megI//ñuŋ	cuɯ

表 3　ユーラシア太平洋沿岸諸語の人称代名詞

　これに対して「ユーロ・アルタイ型」の人称代名詞は、その分布が先に見た表 1 のユーラシア内陸中央群とほぽ重なりますが、そこに含まれる言語群に若干の出入りがあります。すなわち、表の"中央群"の中のセム語族とドラヴィダ語族がここから離脱し、その一方で"残存群"として位置づけられた中から、チュクチ・カムチャツカ語族と南カフカス（別名カルトヴェリ）語族がこれに加わります。

　このタイプの人称代名詞は、1人称と2人称に関してはその現れ方が非常に単純かつ明瞭で、それぞれの基幹子音が1人称で m-、2人称で t-（またはそこから転化した s-）という形になります。その具体例については、以下の〈表4〉をご覧ください。

言　語　名	語族	1人称単数	2人称単数	包括//1複	2人称複数
フランス語	IER	moi[mwa]	toi[twa]	nous [nu]	vous[vu]
ウドゥムルト語	URL	mon	ton	mi	ti
ユカギール語	YUK	met	tet	mit	tit
古チュルク語	TRK	men	sen	miz	siz
蒙古文語	MNG	min-	tsin	bidan//man	tan
満州語	TNG	min-	sin-	musə//mən-	suwə
チュクチ語	CH-K	[gə]-m	[gə]-t	muri	turi
古典グルジア語	KTV	me	šen	čwen	tkwen

表4　ユーロ・アルタイ諸語の人称代名詞

　この表で**語族**の欄の IER、URL、YUK、TRK、MNG、TNG、CH-K、KTV は、それぞれ「インド・ヨーロッパ」、「ウラル」、「ユカギール」、「チュルク」、「モンゴル」、「ツングース」、「チュクチ・カムチャツカ」、「カルトヴェリ」の略号です。これらの諸語族が、いわば“ユーロ・アルタイ大語群”としてひとつの系統的なまとまりを作ると見られるわけです。この表4でも、各語族からそれぞれ代表的な言語がひとつだけ選び出されていますが、この人称代名詞の語族を超えた広域分布の様相は、表のデータを見ただけでも一目瞭然と言ってよいでしょう。

　なお、これらの言語群の中でインド・ヨーロッパ諸語の場合は、1人称の m- 形のほかに主語だけに特化した形、表のフランス語では je（英語で I、ラテン語やギリシア語では ego）という特別の1人称形を併せ持っています。これはアイヌ語の ku と en、上代日本語の a-（<*ka-）と na- の共存とほぼ同じ現象です。ちなみに、アルタイ系の一部の言語では、m- から転化した b- 形（bin, ben など）が特別の主語形として役立てられています。

＊　　＊　　＊　　＊　　＊　　＊　　＊

　このような人称代名詞の検証・分析によって、ユーラシアとアメリカだけでなく、さらに世界諸言語全体の系統分類を試みることももちろん可能です。この線に沿った詳しい論考は、松本 2010 の著書の形で纏められましたが、ここで到達したその結論の部分だけを整理してみると、以下の〈表 5〉のような形で纏めることができます。

人称代名詞のタイプ[1]	該　当　言　語　群	対応する遺伝子系統	
		Y-DNA	mt-DNA
1. 出アフリカ古層 A 型〈n-　k-　t-〉	ニジェル・コンゴ＋アフロ・アジア諸語	E3a/b	L3(xM/N)
	南アンダマン諸語[2]	D	M2
	内陸高地系パプア諸語（サフル系）	C2	P/Q
	オーストラリア原住民諸語（同上）	C4	M42/Q/S
	バスク語* ケット語*	R/Q	U(U5?)
	アメリカ東部内陸諸語[3]	Q	A/C/D
2. 出アフリカ古層 B 型〈k-　n-　t-〉	シナ・チベット諸語	D/O3	A/D
	エスキモー、ナデネ諸語	C3	A/D
3. 古南アジア・スンダ型〈t-　n-　m-〉	古南アジア諸語[4]	L/H	M2-6
	大アンダマン諸語[5]	L/M(?)	M2/4
	北部沿岸系パプア諸語[6]（スンダ系）	M/S	M27-29
4. カフカス型〈t-　m-　k-/w-(?)〉	北部カフカス諸語	G(?)	J/T(?)
5. ユーロ・アルタイ型〈m-　t-　w-(?)〉	ユーロ・アルタイ諸語	R1/C3/N	H/U/D(?)
6. 太平洋沿岸型〈k-/n-　m-　t-/w-〉	ユーラシア太平洋沿岸諸語	O1/O2	B/F/M7
	アメリカ太平洋沿岸諸語	Q	B/D

表 5　人称代名詞による世界諸言語の系統分類（アフリカの古い土着言語を除く）

　これで見るように、後に触れる "アフリカの古い土着系言語" を除くと、世界言語の人称代名詞のタイプは、最終的にどうやら 6 つのタイプに収まるようです。ユーラシアには、この 6 つのタイプがすべて現れ、先の〈表 1〉でユーラシア内陸部の「周辺・残存群」として纏められた諸言語、より正確には、前述の "ユーロ・アルタイ系" 以外のユーラシア内陸系諸言語は、1 番から 4 番のいずれかのタイプに帰属します。

　次に、この表で注記番号の付いた項目について簡単に説明すると、まず、ここで「人称代名詞のタイプ[1]」というのは、下の各欄の〈　〉内に示されたよ

うに、1人称、2人称および包括人称に対応する3つの基幹子音によって表されます。

その隣の「該当言語群」の欄で、「南アンダマン諸語[2]」というのは、アンダマン諸島南部に今もなお残存する「オンジェ」、「ジャラワ」および「センチネル」という3つの言語からなる語族、また「アメリカ東部内陸諸語[3]」は、北米では「アルゴンキン」、「セイリッシュ」、「イロコイ・カド」、「湾岸」の諸語族、中・南米では「オト・マンゲ」、「ケチュア」、「カリブ」、「トゥピ・ワラニ」、「マクロ・ジェー」、「パタゴニア」などの諸語族を含み、先の〈表2〉に挙げられた「アメリカ太平洋沿岸語群」と共に、両大陸を東西にほぼ2分する大きな言語群です。

第3段目の「古南アジア諸語[4]」というのは、ドラヴィダ語族と南アジアに孤立する「ニハーリー語*」、「クスンダ語*」、「ブルシャスキー語*」という3つの孤立言語を含み、これらが「古南アジア型」と呼ばれる人称代名詞を共有します。またこれと同じ「スンダ型」とも呼ばれる人称代名詞を共有するのが「大アンダマン諸語[5]」とメラネシアで「北部沿岸系パプア諸語[6]」と名づけられた言語群です。後者は第一欄の「内陸高地系」と並ぶパプア系ニューギニアの大語群、前者はアンダマン諸島北部でかつて話されていたかなりの規模の言語群ですが、イギリスの植民地時代にすべて消滅し、今では19世紀に残された記録によって知られるだけです。

なお、この表の内部および上述の説明の中で*印を付した言語が、環日本海域以外でユーラシアに残された5つの系統的孤立言語です。これらの言語も、その人称代名詞のタイプによってそれぞれの系統的位置づけが確定されている点に留意ください。すなわち、インドとその周辺に分布する3つの孤立言語は、「古南アジア型」人称代名詞によってドラヴィダ語族と結びつき、さらにまたこの人称代名詞は、アンダマン諸島を介してメラネシアのスンダ系パプア諸語ともつながっています。一方、ヨーロッパで唯一の孤立言語と目されるバスク語は、シベリアのケット語（かつてイェニセイ流域で話されていた“イェニセイ語族”の唯一の生き残り）とどうやら同じ人称代名詞を共有し、しかもこの人称代名詞は、「太平洋沿岸型」と並んで、アメリカの南北両大陸へと運ばれま

した。表 5 に挙げた「アメリカ東部内陸諸語」がそれに当たります。

　ところで、この表にはその一番右の欄に、それぞれの言語群ごとに、それに対応すると見られた遺伝子の系統が挙げてあります。Y-DNA というのは「Y染色体遺伝子」、mt-DNA は「ミトコンドリア DNA」で、いろいろなアルファベット記号は「ハプログループ」と呼ばれるそれぞれの遺伝子系統に振り当てられた名称です。日本語をめぐる言語系統論の議論の中に、Y 染色体やミトコンドリア DNA の名が出てくるのはいかにも唐突に感じられるかもしれませんが、実は、これが私の日本語系統論にとってもうひとつの重要なテーマなのです。

　つまり、人称代名詞を含めて世界諸言語の類型地理論的考察から導かれた言語の遠い親族関係というものが、最近の分子生物学で「遺伝子系統地理論 phylogeography」と呼ばれる分野の研究成果とはたしてどのようなつながりを見せるのかという問題です。この分野の研究は、ここ 10 年余りの間に急速な進展を見せましたが、出アフリカを果たした現生人類が世界の各地へいつどのような形で移住したのか、こうした問題に従来とは全く違った新たな展望を切り開きました。

　なお、最後の補足として、前述の "アフリカの古い土着言語" というのは、概略、従来のアフリカ諸語の系統分類で「コイ・サン語族」と「ナイル・サハラ語族」として纏められてきた諸言語を指します。ここにはかなりの数の異なった人称代名詞のタイプが含まれ、それらの内部的系統関係がきわめて複雑・多様なことを窺わせます。またこれらの言語集団を特徴づける Y 染色体遺伝子が、後の図 1 で見るように、A、B というアフリカ固有でしかも年代的に最も古いとされるハプログループで、その内部に沢山のサブグループを抱え、これらの言語を話す諸集団の年代的な奥行きの深さを示しています。

3　言語の系統とその遺伝子的背景

　言語の系統と遺伝子の系統との関連を探るためには、「ミトコンドリア」と

いう女系遺伝子と「Y染色体」という男系遺伝子の2つの道が考えられますが、ここでは主に男系のY染色体遺伝子の側からこの問題を取り上げてみましょう。ミトコンドリアDNAに較べて、Y染色体の方がハプログループと呼ばれる遺伝子型の種類が少なく、それぞれの系統関係も比較的判りやすいからです。

　そこでまず最初に、Y染色体遺伝子の「系統樹」として最近の専門家によって提示されているその概略図を見ておきましょう。以下の〈図1：Y染色体遺伝子の系統略図〉をご覧ください。

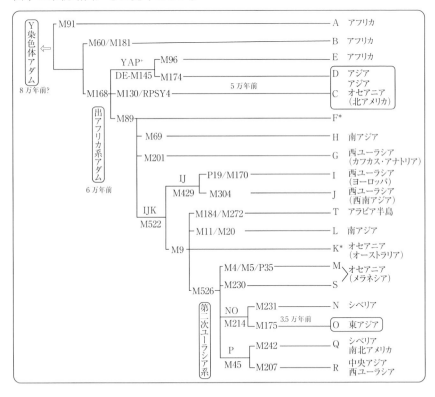

図1：Y染色体遺伝子の系統略図

　これで見るように、現生人類のY染色体遺伝子は、究極的に今から8万年（？）ほど前の単一の祖先（いわゆる"Y染色体のアダム"）に遡ると言われます。現在、Y染色体のハプロタイプと呼ばれる変異型は、アルファベット記号でA

から T まで 20 個のグループに分類されていますが、この中で A と B の 2 系統を除く残りのすべては、出アフリカ系の M168 という祖型から分かれたと見られています（ここで「M + 数字」などの記号はそれぞれの遺伝子型を特定する「変異マーカー」の名称です）。この根幹からまず、DE, C, F という 3 つの枝が分かれ、さらにこの中の F がもうひとつの根幹となって、ここから G, H, I, J, K などが分かれ、そしてこの K の分枝とされる M526 という幹から M, S, N, O, P というような枝が分かれたと見られています。ちなみに、出アフリカ系祖型の M168 には、それに該当するアルファベット名がありません。このような場合には変異マーカーだけでその名称を代用します。M526 の場合も同じです。また同じアルファベット名の遺伝子型に複数のマーカーが含まれる場合も沢山あります。

　なお、前節で挙げた 6 つの人称代名詞というのは、Y 染色体遺伝子の面では、この M168 という「出アフリカ祖型」に遡る集団によって運ばれたものを指します。「ニジェル・コンゴ」と「アフロ・アジア」というアフリカで最大規模の 2 つの語族が出アフリカ系に属している点に留意ください。

　この出アフリカ系遺伝子の中で、特にユーラシアの大平洋沿岸部という地域に着目すると、ここで主要な役割を演じた Y 染色体遺伝子は、主に D, C, O という 3 つのハプログループに絞られます。この中で、D 系統は "YAP" と呼ばれる DE-M145 の一方の分枝で、アフリカの E に対して "アジアの YAP" とも呼ばれています。この D 系統と C 系統は、その発現年代がおよそ 5 万年（？）前とされ、出アフリカ系では年代的に最も古い遺伝子と見られています。

　これらの遺伝子系統は、それぞれいくつかのサブグループに分かれ、その中でも D と C は非常に特異な地理的分布を見せています。その概略を示したのが次の〈図 2　Y 染色体 D, C, O 系統の分岐略図〉の前半、D, C の部分です。

　これで見るように、D 系統はその出現地域がインド洋のアンダマン諸島、チベットとその周辺地域、そして日本列島というように全くかけ離れた場所に散らばって、言語地理学の用語を借りれば、典型的な "周辺残存分布" の様相を呈しています。アンダマン諸島でこの遺伝子は、「南アンダマン語」を話す「オンジェ」、「ジャラワ」という小さな集団でほぼ 100％の出現率を見せてい

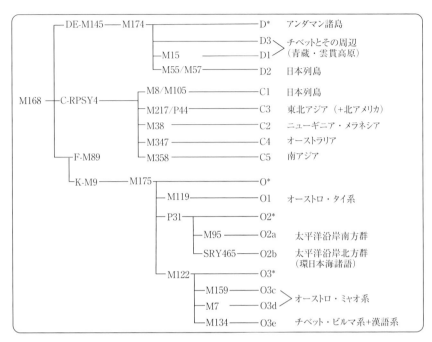

図2：Y染色体D, C, O系統の分岐略図

ます。そしてこの南アンダマン諸語が、アフリカを代表するニジェル・コンゴ語族およびアフロ・アジア語族に代表される「出アフリカ古層Ａ型」と呼ばれる人称代名詞を共有しています（表5）。どちらもYAPと呼ばれる同じ遺伝子の一方はＤ、他方はＥ系統によって特徴づけられます（なお、D*のようにアスタリスクの付くのは、特定のサブタイプに属さない「パラグループ」と呼ばれる枝を指します）。

　一方、Ｃ系統はその分布域がＤ系統よりもはるかに広く、その一部の分枝（C2とC4）はメラネシアとオーストラリア、別の分枝（C3）は東北アジア、そして残りの分枝（C1とC5）は日本列島と南アジアというように、それぞれ非常にかけ離れた地域に分散し、これもやはり周辺残存的な分布と見てよいでしょう（中でもC1とC5は出現頻度のきわめて低い分枝です）。この中で、C2とC4を共有するニューギニアの内陸高地系語群とオーストラリア原住民諸語もまた、すでに見たように、出アフリカ古層Ａ型という同じ人称代名詞を共有す

る点に留意ください。

　ちなみに、氷河期の海面低下によってニューギニアとオーストラリアが陸続きとなった「サフルランド」と呼ばれる大陸にこの遺伝子を携えた集団が到来したのは、今からおよそ45,000年前と見られています。一方、日本列島を含む東アジア地域へのD, C系統を携えた集団の到来は、それより少し遅れたようです。おそらく40,000年から35,000年前あたりでしょうか。これが東アジアに到来した最初の現生人類にほかなりません。日本列島に関して言えば、考古学的には関東の「立川ローム層」の最下層（第10層）に「先ナイフ型」と呼ばれる旧い石器を残し、また長野県の野尻湖畔に「立ヶ鼻遺跡」と呼ばれるナウマン象などの屠殺址を残したのがどうやらこの集団と見られます。また、これとつながる最古の化石人骨としては、日本列島では沖縄県那覇市近郊で出土した「山下洞人」の年代が32,000〜35,000年前、また中国の北京近郊周口店近くの田園洞で最近発見された「田園洞人」のそれが39,000〜40,000年前と推定されています。

　ここで、D, Cというこの古い遺伝子とつながるのは、はたしてどのような系統の言語だったのかという問題を考えて見ると、その最も有力な候補として浮かぶのが「出アフリカ古層A型」と名づけられた人称代名詞です。すでに触れたように、アフリカではニジェル・コンゴ語族とアフロ・アジア語族、アンダマン諸島でD系統を保持する南アンダマン諸語、オセアニアではオーストラリアの原住民諸語とニューギニアの私の命名で「内陸高地語群」と呼ばれるグループ（いわゆる「サフル系」）が、いずれもこれらの遺伝子とつながっているからです。

　さらにまた、漢語およびチベット・ビルマ系言語を特徴づけるシナ・チベット型の人称代名詞は、先の表5を見れば判るように、「出アフリカ古層A型」と基幹子音の構成が全く同じで、ただその中で1人称と2人称が置き換わった形のシステムです。そのため「出アフリカ古層B型」と名づけられました。これを古層A型からの派生システムと見れば、この人称代名詞もまた、この古い遺伝子（D, C）とつながる可能性が高いと言えるでしょう。

　ところで、この古い遺伝子特にD系統は、後に見るように、日本列島にも

非常に高い頻度で出現します。というより、この地球上でD系統が最も集中的かつ広範囲で分布するのがこの日本列島にほかなりません。しかし、ここには出アフリカ古層系と見られる人称代名詞の形跡は全く見出されません。環日本海諸語とその外延に拡がる太平洋沿岸言語圏と直接つながる遺伝子、つまり「太平洋沿岸型人称代名詞」を特徴づけるY染色体遺伝子は、このC, D系統より年代的にはもっと新しいと見られるO-M175というハプログループです。

　このO系統は、現在東アジアで最も優勢なY染色体遺伝子で、その中に沢山の枝を抱えていますが、主要なサブグループとしてO1, O2, O3という3つの枝が区別されます。そしてこれらのサブグループは、太平洋沿岸部の主要な言語群とそれぞれ密接なつながりを見せています。先に挙げた〈図2〉の下の欄をご覧ください。ここにO-M175の主要なサブグループと太平洋沿岸系諸言語とのつながりを示す概略図が示されています。

　これで見るように、太平洋沿岸系言語ととりわけ密接につながるのは、この中のO2-P31というサブグループです。しかもこの遺伝子は、O2aとO2bという2つの枝に分かれて、それぞれの分布圏が南と北にはっきりと分かれます。そしてO2aはこの言語圏の「南方群」と、O2bは「北方群」つまり環日本海諸語の分布圏とほぼ正確に一致します。

　ただし、O2aによって特徴づけられる南方圏では、O系統のもうひとつのサブグループO1-M119という枝がさらにそこへ加わって、南方群の中の特にオーストロ・タイ系（オーストロネシア、タイ・カダイ両語族）の言語と密接なつがりを示しています。

　このO1とO2に対して、O3-M122という系統は、現状で見るかぎり、中国大陸の漢語圏を中心に最も優勢な分布を見せる遺伝子です。ただし、O3のサブグループ全体が漢語ないしシナ・チベット系というわけではありません。その中で特にO3e-M134という分枝が、チベット・ビルマ系および漢語系集団と最も密接につながる遺伝子として位置づけられるのです。なお、O3と呼ばれる遺伝子は、その下に非常に沢山のサブタイプを派生させていて、それらの正確な分類や命名法はまだ確立されていません。図2に示したO3c, O3d, O3eというのも、遺伝子系統論の初期の名称をそのまま便宜的に使っています。最近

試みられている新しい分類名は、もっと複雑で判りにくくなっているからです。

4　東アジア諸集団における Y 染色体遺伝子系統の分布

　以上、Y 染色体遺伝子系統の全体像と東アジアで主要な役割を演じた D、C、O 系統についての概略的な説明ですが、ここで東アジアの主な集団について、それぞれ Y 染色体遺伝子の構成がどのようになっているか、実際のデータに基づいて簡単に見ておきましょう。

　まず最初に、東北アジアとシベリア地域の主な集団から見ていきます。下の〈表6　東北アジア・シベリア諸集団の Y 染色体遺伝子系統〉をご覧ください。ここには、モンゴル、ツングース系のほかにチュルク系ヤクートとチュクチ・カムチャツカ系集団も含まれています（出典：Xue et al. 2006, Jin et al. 2009）。

	集団名	数	C3	N	O1	O2	O3
モンゴル	外モンゴル	65	53.8	10.8	-	1.5	9.2
	ブリヤート	50	38.0	30.0		-	16.0
	内モンゴル	45	46.7	13.3	-	2.2	28.9
ツングース	ヘジェン(赫哲)	45	28.9	20.0	-	6.6	44.4
	オロチョン	31	61.3	6.5	-	-	29.0
	エヴェンキ	95	68.4	20.0	-	-	-
ヤクート /Trk		155	3.2	88.4	-	-	-
コリャーク /Ch-K		27	59.2	22.2	-	-	-
チュクチ /Ch-K24		24	4.2	58.3	-	-	-

表6：東北アジア・シベリア諸集団の Y 染色体遺伝子系統

　これで見るように、モンゴル・ツングース系集団を特徴づける Y 染色体遺伝子は C3 系統で、さらにそこへシベリア系の N 系統が加わります。このほかに、一部の集団で O 系統が出現していますが、その中の O2 はどうやら O2b で、わずかながら環日本海域とのつながりを窺わせます。一方 O3 系統は、明らかに漢語・漢民族圏からの流入で、漢語圏との地理的ならびに社会的な“接近度”を端的に示すものと見てよいでしょう。この中で、現在中国領内に取り込まれた内モンゴルやツングース系のヘジェン、オロチョンなどの集団は、今ではほとんどその母語を失って、言語面での漢語化が確実に進行しています

（最近の報告によれば、ヘジェン語はほとんど母語話者を失ったようです）。

　次は、主な漢語系集団の遺伝子データです。以下の表 7 をご覧ください（出典：Wen et al. 2004a）。

	集団名	数	C3 M130	D M174	O1 M119	O2a M95	O3d M7	O3e M134	O3* M122*
北方集団	甘粛	60	11.7	8.3	8.3	1.7	-	18.3	18.3
	陝西	90	2.2	3.3	2.2	1.1	-	33.3	23.3
	河北／南	64	3.1	-	7.8	-	-	26.6	29.7
	山東	185	9.7	1.6	3.2	1.1	-	22.7	36.8
南方集団	江蘇	100	6.0	5.0	18.0	4.0	2.0	19.0	25.0
	浙江	106	9.4	-	27.4	4.7	-	26.4	24.5
	上海	55	7.3	3.6	25.5	-	2.0	16.4	25.5
	四川	63	4.8	1.6	7.9	12.7	3.2	28.6	25.4
	広東	64	4.7	1.6	7.8	18.8	-	29.7	23.4

表 7：漢語系諸集団の Y 染色体遺伝子系統

　この表で、O1, O2a, O3d は太平洋沿岸系、O3 の中のとりわけ O3e が漢語およびチベット・ビルマ系を特徴づける遺伝子です。O3 系統は、明らかに北方集団で出現頻度が高く、それに対して南方集団では、太平洋沿岸系のとりわけ O1 系統が長江下流域（浙江、上海など）の集団で高い出現率を示しています。

　なお、北方集団の中で甘粛（正確には寧夏回族自治州）の遺伝子頻度がやや特異な様相を見せていますが、これは元もとチュルク語を話していたイスラム系集団が言語的に漢語化した集団で、中国では回（ホイ）族と呼ばれています。ここに現れた O3 の出現頻度（全体で 36.6%）は、まさしくこのような言語置き換えの遺伝子面での反映と言ってよいでしょう。

　次の〈表 8〉は、主なチベット・ビルマ系集団の Y 染色体遺伝子データです（出典：Wen et al. 2004b, Cordeaux et al. 2004）。この中で、「チベット 1」はアムド方言、「チベット 2」は中央方言、「チベット 3」はカム方言の話者集団です。

　ここで注目されるのは、チベットから雲南地域にかけての一部の集団で、出アフリカ系の古い遺伝子 D 系統がとび抜けて高い頻度で出現している点です。それに呼応して、O3 系統の出現率が集団によって極端に低くなっています。これがチベット・ビルマ系集団の遺伝子構成の最も特異な点ですが、この集団

	集団名	数	C3	D	O1	O2a	O3d	O3e	O3*
青蔵高原	チベット1	92	14.1	22.8	1.1	-	/	14.1	5.4
	チベット2	121	5.0	46.3	-	0.8	/	33.1	2.5
	チベット3	76	1.3	39.5	-	2.6	/	32.9	9.2
雲南	プミ（普米）	47	6.4	72.3	4.3	-	/	6.4	2.1
	ベー（白）	61	8.2	6.6	4.9	11.5	/	34.4	16.4
	リス	49	-	-	-	8.2	/	61.2	4.1
北東インド	アパタニ	33	-	3.0	-	-	-	81.8	-
	アディ	55	-	1.8	-	-	-	85.5	3.6
	ニシ	51	-	-	-	-	-	94.1	-
	ナガ	34	2.9	-	-	-	-	76.5	-

表8：チベット・ビルマ系集団のY染色体遺伝子系統

とその言語にとって最も本源的な遺伝子は、その人称代名詞のタイプからどうやらD系統ではなかろうか、と私は見ています。とすれば、これらの集団にとって、O系統は後の時期に獲得された2次的な遺伝子として位置づけられ、この点でチベット・ビルマ系集団は、同じD系統を共有する日本列島とは大きく異なると見なければなりません。

　それでは次に、太平洋沿岸言語圏に属する主要な集団について、そこでのY染色体遺伝子の出現状況を見てみましょう。

　まず次ページの〈表9：環日本海域のY染色体遺伝子系統〉をご覧ください。ここに環太平洋言語圏の北方群つまり環日本海域の主要集団のデータが挙げてあります。この中の満州集団は、地域的にかつての環日本海域に属するけれども、現在その言語はもちろん環日本海系ではありません。かつて朝鮮半島北部から満州にかけて居住していた扶余・高句麗系の言語は、環日本海系に属していたと見られますが（松本2007:291以下）、現在は完全に消滅しました。またこの表には北方のアイヌやギリヤーク集団、またロシア領沿海州に分布するツングース系集団のデータが欠けているのが残念ですが、これらの地域の信頼に足る調査報告は、管見のかぎり、まだ出されていません。なお、この表で「日本1、2」などとあるのは、偏りを避けるために、それぞれ違った調査データを挙げたためです（出典：Nonaka et al. 2007, Hammer et al.. 2006, Kim et al. 2011, Katoh et al. 2005）。

集団名	数	C1	C3	D*	D2	N	O1	O2a	O2b	O3e	O3*
日本 1	165	2.3	3.0	-	38.8	-	3.4	0.8	33.5	7.6	8.4
日本 2	259	5.4	3.1	2.3	32.5	1.2	-	1.9	29.7	10.4	9.7
朝鮮 1	317	0.3	8.8	0.3	3.7	3.5	4.1	1.1	29.2	27.3	17.2
朝鮮 2	506	0.2	12.3	-	1.6	4.6	2.2	1.0	31.4	44.3	
満州 1	48	-	20.8	2.1	-	2.1	-	2.1	27.0	41.7	
満州 2	101	-	16.8	-	-	-	3.0	-	33.7	42.6	

表 9：環日本海域（日本列島、朝鮮半島、満州）の Y 染色体遺伝子系統

　これで見ると、この地域では日本列島の遺伝子構成が最も特異な様相を示していることがよく判ります。その最大の原因は、その出現がほとんどここだけに局限される C1 と D2 という 2 つのハプログループの出現です。その中で特に D2 系統は、他のどのハプログループよりも高い出現率を示しています。それに対して O 系統は、先のチベット・ビルマ系集団の場合と同じように、D 系統の出現率と相反ないし相補的な関係となって、全体としての出現率が 50％前後となっていますが、その中で O2b の出現率が最も高い、これが非常に大事なポイントです。

　一方、朝鮮半島と満州の集団では、D 系統が欠けるために O 系統の出現率が全体で 80％近くに達するけれども、その中で環日本海域を特徴づける O2b の出現率は 30％前後で、O3 のそれよりも下回っています。O3 系統が全体で 40％を超えるこのような高い出現率は、東アジアのシナ・チベット系以外の集団では、ほかにほとんど例を見ません。先の中国領内のツングース系やチュルク系イスラム集団で見たように（表 6）、O3 系統の出現率が 30％かそれ以上に達した集団では、ほとんどの場合その言語が漢語によって置き換えられています。実際、この表の満州系集団は、現在ではその母語を完全に失って、事実上“漢族化”してしまいました。

　ところが、O3 系統の出現率が 40％を超えるこの朝鮮半島では、「朝鮮語」という紛れもなく環日本海系の言語が今なおしっかりと維持されています。これはほとんど奇跡に近い、きわめて異例なケースと言ってよいでしょう。しかも、朝鮮の O3 系統の中で O3e の出現率は、朝鮮 1 の調査で 27％にも達し、先に見た漢語系集団とほとんど変わりません。朝鮮半島と漢語系集団との遺伝

子上の違いは、ひとえに O2b の出現にかかっていて、これが朝鮮半島の言語的アイデンティティを支える Y 染色体遺伝子にほかならないのです。

　環日本海域の O 系統についてもうひとつ付け加えると、ここには南方群を特徴づける O1 および O2a 系統がほとんど流入していません。これもまた、日本語の系統を考える上で非常に大事なポイントです。日本語や日本人の起源に関してこれまで言い古されてきたいわゆる "南方説" とされるものは、遺伝子系統論の側からは全く支持されません。ただし、日本列島も含めて現在ユーラシアに居住するすべての人類集団がアフリカにその起源を持ち、そこから移住してきたという意味での南方起源説ならば、立派に筋が通りますが。

　なお、この表で C1 は D2 と共に列島固有の遺伝子ですが、C3 と N 系統は、すでに見たように（表 6）、いわゆる "北方系" の遺伝子です（C3 は "アルタイ" 系、N はとりわけウラル系集団と密接なつながりを見せています）。この 2 つは、朝鮮半島と満州ではそれなりの出現率を示すけれども、日本列島（特に本州）にはほとんど流入していません。長年、日本の学界で有力視されてきた日本語のいわゆる "ウラル・アルタイないしアルタイ語起源" という学説もまた、言語類型地理論だけでなく、遺伝子系統地理論の側からもほとんど支持されないと言ってよいでしょう。

　次は、〈表 10〉 から 〈表 12〉 まで、太平洋沿岸南方群の主な集団の遺伝子データです（Kumar et al. 2007, Chaubey et al. 2011, Li et al. 2011, Delfin et al. 2011, Karafet et al. 2010）。

　この中でまず以下の表 10 をご覧ください。ミャオ・ヤオおよびオーストロアジア両語族は、人称代名詞のタイプからも密接なつながりを見せていますが、遺伝子面でも同様です。

集団名	数	C3	D	O*	O1	O2a	O3d	O3e	O3*
ミャオ・ヤオ	875	5.9	3.1	9.0	4.9	15.4	8.1	17.4	15.0
モン・クメール	869	2.0	2.1	6.2	0.8	54.2	11.1	6.8	7.9
ムンダ	532	-	-	-	-	70.3	-	-	-
ニコバル	11	-	-	-	-	100	-	-	-

表 10：太平洋沿岸南方群 1：「オーストロ・ミャオ系」の Y 染色体遺伝子系統

この表のデータを見るかぎり、これらの集団では、その原郷地を遠く離れた集団ほど、遺伝子の多様性が失われて、集団の中核を担うO2aの出現率が高くなるのが注目されます。ちなみに、インド東部のムンダ系集団で、O2a以外の遺伝子はすべてインドの土着系（特にH系統）で占められています。

なお付言すれば、ここで調査対象とされた中国領内のミャオ・ヤオ集団で、O3dを除くO3系統の出現率が30%を超えていますが、これは現在これらの集団が直面する母語喪失の危険度を象徴するとも言えるでしょう。

次の〈表11 太平洋沿岸南方群2a〉は、タイ・カダイ系集団と台湾およびフィリピンのオーストロネシア系集団のデータです。これで見るように、大陸のタイ・カダイ系集団ではO2aが、一方、島嶼部のオーストロネシア系ではO1系統がとりわけ高い出現率を示しています。

集団名	数	C3	D	O1	O2a	O3d	O3e	O3*
タイ・カダイ	882	3.6	4.0	14.7	29.3	0.1	8.4	7.8
台湾（高砂系）	220	0.5	-	78.6	5.5	-	4.1	7.7
フィリピン	210	7.1	-	43.3	1.4	3.8	-	1.4

表11：太平洋沿岸南方群2a（オーストロ・タイ系）のY染色体遺伝子系統

その次の〈表12〉は、インドネシアからオセアニアの世界へと拡がるオーストロネシア系諸集団の遺伝子データです。

集団名	数	O1	O2a	O3d	O3e	O3*	C2	M	S
西部インドネシア	960	40.7	23.9	5.3	-	13.1	-	-	-
東部インドネシア	957	7.5	2.5	-	-	6.2	32.2	10.0	12.2
オセアニア	182	4.0	1.6	-	1.2	11.0	24.7	23.0	11.3

表12：太平洋沿岸南方群2b（オーストロネシア系）のY染色体遺伝子系統

この表で特に注目されるのは、インドネシアの西部と東部との間でY染色体遺伝子の出現が極端な相違を見せる点です。その地理上の境界は、どうやらバリ島とフローレス諸島との間にあって、それより東側の地域に入ると、東アジア系の遺伝子つまりO系統の出現率が急激に低下し、代わってメラネシア系の遺伝子の出現率が著しく高まります。この表の右側に配されたC2, M, Sがそのメラネシア系のY染色体遺伝子です。この地域（つまりメラネシアを含むオセアニア世界）では、オーストロネシア系言語の担い手がY染色体つまり男

系遺伝子から女系のミトコンドリア DNA へと一方的に替わってしまったのです（松本 2010 : 693 以下.）。今から 3 千年余り前、メラネシアのビスマルク諸島を中心に忽然と姿を現した「ラピタ」と呼ばれる独特なオセアニア文化の中で、このような遺伝子の転換につながる大きな社会変動が起こったものと見られます。後にも触れますが、どうやらこれと似通った現象が新大陸アメリカへの移住集団の場合にも起こっています。

　最後に、〈表 13〉に挙げたデータは、長江流域の古人骨から検出された Y 染色体遺伝子についての最近の貴重な研究成果です（Li et al. 2007）。ここで「歴史時代」とあるのは、概ね漢代に属する古人骨です。

	遺跡名	年代（BC）	所属文化	数	O1	O2a	O3d	O3e	O3*	未確定
長江下流	馬橋	1900-1200	良渚文化	6	4	-	-	-	-	2
			歴史時代	3	2	-	-	-	-	1
	新地里	2300-2000	良渚文化	9	5	-	-	-	-	4
			歴史時代	4	3	-	-	-	-	1
長江中流	呉城	1500-1200	呉城文化	4	-	2	-	-	1	1
	大渓	4400-3300	大渓文化	20	-	1	5	-	1	13
			歴史時代	5	-	-	2	-	-	3
黄河中流	陶寺	2500-1900	龍山文化	5	-	-	-	1	3	1

表 13：長江流域古人骨の Y 染色体遺伝子系統

　これで見ると、長江下流域の人骨で検出に成功した事例は、先史時代から漢代に至るまですべてが O1 系統で、これらの文化を担った集団がオーストロ・タイ系に属していたことをはっきりと示しています。一方、長江中流域から検出された遺伝子は、そのほとんどが O2a と O3d に属し、これは紛れもなくオーストロ・ミャオ系集団を特徴づける遺伝子です。いずれも、長江流域に発祥した稲作文化の担い手集団にほかなりません。

　なおこの報告には、他に黄河中流域の龍山文化に属する人骨のデータも含まれていて（表の最下段）、それを見ると、ここには太平洋沿岸系の遺伝子が全く現れず、後の漢語系集団を特徴づける O3 系統で占められています。龍山文化は、後の夏王朝や殷・周王朝の母胎となった文化と見られています。北方の黄河流域と南方の長江流域との間で、その遺伝子の構成が大きく異なることがこの表からはっきり読みとることができます。

　なお、参考までに、太平洋沿岸南方群に属する諸言語および各集団の推定された古い原郷地とこれらの言語の現在の分布図を、付属資料の**地図 5** と**地図 6** として挙げておきました。これについて詳しくは、松本 2007：277 以下および 2012 を参照ください。

＊　　＊　　＊　　＊　　＊　　＊　　＊

　以上、東アジア諸集団の Y 染色体遺伝子の出現状況についての概要です。これを念頭に置いた上で、これらの遺伝子系統の現在の地理的分布がどのような形になっているか、この分野の専門家による非常に判りやすい分布図が最近公表されているので、ここで関連する部分を若干の修正を加えて、付属資料の最後に**地図 7** および**地図 8** として挙げてあります。

　ここでまず、〈**地図 7：Y 染色体遺伝子系統の地理的分布**〉をご覧ください。これは Y 染色体の主要なハプログループ全体の分布図です（メラネシアに現れる M および S 系統の分布図だけは別の資料から補いました）。この全体図の一番上段の 3 つのハプログループ A, B, E がアフリカ、2 段目の D, C, O がアジア・太平洋地域、3 段目の N, Q, R が主にユーラシア内陸部およびシベリアに拡がった Y 染色体の遺伝子系統です。一方、4 段目の G, J, I は、どうやら N, Q, R などがユーラシアに拡がる以前に、西南アジアからヨーロッパ諸地域に拡がったと見られる西ユーラシア系（“クロマニョン”系？）の遺伝子、また右側の特に H, L はインド亜大陸のドラヴィダその他の“古南アジア系”集団を特徴づけるハプログループ、最後の T は最近その存在が確認された、アラビア半島を中心にごく低い頻度で出現する遺伝子です。

　この中の 3 段目、N, Q について付言すると、Q は最終氷期最寒冷期以前に、N はそれ以後にそれぞれシベリアに進出した遺伝子と見られ、従ってまた、アメリカ移住という人類史上の大事業は、男系遺伝子の側ではもっぱらこの Q 系統によって担われることになりました。

　ちなみに、本稿の最初の章で〈表 1〉によって示された類型地理論的アプローチによる「太平洋沿岸言語圏」と「ユーラシア内陸言語圏」という言語上の 2 大区分は、これを Y 染色体遺伝子の側から眺めると、ごく概略的には、

それぞれO系統とR系統の分布圏にほぼ対応することが判ります。

　ついでながら付言すると、日本語の系統をインドのドラヴィダあるいはタミル語と結びつけるという、マスメディアなども巻き込んでひと頃喧伝された学説もまた、言語学はもちろん遺伝子系統地理論の側からは、全く荒唐無稽の論として却けられるでしょう。南アジアを特徴づけるH, L, Tなどの遺伝子は、日本列島を含めて東アジアの全域で全く姿を見せません。

　それでは最後に、〈地図8：Y染色体O系統と太平洋沿岸言語圏〉をご覧ください。ここには3つのサブグループを含めたO-M175の分岐図とそれぞれのサブグループの判りやすい地理的分布図が示されています。

　これで見るように、太平洋沿岸言語圏を特徴づける最も代表的な遺伝子は、O2-P31という系統です。この遺伝子系統は、その分布図を見れば直ぐ判るように、そこから分岐したO2aとO2bという2つの分枝が南北2つの分布域にはっきりと分かれ、しかもその北方域を占めるO2bの分布は、言語類型地理論から導かれた「環日本海言語圏」のそれとほぼ正確に一致します。さらにまたこの2つの枝は、南方のO2aと北方のO2bという2つの分布域の間でその境界がはっきりと分かれ、双方の間で交流・混合の現象がほとんど見られません。これはO2aとO2bを携えた2つの集団、そしてまたこの遺伝子によって特徴づけられる南・北2つの言語圏の分岐した年代が非常に古いことを示唆しています。

　ちなみに、この遺伝子系統の現れ方はこれまでの調査結果で見るかぎり、O2a分枝の場合は、インドネシア半島のモン・クメールとインド東部のムンダ系集団で、一方O2b分枝の場合は、この日本列島で最も高い出現率を示しています。また、すでに検討した人称代名詞のタイプから見ても、日本語（および朝鮮語）は太平洋沿岸言語圏の中でこのオーストロアジア諸語ととりわけ親近な関係にあることをここで付け加えておきましょう。すでに〈表2〉で見たように、両語群とも「A型」とされる同じ包括人称代名詞を共有しているからです。

　なお、**地図8**の分布図でO2bの出現率が最大で30％とされているのは、現状でO2bの分布の中心と見られる日本列島で、列島に温存された古い遺伝子

D 系統によって、O2b の出現率が相対的に低められているという事情が関係しています。一方、朝鮮半島や満州で O2b の出現率を低めているのは、もちろん漢語系の O3 系統ですが。

　すでに述べたように、この O2 系統と並んで、太平洋沿岸言語圏を特徴づけるもうひとつの遺伝子が O1-M119 というサブグループです。これは O2a を基調とする南方群の中の有力な支脈であるオーストロ・タイ系集団に特化したサブタイプで、大陸の沿岸部ではタイ・カダイ系、また特にその下位枝（O1a2-M50）が台湾から東南アジア島嶼部に拡がったオーストロネシア系集団を特徴づけています。「タイ・カダイ」と「オーストロネシア」という 2 つの語族の緊密なつながりを示す遺伝子です。どちらもかつて長江下流域に発祥した稲作文化を担った集団でした。なお、長江流域に発祥した稲作とその伝播・拡散に関する言語面からの検証について、詳しくは松本 2012 を参照ください。

　ところで、**地図 8** に挙げられたこれら O 系統各分枝の分布図を全体として眺めると、太平洋沿岸言語圏を特徴づける O2 および O1 の分布圏は、その大陸部を中心に O3 系統（とりわけ O3e-M134）によってその表面を大きく覆い隠されていることが判ります。これは、言うまでもなく、過去 2 千年近くにわたって行われてきた漢語圏の拡散・膨張の結果にほかなりません。現在、中国本土の中心部では、古い太平洋沿岸系の言語はこの新興言語に呑み込まれて、ほぼ完全に姿を消しました。結果として、かつての太平洋沿岸言語圏はその連続を断ち切られて、南と北の 2 つの分布圏が大きく分断されてしまったのです。

5　太平洋沿岸系集団の環日本海域への到来時期

　最後に、O2b（あるいはむしろその祖型となった O2-P31）という遺伝子を携えた集団がいつ頃この日本海域に到来したか、という問題を取り上げてみましょう。

　ご承知のように、戦後日本の人類学や考古学界では一時期、日本人の成り立ちに関していわゆる"二重構造"とされる学説が流行しました。これによると、日本の縄文時代と弥生時代の間に集団的そしてまた言語的にも大きな転換が

あって、現在の日本人は、弥生時代の開幕期に外部から稲作や金属器使用など新しい文化を携えた渡来系集団にその直接のルーツを持つとされてきました。これまで大方の日本語系統論者もまた、これを"暗黙の前提"として持論を展開してきたと言ってよいでしょう。日本人の祖先が稲作を携えて南方から海を渡ってやってきたというこのような考えは、柳田国男の『海上の道』という著書（1961）などにも見られる根強い学説ですが、これを現在の遺伝子系統論の側から眺めるとどうでしょうか。

まず第一に、長江流域に発祥した稲作民（つまり太平洋沿岸南方系集団）の遺伝子（O1, O2a）は、すでに確認したように、日本列島にはほとんど流入していません。環日本海域を特徴づける O2b は、中国大陸を含めた南方の稲作圏とは全くつながらない遺伝子です（これはもちろん稲作の伝来が問題となるような年代的次元での話ですが）。また日本列島に新しく流入した可能性の高い O3 グループも、地域的には黄河流域に発祥する中国北方文化圏を特徴づける遺伝子です。

弥生時代以降に外部から日本に流入した Y 染色体遺伝子としては、O3（特に O3e-M134）が最も有力な候補と考えられましょうが、この遺伝子の流入は、弥生時代よりもむしろ古墳時代に入った紀元 3〜4 世紀以降ではなかろうか、と私は見ています。日本ではこの時期から、朝鮮半島を介して漢語・漢文化圏との接触・交流が急速に強まりました。『日本書記』などで「イマキのアヤヒト」とか「カワチのフミヒト」などと呼ばれたいわゆる帰化人やその後朝鮮半島での百済滅亡に伴う大量の難民などが、このような遺伝子流入に大きな役割を演じたに違いありません。

一方、O2 系統によって特徴づけられる太平洋沿岸系集団の環日本海域への到来の時期については、アメリカ大陸への人類移住が重要な鍵を握っています。すでに述べたように、太平洋沿岸系の言語はアメリカ大陸へも運ばれて、南北両大陸の大平洋沿岸部に大きな分布圏を作っています。アメリカ大陸への移住を成し遂げた人類集団の少なくとも一部は、太平洋沿岸言語圏の北方域、つまり環日本海域をその出発地としたと見なければなりません。これについては、ここでは深く立ち入ることはできませんが、Y 染色体よりもむしろ女系遺伝子

ミトコンドリアの側に有力な証拠があるのです。

　アメリカ大陸への人類移住の時期やルートに関して、最近の研究によると、シベリア東部から「ベーリンジア」を通っていわゆる"直行便形式"で行われたのではなくて、途中にかなりの滞留期間があった。つまり、最終氷期最寒冷期以前にシベリアに進出していた人類集団が、最寒冷期の到来によってベーリンジアに閉じこめられたらしい。ここがどうやら極地圏で残された居住可能なほとんど唯一の避難地だったからです（付属資料の**地図4**参照）。そしてこの地で3〜4千年ほどの時期を過ごした後、温暖化の到来を待って、一部は太平洋の沿岸ルート、別の一部はやや遅れて内陸の"無氷回廊"を伝ってアメリカへの移住を成し遂げた、というシナリオが有力視されています。人称代名詞のタイプから言えば、前者が「太平洋沿岸系」、後者が「東部内陸系」集団ということになるでしょう（松本2010 : 692以下）。

　ちなみに、アメリカに運ばれた遺伝子が、ミトコンドリアとY染色体の双方とも、旧大陸のそれに較べてその構成が著しく単純化され、また特にその男系遺伝子が極端に偏った形になったのは、閉ざされたベーリンジアでの長期にわたる滞留中に、いわゆる"ボトルネック効果"などによって遺伝子の多様性が急激に減少したためと見られています。ここで沿岸系言語の担い手は、どうやらオセアニアと同じように、男系遺伝子から女系のミトコンドリアDNAへと一方的に転換してしまった。つまり、Y染色体のO2系統は、最寒冷期のベーリンジアという過酷な生態環境を生き抜くことができなかったと見られます。

　なお付言すれば、新大陸への移住を成し遂げたほとんど唯一の男系遺伝子のQ系統というのは、最寒冷期の極地圏で最後まで生き延びたいわゆる"マンモス・ハンター"の遺伝子と見てよいでしょう。現在シベリアでこの遺伝子を受け継ぐのは、これまでの調査を見ると、イェニセイ流域に残存するケット（および言語的にウラル語化したと見られる隣接のセリクプと呼ばれる）集団にほとんど限られるようです（先の**地図7**参照）。一方、現在のシベリアに拡がるN系統は、どうやら後氷期の温暖化が進んでからこの地に進出した集団によってもたらされたと見られます。この時期、シベリヤではすでにマンモスは絶滅し、

それに代わってトナカイなど小型化した野生動物がこれらの集団の生業を支えることになりました。Y染色体のN系統は、典型的には、このような"トナカイ狩猟者"の遺伝子と名づけてもよいでしょう。シベリアで「サモイェード」と呼ばれる言語的にはウラル系のネネッツ、ガナサンなどの集団で、この遺伝子の出現率は90％を超えています（Tambets et al. 2004）。

　ちなみに、アメリカに渡った女系遺伝子のA, B, C, Dと名づけられたミトコンドリアの4つの系統は、いずれも東アジアに起源を持つものですが、その中でとりわけB系統（アメリカではB2と名づけられた遺伝子）は、太平洋沿岸北方域を特徴づけるB4b系統から発祥したと見られ、アメリカ大陸でもその大平洋沿岸部で圧倒的に高い出現率を示しています。この遺伝子には、実はもうひとつ太平洋沿岸南方圏で優勢なB4aという姉妹遺伝子があって、そこから派生したB4a1aというサブタイプは、専門家の間で"ポリネシアン・モチーフ"とも呼ばれています。すでに述べたように、男系のO系統に代わって、太平洋沿岸系言語を東部オセアニアへ運んだのがこの遺伝子にほかなりません。

　ついでながら、ミトコンドリアのA, B, C, Dという名称は、ミトコンドリアDNA研究が当初アメリカを中心に発達したために、アメリカ先住民の（年代的にはかなり新しい）遺伝子型にアルファベットの最初の4文字が振り当てられた結果です。このためにミトコンドリアDNAのハプログループのその後の命名法は、Y染色体のそれに較べてかなり不整合な形になってしまいました。

　それはともかく、出アフリカを果たした人類集団にとって、地理的に最も隔絶したポリネシアとアメリカ大陸というこの2つの未知の世界へ太平洋沿岸型の人称代名詞を運んだのは、ユーラシアでその主要な担い手となったY染色体のO2aとO2bではなくて、ミトコンドリアのB4aとB4bというこれまた近親な遺伝子から派生した2つのサブタイプでした。前者（B4a1a）を「ポリネシアン・モチーフ」と呼ぶならば、後者（B2）は「アメリカ太平洋沿岸モチーフ」と名づけてもよいでしょう。この遺伝子は、最寒冷期のベーリンジアで発祥したと見られる太平洋沿岸北方系のサブタイプで、本来ならば"B4b1a"のように命名されるべきでした。

　いずれにせよ、アメリカ移住に関するこのようなシナリオが受け入れられる

　ならば、太平洋沿岸系言語を携えた集団が日本列島を含む環日本海域へ到来した時期は、当然、最終氷期最寒冷期以前と見なければなりません。とすれば、遅くとも今から 25,000 年前あたりになるでしょうか。すでに述べたように、Y 染色体の D 系統を携えた最初の人類集団の日本列島への到来を 40,000 ないし 35,000 年前とすれば、O2 系統を携えたこの第二次集団の到来は、それより 1 万年ほど遅れたと見てよさそうです。考古学的には、「石刃技法」と呼ばれる新しいタイプの石器を列島にもたらしたのがこの集団とつながるかもしれません。ちなみに、Y 染色体 O グループの祖型 O-M175 の発現年代は、専門家の算定によれば、今からおよそ 35,000 年前と見積もられています。

　このように見てくると、日本語および日本人のルーツは、縄文時代をはるかに越えて、少なくとも 2 万年以上前まで遡るという結論に導かれます。従ってまた、仮に日本人の"二重構造"というような見方が成り立つとすれば、それは縄文と弥生を隔てる 2〜3 千年前というような間近な過去ではなくて、Y 染色体の O 系統を携えた最初の太平洋沿岸民が列島に到来した 2〜3 万年前あたりまで遡らなければなりません。

　ともあれ、この新しい集団の到来によって、D 系統と共に日本列島にもたらされた「出アフリカ古層」系と見られる言語は、新来者の言語すなわち太平洋沿岸系言語によってどうやら完全に置き換えられました。けれども、"アジアの YAP"と呼ばれるこの古い遺伝子自体は、新来の遺伝子によって駆逐されることもなく、そのまま温存されたのです。アフリカに直結するこの古い遺伝子が 3 万年以上もの長きににわたってこの列島内で存続し、しかも現在の日本人の男系遺伝子の中でその出現率が一番高い（関東地方の男性では出現率 48% という調査報告もあります〈Nonaka et al. 2007〉）、これもまた奇跡的と言ってよいでしょう。今から 1 万年余り前に始まった後氷期の温暖化によって、日本列島が大陸から完全に切り離されたという生態環境的条件がこれと深く関わっていたに違いありません。これがまた、その後 1 万年に及ぶ列島独自の「縄文文化」を生む母胎となりました。いずれにしても、日本語のルーツはその背後に 2 万年以上に及ぶ悠遠な過去を潜ませていることを、ここで改めて強調しておきたいと思います。

【引用文献】

松本克己　2007　『世界言語のなかの日本語：日本語系統論の新たな地平』東京　三省堂

───────　2010　『世界言語の人称代名詞とその系譜：人類言語史 5 万年の足跡』東京　三省堂

───────　2012　「イネ・コメの比較言語学」『歴史言語学』1 87-105.

Chaubey, G. et al. 2011 Population genetic structure in Indian Austroasiatic speakers: the role of landscape barriers and sex-specific admixture. *Mol. Biol. Evol* 28(2): 1013-1024.

Chiaroni, J. et al. 2009 Y chromosome diversity, human expansion, drift, and culturual evolution. *PNAS* vol.106, no.48:20174-20179.

Cordeaux, R. et al. 2004 The Northeast Indian passageway: a barrier or corridor for human migrations? *Mol. Biol. Evol.* 21(8):1525-1533.

Delfin, F. et al. 2011 The Y-chromosome landscape of the Philippines: extensive heterogeneity and varying genetic affinities of Negrito and non-Negrito groups. *European Journal of Human Genetics* 19:224-230.

Hammer, M.F. et al. 2005 Dual origins of the Japanese: common ground for hunter-gatherer and farmer Y chromosomes. *Journal of Human Genetics* 51:47-51.

Jin, H.J. et al. 2009 The peopling of Korea revealed by analyses of mitochondrial DNA and Y-chromosomal markers. PlosOne vol.4(1), e4210.

Karafet, T.M. et al. 2010 Major east-west division underlies Y chromosome stratification across Indonesia. *Mol. Biol. Evol.* 27(8):1833-1844.

Katoh, T. et al. 2005 Genetic features of Mongolian ethnic groups revealed by Y-chromosomal analysis. *Genetics* 346:63-70.

Kumar, V. et al. 2007 Y-chromosome evidence suggests a common paternal heritage of Austro-Asiatic populations. *BMC Evolutionary Biology* 7:47.

Li, H. et al. 2007 Y chromosomes of prehistoric people along the Yangtze River. *Human Genetics* 122:383--388.

───────　2008 Paternal genetic affinity between western Austronesians and Daic populations, *BMC Evolutionary Biology* 8:146.

Nonaka, I. et al. 2007 Y-chromosomal binary haplogroups in the Japanese population and their relationship to 16 Y-STR polymorphisms. *Annals of Human Genetics* 71:480-95.

Tambets, K. et al. 2004 The Western and Eastern roots of the Saami: the story of genetic ``outliers'' told by mitochondrial DNA and Y-chromosomes. *American Journal of Human Genetics* 74:661-682.

Wen, B. et al. 2004a Genetic evidence supports demic diffusion of Han culture. *Nature* 431:302-305.

───────　2004b Analyses of genetic structure of Tibeto-Burman populations reveals sex-biased admixture in Southern Tibeto-Burmans. *American Journal of Human Genetics* 74:856-865.

Xue, Y. et al. 2006 Male demography in East Asia: A North-South contrast in human population expansion times. *Genetics* 172:2451-2459.

【付属資料】

地域	語族・言語群・孤立言語	流音タイプ	形容詞タイプ	数の範疇	名詞類別	数詞類別	重複	動詞の人称標示	名詞の格標示	包含除外
アフリカ	コイ・サン／中央	欠・単	用言型	+	+	−	+	多（分離）・無	中立A	+
	コイ・サン／南・北	欠・単	用言型	+	+	−	+	無標示	中立B	±
	ナイル・サハラ	複式	体・用	±	±	−	−	単（多）	対・中	±
	ニジェル・コンゴ／西	単・複	用言型	±	±	−	+	無・多（分離）	中立B	±
	ニジェル・コンゴ／東・南	単・欠	用言型	+	+	−	+	多項型（分離）	中立B	−
	アフロ・アジアA	複式	体言型	+	+	−	+	単項型	対格型	−
ユーラシア内陸言語圏	アフロ・アジアB	複式	体言型	+	+	−	−	単項型	対格型	−
	バスク語	複式	体言型	+	−	−	+	多項型（分離）	能格型	−
	ケット語	単式?	体言型?	+	+	−	+	多項型（分離）	中立A	−
	[シュメール語]	複式	体言型?	+	+	−	+	多項型？	能格型	−
	ブルシャスキー語	複式	体言型	+	+	−	+	多項型（分離）	能格型	−
	ドラヴィダ	複式	体言型	+	+	−	−	単項型	対格型	+
	北東カフカス	複式	体言型?	+	+	−	−	無標示	能格型	+
	北西カフカス	複式	用言型?	+	−	−	−	多項型（分離）	中立A	±
	南カフカス	複式	体言型	+	−	−	−	多項型（分離）	能格型	±
	インド・ヨーロッパ	複式	体言型	+	−	−	−	単項型	対格型	−
	ウラル［・ユカギール］	複式	体［用］	+	−	−	−	単（多）	対格型	+
	チュルク	複式	体言型	+	−	−	−	単項型	対格型	+
	モンゴル	複式	体言型	+	−	−	−	単項（無）	対格型	+
	ツングース	複・単	体言型	±	−	−	−	単項（無）	対格型	+
	チュクチ・カムチャッカ	単・複	用言型?	+	−	−	+	多項型（一体）	能格型	−
	チベット・ビルマ／西	複式	体言型	+	−	±	−	無・多（一体）	能・中	±
	チベット・ビルマ／東	単式	用言型?	−	−	+	−	無標示	中立A	±
太平洋沿岸言語圏	漢語	単式	用言型	−	−	+	+	無標示	中立B	−
	タイ・カダイ	単式	用言型	−	−	+	+	無標示	中立B	−
	ミャオ・ヤオ	単式	用言型	−	−	+	+	無標示	中立B	−
	オーストロアジア	単・複	用言型	−	−	+	+	無・多（分離）	中立B	−
	オーストロネシア	単・複	用言型	−	−	+	+	無・多（分離）	中対能	−
	朝鮮語	単式	用言型	−	−	+	+	無標示	対格型	−
	日本語	単式	用言型	−	−	+	+	無標示	対格型	−
	アイヌ語	単式	用言型	−	−	+	+	多項型（分離）	中立A	+
	ギリヤーク語	単式	用言型	−	−	+	+	多項型？	中立A	+
大洋州	パプア諸語	単・欠	用・体	±	±	−	+	多項型（分離）	能・中	±
	オーストラリア諸語	複式	体言型	±	±	−	+	多（分離）・無圏	能格型	+

別表1　類型的特徴の地域・語族的分布：アフリカ・ユーラシア・オセアニア

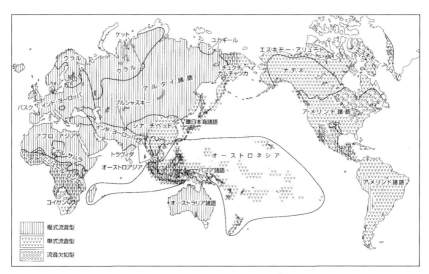

地図 1：世界言語における流音タイプの分布

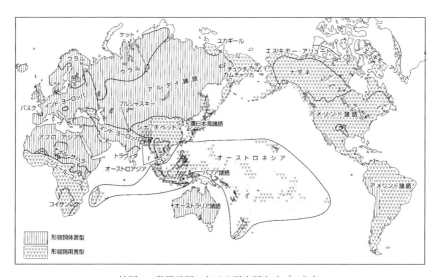

地図 2：世界言語における形容詞タイプの分布

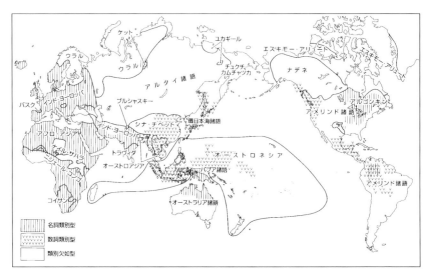

地図3：世界言語における類別タイプの分布

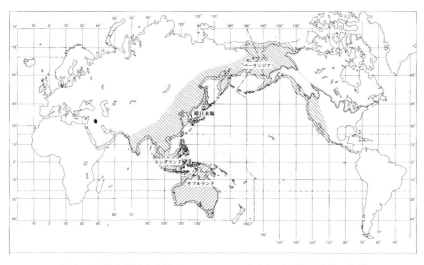

地図4：最終氷期最寒冷期（21000-18000 BP）頃の太平洋沿岸部の地形

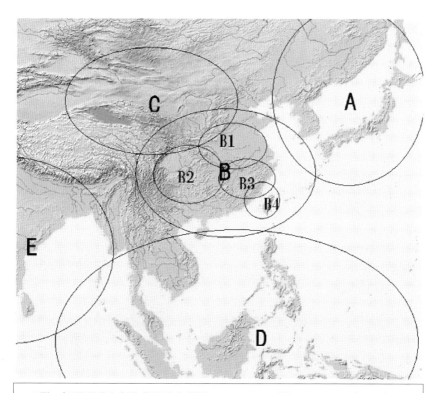

Ａ群：太平洋沿岸北方群（環日本海諸語）	Ｃ群：チベット・ビルマ系
Ｂ群：太平洋沿岸南方群（オーストリック大語族）	Ｄ群：スンダ・サフル系
Ｂ１：ミャオ・ヤオ（三苗）系	Ｅ群：古南アジア系
Ｂ２：オーストロアジア（百濮）系	
Ｂ３：タイ・カダイ系（百越）系	
Ｂ４：オーストロネシア（高砂）系	

地図5：今から五千年前頃の東アジア言語分布推定図

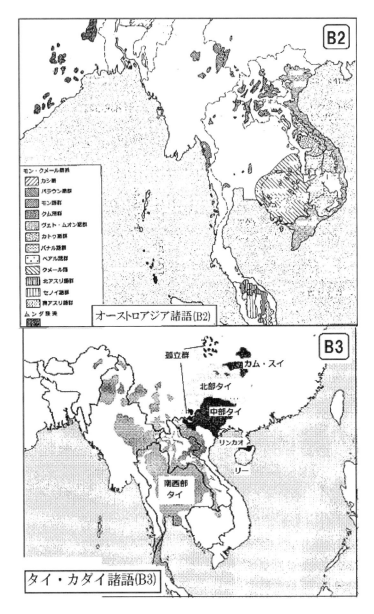

【東南アジアへの推定移動時期】B2=BC2500-BC500?、C=BC500?-AD1000、B3=AD700?-1400、B1=AD1800-

地図6：現在のB群（B1/B2/B3）及びC群諸語の分布図

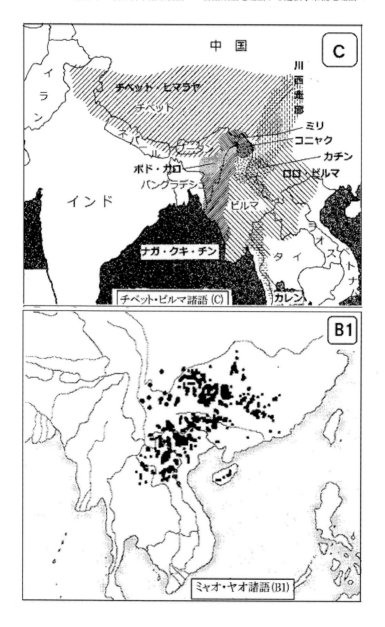

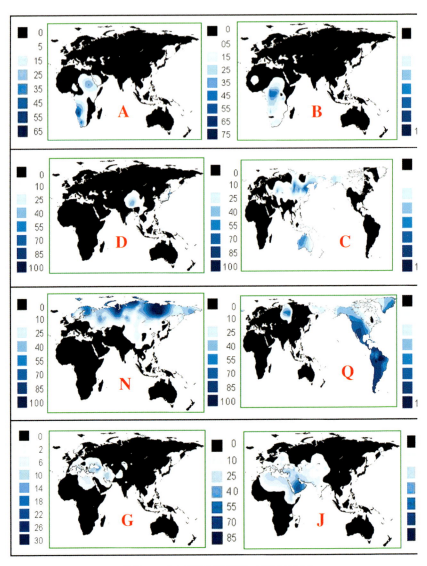

地図 7 ： Ｙ 染色体遺伝子諸系統の地理的分布図

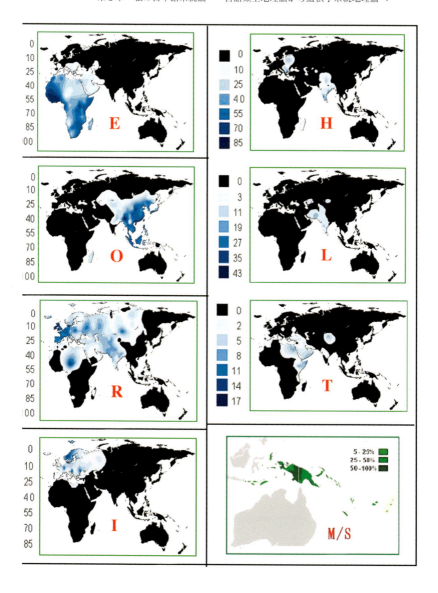

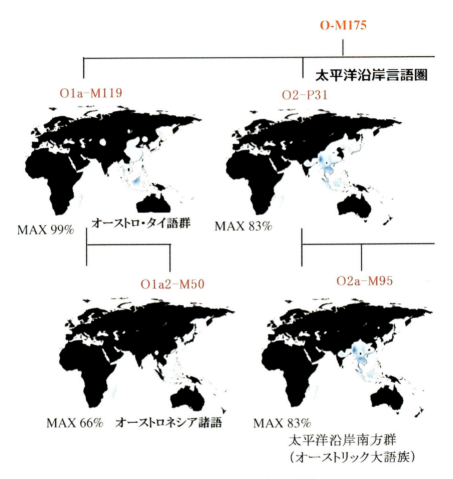

地図 8：Y 染色体 O 系統と太平洋沿岸言語圏

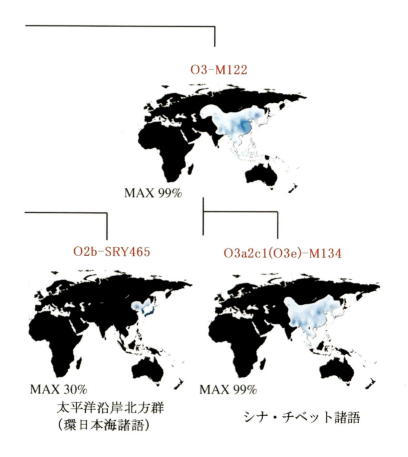

松本克己先生の「私の日本語系統論」に対するコメント

吉　田　和　彦

　日本言語学会の 20 世紀における活動の最後を締めくくる第 121 回秋季大会
（於名古屋学院大学）の第 1 日目（2000 年 11 月 26 日）に、「日本語の系統：回顧
と展望」というシンポジウムが企画されました。当日は、司会の松本克己先生
による研究史の回顧のあと、崎山理、板橋義三、大野晋の三氏が「オーストロ
ネシア語族と日本語」、「アルタイ諸言語（含朝鮮語）と日本語」、「タミル語と
日本語」という報告をされ、それぞれの立場からの見解を提出されました。引
き続き、コメンテイターとして土田滋、庄垣内正弘、児玉望の三氏が、それぞ
れ崎山氏、板橋氏、大野氏の報告に対して意見を述べられ、またフロアとのあ
いだで質疑応答もなされました。わたしは大会運営委員長という立場でこのシ
ンポジウムの企画にかかわったのですが、そのねらいは長年にわたって日本の
言語学の大きな検討課題とされてきた日本語の系統問題について、それまでた
どってきた足跡を振り返りながら、21 世紀に向けて新たな展望を切り開きた
いというところにありました。日本語系統問題は、20 世紀の終わりの 30 数年、
やや派手なかたちでマスコミも巻き込み、必ずしも学問的にみて望ましい論争
に発展しなかったこともあります。この点で、このシンポジウムは学問的な討
議の場として一定の役割を果たしたように思います。しかしながら、3 つの見
解のいずれも決定力を備えているとは言えず、系統問題の新たな地平も依然と
して霧に覆われているという印象を参加者に与えました[1]。

　このシンポジウムにおいて、松本先生は司会という立場に徹し、ご自身の意
見に触れられることは一切差し控えておられました。しかしながらその数年前
から、系統論を見直すマクロの視点に立つ歴史言語学的方法論についての構想
を温めておられ、その後上辞された 3 つのご著書のなかで自説を具体的に展開
されました[2]。本書に掲載されている論文のなかでは、その壮大なスケールのお
考えを分かりやすく手短に示されています。わたしの主たる関心は、印欧系諸

言語の歴史比較言語学的な研究にあります。したがいまして、日本語系統論をめぐる具体的な問題について実証的な立場からコメントする資格はもとより具わっていません。以下において述べようとする若干のコメントは、言葉の歴史に興味を寄せるひとりの研究者として、一般言語学的方法論の視点から行うものであります。

　はじめに、歴史的な立場から言語を研究する際にどうしても避けることのできない一般的な問題点について述べたいと思います。言語の歴史的研究においては、限られた量の文献資料がその言語についての情報を引き出すことのできるほとんど唯一の源です。この点で、話し手が無限の情報を提供してくれる現代語の研究とは根本的に事情が異なっています。しかも、かなりまとまった量の文献資料が残されている場合でさえ、そこから知りうるのは過去の言語の断片でしかなく、完全な姿からは程遠いものです。また自らの言葉を書き残さずに消滅していった民族も多くあったに違いありません。そのような場合には、その民族が使用していた言語を知るすべはほとんどないといってよいでしょう。

　さらに深刻な問題として考えられるのは、文字の歴史は言語の歴史に比べるとはるかに短いという事実です。人類の祖先がはじめてこの地球上に現れたのは、今から15万年以上の昔のことと推定されています。これに対して、最初の文字が生まれたと一般に考えられているメソポタミアにおいて、シュメール楔形文字が粘土板に刻まれるようになったのは紀元前4千年紀のことにすぎません。一方、東アジア地域で漢字の原型となった甲骨文字が現われたのもほぼ同じ時期です。地理的にかけ離れたメソポタミア文明と黄河文明の発祥の地でほぼ同時期に文字が発明されたという事実が示唆するのは、言語共同体の拡大とともに音声による直接伝達だけでは社会生活を営むことが困難になり、保存性のある間接伝達の手段が必要となっていたことにほかなりません。このようにして空間的にも時間的にも隔たった人間同士のコミュニケーションを可能にする文字が誕生しました。しかしながら、人里から隔絶したところでは、いまなお文字を持たない言語共同体が存在しているに違いありません。このように文字の歴史は言語の歴史に比べると格段と短いために、文字が誕生するはるか以前に、世界のさまざまな地域に互いに伝達不可能な多種多様な言語がすでに

拡散していたことになります。その結果、それぞれの言語の先史や言語相互の歴史的関係は不明瞭になってしまったのです。

　つぎに日本語の起源の問題に立ちはだかる問題を、文献資料の観点と方法論的な観点から考えてみたいと思います。問題の所在をより明らかにするために、すでに系統関係がほぼ証明されている印欧諸語の場合と対比しながら述べようと思います。

　言語間の系統関係を証明しようとする場合に、古い時代の文献資料が果たす役割の重要性はあらためて説明するまでもありません。古い文献資料のなかには現代語では失われている古い言語特徴がなお多く保存されていて、そのなかには言語が分岐する以前の祖語にさかのぼる特徴が含まれていることも予想されるからです。印欧語族の場合、諸言語の系統的な関係は研究の早い時期からかなり明らかでした。そのひとつの理由は、サンスクリット、アヴェスタ、ギリシア語、ラテン語などに代表されるような紀元前の昔にさかのぼる古い文献を持つ言語があったことです。さらに 20 世紀にはヒッタイト語やミュケーネギリシア語のような紀元前 2 千年紀の記録を持つ言語も解読されました。さらにヒッタイト語や中央アジアのトカラ語のように消滅した言語もありますが、多くは現代にいたるまでの長い歴史的資料を持っています。くわえて印欧諸語は独自の複雑な形態組織によって特徴づけられています。このような状況は、系統関係の解明に向けてきわめて有利な状況でした。これに対して、日本語の最古の文献資料である万葉集は 7 世紀後半から 8 世紀後半ころにかけて編まれたとされています。もちろん紀元前にさかのぼる資料は存在しません。また、日本周辺の諸言語の場合も、きわめて長い歴史を持つ中国を除くと、紀元前にさかのぼる文献資料を持つ言語はありません。さらに日本語の独自の特徴である動詞や形容動詞の活用などにぴったり合致する固有の特徴を示す言語も周辺地域に見つかっていません。日本語は系統的に孤立しているとよく言われますが、それはかりに日本語と親縁関係にある言語があるとしても、それらが祖語から分岐してから文献記録として書き残されるまでの長い先史のあいだに、本来の言語特徴が失われ、系統関係が不明になるほどの変化を両者が蒙ったという事情によるわけです。

　方法論の観点からの問題として考えられるのは、比較方法の適用が困難な点です。比較方法は，同じ系統に属すると考えられる諸言語の共通の祖先である祖語を再建し，個々の言語が祖語の段階からどのような変化を蒙って成立したのかを明らかにしてくれる方法です。もとより同系統に属する複数の言語の語彙のあいだには類似点がありますが，同時に相違点も顕著にみられます。たとえば、英語の ten に対応する語彙としてラテン語 decem、サンスクリット daśa があります。同様に、two に対してはラテン語 duo、サンスクリット dvau が、tooth に対してはラテン語 dent-、サンスクリット dant-が対応します。つまりこれらの語彙においては、英語の初頭子音 t に対してラテン語とサンスクリットでは d で現われています。この対応の事実から、印欧祖語の初頭の d はラテン語とサンスクリットでは保存されたが、英語では d → t という音変化が生じたということが分かります。つまり、言語間に相違があっても、それはけっしてでたらめに違っているのではなく、規則性に基づいています。この音変化の規則性、つまり変化はけっして恣意的に起こるのではないという基本原理のうえに立つことによって、比較言語学は体系的な科学として成立するようになったのです。[3]

　比較方法の実践にあたり、まず行なわなければいけない手続きは諸言語の語彙のあいだにみられる対応の設定、そしてその対応を説明する音法則の提示です。フランスの印欧学者アントワーヌ・メイエは、その古典的著作のなかで、「対応が同一言語内部の異なる歴史的時期にみられる場合であれ、同系統の二つの言語のあいだにみられる場合であれ、一般に音法則とよばれるものは規則的な比較対応の表出でしかない。」と述べています。[4] また、印欧祖語の動詞体系について壮大な構想を示しているジェイ・ジャザノフも、「比較方法を適用するときに最初にしなければならない、そしてもっとも重要なステップは何を比較するかを知ることである。」と述べています。[5] 比較対応の正しい認定こそが言語の歴史的研究を推進していく原点に位置づけられるという両者の見方はまったく正しいものですが、その意味するところはより深く認識されてよいように思えます。

　翻って日本語の系統問題において、日本語と特定の言語あるいは言語群との

あいだに比較方法を十全なやり方で適用し、対応を説明する音法則を体系的な
やり方で示すことははなはだ困難という印象をぬぐうことができません。その
理由はやはり利用可能な文献資料の不足に帰因するように思います。文献記録
の手が届かない歴史時代以前において、日本語のほうでその系統を見失わせる
ほど大きな独自の変化を受けたのかもしれません。あるいは日本語と親縁関係
にある言語のほうで同じような大きな変化が起こったのかもしれません。さま
ざまな疑問はありますが、現在にいたるまで日本語の起源は謎であるという状
況には変わりがありません。系統問題の解明の難しさは、以上述べましたよう
に、文献資料面での制約と比較方法の適用の困難さにあるように思います。

　言語の歴史的研究の発展の契機となる要因として一般にあげられるのは、そ
れまで知られていなかった新出資料の発見と新しい方法論の導入です。新出資
料につきましては、考古学的な成果などに負わなければなりませんが、残念な
がら日本語の側では新しい報告がありませんし、周辺言語の側にも系統論の転
機となるような報告はなされていません。このような混迷を深め袋小路に陥っ
た状況のなかで、松本先生は、新しい方法論、すなわち言語類型地理論と遺伝
子系統地理論という方法に活路を見出そうとされます。日本語や日本語を取り
巻く諸言語の専門家の懸命な努力にもかかわらず、起源の解明にまで至らな
かった理由は、比較方法自体の限界にあると松本先生はお考えになります。比
較方法によって再建される祖語は、分派諸言語に分岐する直前の姿であり、印
欧祖語の場合では紀元前4、5千年の頃と推定できます。松本先生は、日本語
の発祥が伝統的な比較方法では手の届かない遠い過去に遡るとお考えになり、
5万年に及ぶ人類言語史という壮大なマクロの視点からアプローチしない限り、
その解明が不可能であるという立場に立っておられます。この構想を初めてま
とまったかたちでお聞きしたのは、2006年秋に札幌学院大学で開かれた日本
言語学会第133回大会でのご講演「環太平洋言語圏の輪郭―人称代名詞からの
検証―」を通してでした。そのご講演の後、松本先生は「吉田君、わたしの歳
になると、もう怖いものは何もないのだよ。」とおっしゃいました。そのお言
葉からは、出口のない袋小路に陥ったように思える日本語の起源の問題に対し
て、巨視的なアプローチに踏み込むことによって新たな展望を切り開きたいと

いう強い意欲が感じ取れたことを記憶しております。

　それでは松本先生がお考えになっている5万年に及ぶ人類言語史の概略、およびそのなかでの日本語の位置について述べたいと思います。いまから15万年ほど前に最初の人類であるホモ・サピエンスがアフリカに誕生し、その後5万年前ほどから人類の出アフリカが始まりました。そのうちのアジアに向かうグループはユーラシア内陸グループと太平洋沿岸グループに分けられます。この2つのグループに所属する語族・言語群については本書の101頁の表1に示されています。日本語の祖先は太平洋沿岸グループの北方群（環日本海諸語）に含まれており、遅くとも2万5千年前には日本列島に到達し、環日本海言語圏の幕開けを迎えることになります。日本語と同じ北方群に含まれる言語としてはギリヤーク語（民族の自称ではニブフ語）、アイヌ語、朝鮮語の3つがあり、これら4つの言語は通常の意味での語族とは同一視できませんが、年代的にきわめて奥行きの深いところで繋がっている可能性が高い、と推定されます。さらに、太平洋沿岸グループは1万5千年ほど前に、千島、アリューシャン列島経由の沿岸ルートで北米西海岸に到達し、その後中米・南米の太平洋側を南下していった、とお考えになります。アメリカ太平洋語群に所属する言語・語群については、同じく101頁の表1に示されています。注目されなければならないのは、日本語系統論の歴史において、特に1960年代までは主流をなしていたアルタイ系諸言語（モンゴル語族）がこの太平洋沿岸グループに含まれておらず、ユーラシア内陸グループの中央群に位置づけられていることです。[6]

　前の段落で示した松本先生のマクロの視点からの構想は、単なる思いつきではなく、裏づけとなる根拠が示されています。そしてその根拠は、うえでふれた新しい方法論である言語類型地理論と遺伝子系統地理論の立場から引き出されるのです。このうち遺伝子系統地理論からの根拠については、最新の研究成果を取り入れたうえで綿密な分析を松本先生は試みられておられますが、それにコメントすることができるだけの分子生物学に関する知識を残念ながらわたしは持っておりません。ただ、古代世界にあっては、民族間の征服・被征服によって言語が吸収・同化・消滅する場合が数多くあったことが予想されますので、遺伝子の系統と言語の系統の地理的分布は必ずしも一致するとは限らない

と言うにとどめておきたいと思います[7]。

　他方、言語類型地理論からの根拠については、わたしにとっても興味深い知見が数多く示されています。松本先生は音韻・音節の構造や語順といった、従来の系統論で注目された表面的な現象ではなく、言語のもっとも基本的な骨格を形成する言語の内奥に潜む8つの類型的特徴に注目し[8]、これらの特徴が世界諸言語のなかでどのような現れ方をするのかを検証することによって、巨視的な立場からそれぞれの言語および言語群の位置づけを明らかにしようとされます。8つの類型的特徴の最初にあげられている流音のタイプについてですが、世界の言語はrと1を区別する複式流音型と日本語のように流音が一種類しかない単式流音型に大きく分けることができます。右で言及した日本語、ギリヤーク語（ニブフ語）、アイヌ語、朝鮮語からなる環日本海諸語はすべて単式流音型の特徴を示しています。他方、モンゴル語やチュルク語などのユーラシア内陸グループは複式流音型によって特徴づけられます。さらに日本語のような単式流音型は、ユーラシアの太平洋沿岸部だけでなく、ベーリング海峡を越えて南北アメリカの太平洋沿岸に分布しています[9]。太平洋をはさんでユーラシア大陸と南北アメリカ大陸の沿岸部という地理的分布を示すのは、単式流音型に限られているのではなく、形容詞用言型などの残りの7つの類型的特徴についてもほぼ重なりあうかたちで観察されます[10]。すなわち環太平洋沿岸に分布する言語は8つの類型的特徴をおおむね共有していることが明らかになります。この観察に基づき、日本語の母胎となった「環日本海言語圏」はそれよりはるかに広大な太平洋を取り囲む「環太平洋言語圏」の一部にほかならなかったと松本先生はお考えになります。

　ただよく知られていますように、たとえ言語の根底に横たわる特徴であっても、類型的特徴の一致が系統関係の一致と等価であるということにはなりません。たとえば、太平洋沿岸言語圏にふくまれる日本語とインドネシア語が共有する類型的特徴として重複形態法があげられていますが、それらの内実が異なっていることは明らかです。重複形態法のひとつの特徴として名詞の複数形をつくることがありますが、日本語「家々」とインドネシア語のrumahrumahでは語幹のieとrumahの形式がまったく異なりますので、同じ祖先に遡る同

源語ではありません。また、タガログ語では重複形態法によって動詞の未来形という文法的特徴も表わします。松本先生ご自身も、根源的な類型的特徴であっても言語接触などによる伝播・拡散という現象を免れないことを認識されておられます。

　そこで松本先生が新たに注目し、取り組まれたのは、人称代名詞の地理的分布です。人称代名詞は言語体系の中心的部分をなすためにほぼ普遍的にどの言語にも現われ、また言語間で借用されることがまれであるからです[11]。そして人称代名詞に関する調査を進められた結果、興味深い知見が示されています。すなわち、ユーラシア内陸グループでは1人称と2人称の基幹子音としてそれぞれ m-と t-が現われるのに対して、環太平洋言語圏では1人称基幹子音としてk-もしくは n-、2人称基幹子音として m-が顕著に現われるという指摘です[12]。

　そうしますと、環太平洋言語圏の言語がうえの8つの類型的特徴および人称代名詞の特徴をほぼ共有しているということは何を物語っているのでしょうか。わたしの理解では、かつてこれらの言語が環日本海言語圏において地域的に近いまとまりを形成していた時期に、1人称代名詞基幹子音が k-または n-、2人称代名詞基幹子音が m-という系統的と考えてよい特徴を備えていただけでなく、ひとつの言語の壁を越えて隣接言語に拡散していった8つの類型的特徴を共有していたと考えられます。後者については、ちょうどインド言語連合やバルカン言語連合のように言語の系統を越えて類型的特徴が収斂していったのに類似した状況です。そしてこれらの特徴を保持したまま、環日本海言語圏の一部の話し手は大規模な移動を行なった結果、環太平洋言語圏一帯に広がったと捉えることができるように思います。さらに、南北アメリカ大陸には先住民族がいなかったために、これらの特徴が言語接触によって失われることなく保持されたというふうに理解することが可能かと考えられます。

　松本先生が提出された5万年に及ぶ日本語の歴史の足跡は、伝統的な比較言語学の枠組みでは到達することのできない知見です。ポーランドが生んだ最大の言語学者であるクリウォーヴィッチは「祖語というものは無限に遡って再建することは不可能である。歴史的現実によって支えられる段階の再建で満足しなければならない。」と述べています[13]。この言葉が意味するのは、文献資料か

らの裏づけが得られる範囲を越えた再建は信頼性が失われるということです。これに対して松本先生は、語彙比較に基づく従来の比較方法に頼るかぎり日本語の起源は謎に包まれたままであろうと考え、言語類型地理論と遺伝子系統地理論というマクロの視点からの新しい方法を用いて、これまでの方法では手の届かないはるか遠い過去にさかのぼる日本語の歴史の輪郭を提示されました。またそれにより日本語の起源がおぼろげながら見えてきたように思われます。

　しかしながら、類型的特徴によって浮かびあがる輪郭だけではなく、その中身を具体的に知りたいと思う読者もいらっしゃると思います。また本書に収められた古代日本語についての3つの実証的な論文と比較しますと、松本先生の分析方法には演繹的な面もあり、諸言語の形式が必ずしも対応しないケースがあります。たとえば、環太平洋言語圏に属する言語のなかには2人称基幹子音として m-ではなく、k-、t-、n-、s-を持つものも見受けられます。そのような事情について理解を深めるにはマクロの視点だけでなく、ミクロの視点も重要になってくると思われます。さらに、環太平洋言語圏の類型的特徴のひとつとして単式流音型（rとlの区別がない）がありましたが、中米やアンデス地域ではrとlが区別される複式流音型になっています[14]。この複式流音の出現はおそらく支配者言語となったスペイン語の影響に起因すると考えられます。もとよりこの変化においては言語接触による影響を抜きにすることはできません。しかしながら、具体的にどのようなプロセスを経て単式流音型から複式流音型に移行したのか、その実態は明らかではありません。これに対して、たとえば印欧祖語には反り舌音はありませんでしたが、古代インドのサンスクリットにはみられます。サンスクリットの反り舌音の起源は隣接するドラヴィダ系言語からの影響とされますが、反り舌音がまず摩擦音に生まれ、その後閉鎖音にも広がったというプロセスは文献資料の分析を通して明らかにすることができます。このように、松本先生が提示された輪郭に肉づけをしていくような仕事が今後重要になっていくように思われます。

　最後に原始言語というものがはたして存在したかどうかという問題に言及しようと思います。人類がアフリカに誕生したとき、彼らが使用していた言語はどのような組織を持っていたのでしょうか？　いま世界で使用されている言語

に匹敵するような精巧な文法構造や規則をすでに持っていて、その単一の原始言語の話し手が地球全体に拡散した結果、現在 6 千とも 7 千ともいわれる数の言語が誕生したのでしょうか？　どの言語にも観察される類型的特徴は別にして、世界の言語にみられる文法構造や語彙構造の驚くべき多様性を考えるとき、すべての言語が単一の原始言語から発達したという見方にはやや無理があるように思われます。むしろ、原始言語は日常の簡単なコミュニケーションだけを可能にする単純な姿をしていて、人類がさまざまな地域に移動していった後になってはじめて複雑な組織を備えた言語が地球上の複数の地域に独立して誕生したと考えるほうが蓋然性の高い見方といえるかもしれません。このように考えることによって、世界の言語が示している著しい多様性にもかかわらず、その多様性がひとつの語族のなかで一定のまとまりがあるという事実がよりよく説明されるように思えます。しかしながら、これはひとつの断想以上の何ものでもないことは言うまでもありません[15]。

【注】

1　このシンポジウムの記録は日本言語学会の機関紙である『言語研究』120 号（2001）の 89-130 頁、および 121 号（2002）の 107-130 頁にまとめられています。

2　『世界言語への視座―歴史言語学と言語類型論』（2006）三省堂、『世界言語のなかの日本語―日本語系統論の新たな地平』（2007）三省堂、『世界言語の人称代名詞とその系譜―人類言語史 5 万年の起源』（2010）三省堂。

3　比較方法の目標と具体的な手続きについては、拙著『言葉を復元する―比較言語学の世界』（1996、三省堂）の第 2 章、および『比較言語学の視点―テキストの読解と分析』（2005、大修館書店）の第 2 章で解説されています。

4　Meillet, Antoine (1937) *Introduction à l'étude comparative des langues indo-européennes.* huitième edition. Paris: Hachette の 30 頁を参照。

5　Jasanoff, Jay H. (2003) *Hittite and the Indo-European Verb.* Oxford: Oxford University Press の 28 頁を参照。

6　101 頁の表 1 を参照。

7　系統問題は、基本的には言語事実のみから実証的に結論を出さなければならないという立場は、チベット・ビルマ語説を提唱された西田龍雄氏も強調されています。月刊『言語』第 5 巻第 6 号（1976）の 74 頁を参照。

8　ただし、名詞の類別タイプを名詞類別と数詞類別に下位分類すれば、類型的特徴は 9 つになります。130 頁の付属資料の別表 1 を参照。

9　131 頁の付属資料の地図 1 を参照。

10　131・132 頁の付属資料の地図 2 と地図 3 を参照。

11　ただし、英語の they、their、them がヴァイキングの時代に北欧語から借用されたといった事例もあります。

12　104 頁の表 2 および 105 頁の表 4 を参照。

13　Kuryłowicz, Jerzy (1964) *The Inflectional Categories of Indo-European.* Heidelberg: Carl Winter の 58 頁を参照。

14　松本論文の付属資料の地図 1 を参照。

15　原始言語が存在しなかったという可能性については、R. M. W. ディクソン著、大角翠訳『言語の興亡』（2001、岩波書店）の 91-92 頁にも述べられています。

第3章　古代日本語動詞の歴史的動向から推測される先史日本語

釘　貫　　亨

はじめに

　古代日本語とは、8世紀の奈良時代語から11世紀の平安時代語までを指す。古代語の時期区分は、政治史の古代と一致するが本稿の立場は必ずしもそれをなぞったものではない。日本列島の文字資料は5世紀から点在する。その多くは刀剣や鏡、仏像の台座や光背などの金属器に彫り込まれた銘文である。これらを金石文と呼んでいる。金石文の文章様式は、漢文すなわち中国古典文であり、そこに見られる日本語的特徴は、人名や地名などの固有名詞を仮名表記したものであり、当時の日本語を体系的に再現することは出来ない。一時代の言語の状態を復元するために十分な量を伴った資料群が姿を現すのが8世紀奈良時代である。奈良時代語資料によって始めて、名詞、動詞、形容詞などの一般的語彙、助動詞（以下本稿ではこれを活用する助辞の意味で活用助辞という場合がある）、助詞（以下非活用助辞という場合がある）などの文法形態が、万葉仮名によって豊富に観察されるようになる。奈良時代語の最大の資料が『万葉集』である。奈良時代語と平安時代語との間には歴史的変遷が存在するが、両者を併せて古代日本語として一括する一定の根拠がある。それは平安時代語が先史時代以来継続してきた古代日本語形成の完成態であると見られるからであり、後の時代と断絶して奈良時代語と平安時代語は文法体系がよく似ている。

　動詞四段活用、上下二段活用、変格活用、係り結び、終止形終止の維持、形容詞のク活用とシク活用等、古代語の形態は、鎌倉時代語から現代語に至るまでの諸特徴と一線を画している。8世紀は、日本が文明化した時期でもあり、大きな社会変動を経験した。このような時代は、言語も変動し（例えば室町期京都語や明治期東京語の成立）、日本語にとって古典古代語の形成期であった。

言語の変動は、経験的には新しい単語の登場という形で現れる。我々に時代の変遷を鮮やかに実感させるのが新しい名詞の登場である。名詞は、身の回りの世界の名称目録のような性格を持つから、言語使用者にとってこのような実感は当然のことである。しかし、名詞の改廃がいかに激しいものであろうと、それ自体は言語の体系の根幹に変化を与えない。問題は、単語の形態に文法の仕組みが張り付いている品詞に変動が起きたときに言語体系の根幹が揺さぶられるのである。日本語にとって動詞、形容詞、形容動詞、活用助辞といった述語を構成する要素がそれらの品詞群である。本稿では、日本語が経験した最初の大変動である古代語形成期の様相を動詞増産とこれに関連する文法的単位の変質に焦点を絞って、その特徴を明らかにする。

1　動詞から動詞を作り、多くの要素から動詞を作る。

　古代日本語において、動詞は新しい別の動詞を産み出し、他品詞の多くの単語を資源として新動詞を産出した。その痕跡は、単語の形態上の特徴となって表れている。

　「荒る→荒らす」「別く→別かる」「語る→語らふ」「取る→捉らふ」のように、動詞が形を変えて語幹部に入り込んで新しい動詞を産み出した。「取る→取り持つ」「打つ→打ち越ゆ」のように連用形に別の動詞を重ねて複合動詞を産んだ。「荒」「神」「悲し」のような名詞や形容詞を語幹にして「荒・ぶ」「神・ぶ」「悲し・ぶ」のような語幹と語尾の関係が分析的な動詞群を産出した。「つく→たたな・づく」「たつ→際・だつ」のように接尾辞となって多数の接尾辞動詞を作った。接尾辞を駆使した動詞群は、平安王朝文芸をおびただしい語彙で特徴付けている。また、動詞は別の品詞の造語資源となることもあった。「包む→つつまし」「巧む→たくまし」のように動詞が語幹部に入り込んでシク活用形容詞を産んだ。「舞ふ→舞ひ」「見る→（国）見」のように動詞連用形を名詞に転用した。

　奈良時代語における動詞の造語に関して、最も文法的に活発な働きを見せたのが存在の意味を表す動詞アリである。アリは、動詞連用形・テに接して「咲

きテアリ→咲きタリ」のような完了の活用助辞を、動詞連用形に直に接して「咲きアリ→咲け・リ」のような完了・存続の活用助辞を、格助詞ニに接して「家ニアリ→家なり」のような断定の活用助辞ナリを形成し、ここから平安時代に状態性体言に接して「遙かなり、豊かなり」のような形容動詞を産出した。アリは形容詞連用形に接続して「美しくアリ→美しかり」「高くアリ→高かり」のようなカリ活用形容詞（形態上は動詞）を生んだ。完了・存続の助辞リ、完了の助辞タリと断定の助辞ナリは、古代語文法体系を代表する活用助辞（いわゆる助動詞）であり、接続する語彙の多さからみて、古代語形成に大きな影響を与えたと考えられる。また、ナリが関与して成立した新品詞である形容動詞は、古代語の形容詞の語彙不足を補った。ナリは、古代語において、主語と述語を繋ぐ欧語のコピュラ copula（英語で言えば be 動詞）に相当する役割を果たしたと考えられるので、ナリを生んだ存在動詞アリは古代語の述語構造を最終的に完成させた主たる文法要素であった。

　またナリと並んで大きな造語機能を発揮したものとして動作を一般的に表示するサ変動詞スの存在が注目される。ナリが世界の存在認識を基礎にしながら外在世界に関する認知を抽象的に表示するのに対して、スは、世界に対して動的に働きかけることを抽象的に表示する役割を果たすのである。このような性格によってスは「す→愛す、かなしうす」のような漢語サ変動詞や和語サ変動詞を多数産出した。

　我々は、動詞の派生に関する形態上の痕跡を手がかりにして、日本語内部の歴史的な諸関係を再建することが出来る。本稿では動詞のすぐれた造語生産性に注目して、これが古代日本語形成の主要な動力源となったことを明らかにする。

　日本語動詞の特徴として、自動詞と他動詞の区別が形態上に現れていると言われる。それが自他の対応と呼ばれる現象である。「切る（他）―切れる（自）」「移る（自）―移す（他）」「立つ（自）―立てる（他）」など多くの対応が現代日本語において観察される。実はこのような形態的対応は、奈良時代語から存在し、三種類の対応が見出される。以下に挙げる自他対応例は、奈良時代語資料から取り出される全例である。

1 動詞から動詞を作り、多くの要素から動詞を作る。

第Ⅰ群動詞（活用の種類による対応）

　　人る四段（自）―いる下二段（他）　垂る四段（自）―たる下二段（他）

　　浮く四段（自）―うく下二段（他）　退く四段（自）―そく下二段（他）

　　任く四段（自）―まく下二段（他）　泣く四段（自）―なく下二段（他）

　　付く四段（自）―つく下二段（他）　向く四段（自）―むく下二段（他）

　　佩く四段（自）―はく下二段（他）　逢ふ四段（自）―あふ下二段（他）

　　添ふ四段（自）―そふ下二段（他）　這ふ四段（自）―はふ下二段（他）

　　伏す四段（自）―ふす下二段（他）　染む四段（自）―しむ下二段（他）

　　止む四段（自）―やむ下二段（他）　立つ四段（自）―たつ下二段（他）

　　満つ四段（自）―みつ下二段（他）　並む四段（自）―なむ下二段（他）

　　つつく四段（自）―つつく下二段（他）　かづく四段（自）―かづく下二段（他）

　　なつく四段（自）―なつく下二段（他）　つどふ四段（自）―つどふ下二段（他）

　　います四段（自）―います下二段（他）　きはむ四段（自）―きはむ下二段（他）

　　へだつ四段（自）―へだつ下二段（他）　とよむ四段（自）―とよむ下二段（他）

　　しづむ四段（自）―しづむ下二段（他）　ならぶ四段（自）―ならぶ下二段（他）

　　なぐさむ四段（自）―なぐさむ下二段（他）　さきはふ四段（自）―さきはふ下二段（他）

　　まつろふ四段（自）―まつろふ下二段（他）

　　切る四段（他）―きる下二段（自）　焼く四段（他）―やく下二段（自）

　　解く四段（他）―とく下二段（自）　おくる四段（他）―おくる下二段（自）

　　はらふ四段（他）―はらふ下二段（自）

　　なぐ上二段（自）―なぐ四段（他）

第Ⅱ群動詞（語尾の相違による対応）

　　成る（自）―なす（他）　鳴る（自）―なす（他）　寄る（自）―よす（他）

　　越ゆ（自）―こす（他）　死ぬ（自）―しす（他）　余る（自）―あます（他）

　　移る（自）―うつす（他）　隠る（自）―かくす（他）　かへる（自）―かへす（他）

　　下る（自）―くだす（他）　流る（自）―ながす（他）　残る（自）―残す（他）

　　渡る（自）―わたす（他）　上る（自）―のぼす（他）　わしる（自）―わしす（他）

　　過ぐる（自）―すぐす（他）　緩ふ（自）―ゆるす（他）　広る（自）―ひろむ（他）

　　離る（自）―はなつ（他）　変はる（自）―かはす（他）

　　あらはる（自）―あらはす（他）　もとほる（自）―もとほす（他）

　　あやまる（自）―あやまつ（他）

第Ⅲ群動詞（語幹増加とル・ス語尾付接）

［他動化派生］

　　乾（自）―ほす（他）　寝（ぬ）（自）―なす（他）　荒る（自）―あらす（他）

　　出ず（自）―いだす（他）　枯る（自）―からす（他）

　　馴る（自）―ならす（他）　散る（自）―ちらす（他）　古る（自）―ふるす（他）

　　濡る（自）―ぬらす（他）　解る（自）―ぬらす（他）　暮る（自）―くらす（他）

　　照る（自）―てらす（他）　明く（自）―あかす（他）　沸く（自）―わかす（他）

　　尽く（自）―つくす（他）　過ぐ（自）―すぐす（他）　穿く（自）―うかつ（他）

　　起く（自）―おこす（他）　逢ふ（自）―あはす（他）　飛ぶ（自）―とばす（他）

　　栄ゆ（自）―はやす（他）　果つ（自）―はたす（他）　潰く（自）―つかす（他）

　　生ふ（自）―おほす（他）　替ふ（自）―かはす（他）

　　散ぶる（自）―はぶらす（他）　巡る（自）―めぐらす（他）

　　楽ぐ（自）―うらかす（他）　狂ふ（自）―くるほす（他）

　　足らふ（自）―たらはす（他）　響む（自）―とよもす（他）

　　靡く（自）―なびかす（他）　悩む（自）―なやます（他）

　　にほふ（自）―にほはす（他）　滅ぶ（自）―ほろぼす（他）

　　惑ふ（自）―まとはす（他）　揺らく（自）―ゆらかす（他）

［自動化派生］

　　掛く（他）―かかる（自）　別く（他）―わかる（自）　上ぐ（他）―あがる（自）

　　曲ぐ（他）―まがる（自）　障ふ（他）―さはる（自）　をふ（他）―をはる（自）

　　生む（他）―うまる（自）　籠む（他）―こもる（自）　寄す（他）―よそる（自）

　　懸く（他）―かかる（自）　離（さ）く（他）―さかる（自）　任く（他）―まかる（自）

　　別く（他）―わかる（自）　替ふ（他）―かはる（自）　敷く（他）―しきる（自）

　　貯む（他）―たまる（自）　止む（他）―とまる（自）

　　やすむ（他）―やすまる（自）　くくむ（他）―くくもる（自）

かがむ（他）―かがまる（自）　重ぬ（他）―かさなる（自）

結ぶ（他）―むすぼる（自）

　これらの動詞群は何れも奈良時代語に共存、混在しているので、これだけで
は三つの形式の歴史的諸関係が明らかではない。8世紀より前の日本語資料は、
極度に貧弱な様相を呈し、先史時代の日本語の状態は、8世紀の資料によって
推定するほかないのである。上の異なった自他対応形式は、歴史的に積み上
がって相互に共存した状況を反映すると見られる。というのは、自他表示の積
極性、派生にかかる造語生産性から見て、ⅠⅡⅢの順序で改善され、造語力を
増やしてきたと考えられるからである。第Ⅰ群動詞の音節数の少なさもこの形
式の古態を推測させる。そしてⅠⅡⅢの順での歴史的成立を仮定することに
よって平安時代以後の事態をよく説明できるのである。第Ⅱ群と第Ⅲ群の標識
は、ル（自動詞）ス（他動詞）という積極的なものであるが、特に第Ⅲ群動詞
の数が最大であり、平安時代以後も産出力が衰えない。第Ⅱ群動詞は、自他表
示において合理的であるが、もとの形がル語尾かス語尾かに限定される。この
点第Ⅲ群動詞は、ル・ス・ズ・ク・グ・フ・ムなどあらゆる語尾形態動詞群の
自他派生の要求に応ずることの出来る潜在的生産力を持っており、事実第Ⅲ群
動詞の数が最も多いのである。

　第Ⅱ群と第Ⅲ群の自他対応は、奈良時代において盛んに増産されていた。そ
の結果、語尾ル＝自動詞、語尾ス＝他動詞の標識は、受け身助辞ル・ラルと使
役助辞ス・サスを類推的に形成した。受け身と使役の助辞は、奈良時代語では
ユ・ラユとシムによって担われたが、平安時代初めにル・ラルとス・サスに交
替した。これは、「移る―移す」のように語尾ル―スを標識とする自他対応を
中軸にして受け身と使役にシンメトリカルに展開する体系である。このような
歴史的な交替は、第Ⅱ群と第Ⅲ群動詞の標識の合理性と旺盛な産出力を想定す
ることによって説明することが出来るのである。第Ⅱ群と第Ⅲ群のル―スで標
識される自他対応に類推してル・ラルとス・サスが形成され、先史以来の受け
身助辞ユ・ラユと使役助辞シムを駆逐したのである。これによって「切られる
（受け身）―切れる（自）・切る（他）―切らせる（使役）」と自他を基軸にして
受け身と使役に展開する独自の体系は、現代語に継承されている。この体系は、

動詞を取り込んで新しい動詞を産む古代語の造語法によって完成した。自他対応第Ⅲ群のような語幹増大型の動詞造語法は、奈良時代語において、動作や作用の反復継続の意味を添えるフ語尾動詞の派生が知られる。次に挙げるのは、奈良時代語資料において観察される派生例である。

（a）打つ→うたふ　住む→すまふ　伝つ→つたふ　向く→むかふ　曲ぐ→まがふ　呵る→ころふ　付く→つかふ　叩く→たたかふ　切る→きらふ　移る→うつろふ　祈ぐ→ねがふ　呼ぶ→よばふ　取る→とらふ　寄す→よそふ　流る→ながらふ　照らす→てらさふ　語る→かたらふ　休む→やすもふ　奉る→まつろふ　誇る→ほころふ

このようなフ語尾動詞の分析的性格に注目して、フを反復継続の意味を表す助動詞とする説もあった。山田孝雄は、いわゆる「助動詞」を単語とは認めず、動詞語尾が復雑に発達した二次的な語尾である「複語尾」とした。山田の複語尾論は、理論的に提案されたものであるが複語尾の歴史的形成過程にも適用可能である。学校文法が言う「助動詞」の中には、受身使役「る・らる」「す・さす」のように動詞語尾から派出した形態が存在する可能性があるのである。

ところで奈良時代の終わりには、体言・形容詞・語根的単位を語幹にして単音節の語尾を接する分析的な造語法が発達した。

（b）あら（荒）ぶ・あらは（顕）る・あむ（浴）す・うら（心）む・うれし（嬉）ぶ・かしこ（畏）む・かた（固）む・きは（極）む・きよ（清）む・くぼ（窪）む・さだ（定）む・しわ（皺）む・くるし（苦）む・うと（疎）ぶ・かむ（神）ぶ・くし（奇）ぶ・かなし（悲）ぶ・かづら（蔓）く・いそ（争）ぐ・うな（項）ぐ・さや（乱）ぐ・うら（心）ぐ・たひら（平）ぐ・いほ（庵）る・くも（雲）る・ひろ（広）る・くび（首）る・かぶ（頭）す・きら（霧）す・あらは（顕）す・いそ（争）ふ・うら（占）ふ・うれ（憂）ふ・うた（歌）ふ・かぞ（数）ふ・しげ（繁）る・たけ（建）ぶ・たふと（貴）ぶ・たふと（貴）む・たわ（曲）む・つな（綱）ぐ・とが（咎）む・とどろ（響）く・ともし（乏）ぶ・ともし（乏）む・とよ（響）む・とを（曲）む・にき（柔）ぶ・にく（悪）む・にこ（和）む・にへ（贄）す・ひひ（疼）く・ひろ（弘）む・

　　　ふか（深）む・ふた（蓋）ぐ・ふる（古）す・ほり（欲）す・まくら
　　　（枕）く・まね（倣）ぶ・みやこ（都）ぶ・みや（宮）ぶ・やす（安）
　　　む・ゆら（鳴）く・ゆる（緩）す・ゆる（緩）ふ・よこ（讒）す・よど
　　　（淀）む・よよ（斜）む・わなな（慄）く・わぶ（侘）る・をのの（慄）
　　　く

　上記例のうち、例えば語尾ムを持つ動詞が「いさむ・うらむ・かたむ・きわ
む・きよむ・さだむ・にくむ・ひろむ」等、意志動詞あるいは感情動詞に偏る
のに気づくだろう。意志あるいは感情動詞に偏在するこのようなム語尾が意志
推量のム、ラム、ケムなどム系活用助辞の成立と関連する可能性がある。ム語
尾は、意志性を表示することを目的として選択されている。上に挙げた動詞群
の語幹部を形成する品詞に注目すると、「あら・あらは・かた」などの状態性
体言のほか、「うれし・かなし・くるし」などの形容詞、「かむ・かづら・く
び・うた」などの名詞、「ひひ・ゆら・をのの」のような擬態語、「あむ・わ
ぶ」などの動詞に及んでいる。動詞を造語する際、広範囲に資源が取られてい
ることが知られる。

　奈良時代語から見いだされる語幹と語尾が分析的な動詞造語法は、バム・ダ
ツ・ヅク等の複数音節の接尾辞を駆使する動詞造語法の先駆けを成すものであ
る。何故なら、これらの接尾辞を付した動詞群の語幹部もまた、同様に語幹部
に名詞・状態性体言・形容詞・動詞から構成されているからであり、語幹と接
尾辞の関係は離散的で分析的である。古代語の動詞接尾辞に注目した阪倉篤義
によれば、接尾辞の付く「語基」の部分の品詞は、名詞、語根、形容動詞語幹
（状態性体言）、副詞、形容詞、動詞に及んでいるという[1]。既存の動詞だけに資
源を求める造語法に比べて、より広く派生資源を確保している分析的造語法が
生産性が高くなるのは言うまでもない。次に挙げる語群は、奈良時代語から採
集された接尾辞動詞である。

　（c）あき（秋）づく・おい（老）づく・ちか（近）づく・かた（方）づく・
　　　たたな（畳）づく・いろ（色）づく・さき（先）だつ・あさ（朝）だ
　　　つ・ひひ（疼）らく・しみ（茂）さぶ・かみ（神）さぶ・うまひと（貴
　　　人）さぶ・をとこ（男）さぶ・をとめ（乙女）さぶ・やま（山）さぶ・

かち（勝）さぶ・うづ（貴）なふ・おと（響）なふ・いざ（率）なふ・つみ（罪）なふ・とも（伴）なふ・まか（賄）なふ・に（丹）つらふ・いひ（言）づらふ・ひこ（引）づらふ

上のうち、ヅク動詞、ダツ動詞、ナフ動詞は四段活用、サブ動詞は上二段に集中しており、意味も状態性を中心に共通性を持っている。同一時代語において意味も形態も共通する動詞群は、近接した時期にまとまって成立した可能性が高いと考える方が合理的である。接尾辞を駆使した造語法は、平安時代において飛躍的な発達を見た。次に挙げるのは平安時代語資料に見いだされる接尾辞動詞であるが、本稿では、当代に発達した接尾辞カス・ダツ、メク、ヤク（ヤグ）・バム・ガルを伴う動詞の例を挙げる。

［カス動詞］

（d）あそばかす・あらはかす・おくらかす・おびやかす・おぼらかす・くさらかす・くゆらかす・くるはかす・ししこらかす・しづらかす・すべらかす・せせらかす・そそのかす・さかやかす・たぶらかす・たぎらかす・とらかす・にほはかす・はふらかす・ひやかす・ふけらかす・まどはかす・まはかす・まぎらかす・まろがす・まろばかす・めぐらかす・わらはかす

上記の諸語の語幹部は、動詞が圧倒的に多いが、状態性体言（あらは等）、名詞（まろ等）なども取り込んでいる。語幹に取り込まれている動詞は、「あそぶ・おくる・おびゆ・おぼる・くさる・くゆる・くるふ・すべる・たぎる・にほふ・はふる・ひゆ・ふける・まどふ・まぎる・まろぶ・めぐる・わらふ」であるが、殆どが自動詞であり、カス接尾辞はこれらを他動詞化もしくは使役動詞化したと考えられる。カス派生動詞は、中世から近世にかけてある程度造語されたが、今日、中央語に残存しているものは多くない。現代語では、カス派生動詞は、悪影響を及ぼす意味に強調点があり（あまやかす・おどかす・おびやかす・かどわかす・しでかす・ひけらかす・冷やかす等）、他動化形式ではあるが意味的に中立ではない。この形は、「おどろく→おどろかす」「かはく→かはかす」等ク語尾動詞他動化第Ⅲ群形式から接尾辞カスを異分析したものであろう。使役助辞としてカス接尾辞は、体系的に機能していない。方言形を含めた

現代語カス型動詞を形成した歴史的経緯は研究するに値する。

［ダツ動詞］

（e）あけだつ・あはだつ・あらだつ・あやにくだつ・いよだつ・いまやう
だつ・うしろみだつ・うすやうだつ・うちはしだつ・うひだつ・えん
だつ・おほきみだつ・おやだつ・かたきだつ・かへりだつ・かたびら
だつ・うるはしだつ・きたおもてだつ・きよげだつ・きりかけだつ・
くさだつ・けいしだつ・けさうだつ・けしきだつ・けしからずだつ・
かへりまうしだつ・こころだつ・こうちぎだつ・こまだつ・さはだ
つ・さかしだつ・さかしがりだつ・しびらだつ・じやうらふだつ・す
のこだつ・ただびとだつ・たびびとだつ・ちゆうじやうだつ・つれだ
つ・そばだつ・なさけだつ・なみだつ・なかだつ・のわきだつ・はか
なだつ・はらだつ・ひじりだつ・ひするだつ・ひとだつ・びやうぶだ
つ・ふしだつ・ほふふくだつ・まめだつ・みみだつ・めのとだつ・め
ひだつ・むらさきだつ・むれだつ・めしうどだつ・もののけだつ・も
ろこしだつ・やさしだつ・やまぶしだつ・ゆゑだつ・ゆふだつ・わか
だつ・わたどのだつ・わかやぎだつ・わざとだつ・ゐなかだつ・ゐな
かいへだつ・をひだつ

　上記の語例における語幹部は、名詞、形容詞、形容詞語幹、状態性体言、動
詞連用形、「わざと」のような句にも及んでいる。

［メク動詞］（四段活用）

（f）あきめく・あだめく・いまめく・いりめく・いろめく・えびすめく・
おごめく・おもほしびとめく・おぼめく・おやめく・かかめく・かど
めく・からめく・きしめく・きつねめく・きらめく・くるめく・こそ
めく・こほめく・ことさらめく・ことめく・こめく・さめく・さうぞ
めく・さらめく・さかしらめく・ささめく・ししめく・しなめく・し
がくめく・しぐれめく・じやうずめく・せんじがきめく・そそめく・
そよめく・そらめく・つくりごとめく・つつめく・つやめく・てうど
めく・ときめく・とのゐびとめく・とどめく・とろめく・なまきんだ
ちめく・なまそんわうめく・なまめく・はためく・はなめく・はるめ

く・はらめく・ひすましめく・ひとかずめく・ひとのおやめく・ひと
めく・ひらめく・ひろめく・ひしめく・ひとへめく・ふためく・ふみ
めく・ふゆめく・ふるめく・ほとめく・ほそびつめく・ほのめく・む
かしものがたりめく・むくめく・もののけめく・もののつみめく・も
のめく・もののへんぐゑめく・やせからめく・やまがつめく・やまざ
とめく・よしめく・ゆらめく・よのひとめく・よぶこどりめく・らう
めく・れいのひとめく・わかきんだちめく・わかれめく・わざとめ
く・をめく・をこめく

　上の語例の語幹部は、名詞、擬音語擬態語、状態性体言、動詞連用形、「わ
ざと」のような句に及んでいるが、主たる語源は名詞と擬音語擬態語である。
［ヤク（ヤグ）動詞］（四段活用）

　（g）あざやぐ・かかやく・けざやぐ・こまやく・ささやく・さはやぐ・し
　　　めやぐ・そそやぐ・そびやぐ・すみやく・たをやぐ・つつやく・つぶ
　　　やく・はなやぐ・ほそやぐ・めでやぐ・わかやぐ

　上の語例の語幹部は、「あざ・かか・こま・さは・しめ」等の非自立的語根
を始めとして、「はな」のような名詞、「ほそ・わか」のような形容詞語幹、
「めで」のような動詞連用形などである。

［バム動詞］（四段活用）

　（h）あかばむ・あざればむ・あてばむ・うちまぎればむ・おいばむ・きば
　　　む・くろばむ・けさうばむ・けしきばむ・かればむ・こころばむ・さ
　　　ればむ・ざればむ・しらばむ・しればむ・すきばむ・ちりばむ・なさ
　　　けばむ・なえばむ・ぬればむ・ほとりばむ・やつればむ・ゆゑばむ・
　　　よしばむ・をかしばむ

　上の諸例の語幹部は、名詞、状態性体言、擬態語、動詞連用形、形容詞等で
ある。

［ガル動詞］

　（i）あるじがる・あはれがる・あさましがる・あやふがる・あやにくが
　　　る・あたらしがる・あやしがる・いとほしがる・いぶかしがる・いた
　　　がる・うしろめたがる・うるさがる・うれしがる・うつくしがる・え

んがる・おやがる・おぼつかながる・おそろしがる・かしこがる・か
たはらいたがる・からがる・きようがる・くやしがる・くちをしが
る・くるしがる・こはがる・こころもとながる・こころづよがる・こ
とよがる・こころぐるしがる・ざえがる・さかしがる・さむがる・さ
かしらがる・しふねがる・すがる・せうそくがる・たふとがる・つよ
がる・なやましがる・なさけがる・にくがる・ねたがる・ねんごろが
る・はづかしがる・はかばかしがる・ふくつけがる・ほしがる・まう
のぼらまほしがる・みぐるしがる・めざましがる・めづらしがる・も
のゆかしがる・やさしがる・やうがる・やぶさがる・ゆかしがる・わ
づらはしがる・をかしがる

　上の語例の語幹部は、名詞、状態性体言、形容詞、形容詞語幹、副詞から
「まうのぼらまほし」のような句に及んでいる。多くは、心的意味を表す形容
詞と形容詞語幹である。ガル接尾辞動詞は、多く形容詞を語幹に丸ごと取り込
んで心的欲求を感情動詞として表示する造語法であった。

　上に挙げた平安時代出現の接尾辞動詞群のうち、現代語に継承されている語
を探せば、その数は意外なほど限られていることに留意せざるを得ない。奈良
時代語の自他対応動詞群、作用継続の意味を表すフ語尾動詞群、単音節語尾動
詞群の多くが現代語に継続して使用される基本語彙を多く含んでいることと比
較して、この時期の接尾辞動詞の「歩留まり」の悪さは印象的である。平安王
朝文芸を彩った接尾辞動詞のかなりの部分は、臨時的膨張的に造語されて中世
以後急速に収縮したと考えられる。接尾辞の創出によって多量の使い捨て可能
な動詞群が産出されたのである。

　平安時代に出現した接尾辞動詞の多くが中世以後捨てられた事実は、動詞派
生を中心に発達した奈良時代以来の造語が満杯状態に達したことを示している。
自他対応、作用継続のフ語尾動詞など動詞が動詞を生む古代前期の派生法と語
幹と語尾・接尾辞の関係が分析的で離散的な動詞群を産出する古代後期の造語
法との違いは、前者がもとの動詞を基礎にして、一般的意味に対応する―ル、
―ス、―フのような特徴的形態（自他、作用継続等）を施した動詞造語法であ
るのに対して、後者は共通の意味範疇を語尾や接尾辞として前提的に表示し、

より広い品詞群から資源を得て集合化する造語法であった。動詞が動詞を生む前者のような派生において、派生語ともとの語とは緊密な関係を維持しながら同じ時代に共存し、しかも派生語動詞相互は自他対応のように共通の文法的範疇によって相互に強く関連し合うのである。これに対して、接尾辞をもとにして作られた動詞において、接尾辞と接尾辞動詞は確かに関連を有するが、例えば「あやにくがる」の「あやにく」と「がる」のような接尾辞と語幹の関係は個別的であり、他のガル動詞との間の文法的関与性が弱い。古代前期の造語法が歴史的耐久性の強い基本語彙を多く含み、後期のそれが臨時一語を多く含むのはここに要因がある。

　現代語において依然として高い産出力を維持する造語法は、和語、漢語、外来語を語幹として語尾スルを接するいわゆるサ変動詞群と複合動詞である。前者は平安時代以来の漢語、和語サ変動詞の造語法を継承する。これらの動詞群は、接尾辞動詞と同じように語幹部の交代が容易であり、語の改廃に利便性がある。これらと似た改廃容易な造語法として動詞連用形に別の動詞が接する造語法がある。これが「取り持つ（仲介する、の意味）」のように前項と後項の意味が熟合したものであるが、このような性格の動詞を複合動詞と呼んでいる。最近の説では複合動詞は奈良時代語から存在したと言われている[2]。しかし、それでも数は少ないと思われ、複合動詞が本格的に発達してくるのは平安時代以後であるとみられる。

2　動詞から形容詞を作る

　奈良時代語には動詞を資源にして形容詞を産出する形態的システムが存在した。古代語の形容詞には、「高し・青し・硬し」のようにク・シ・キ・ケレと変化するク活用と「美し・麗し・苦し」のようにシク・シ・シキ・シケレと変化するシク活用があるが、動詞から派生した形容詞はもっぱらシク活用を取った。以下は、奈良時代語における動詞から派生したシク活用形容詞の例である。
　　（ｊ）あさまし（浅む）、いたぶらし（いたぶる）、いつくし（厳く）、いとほ
　　　　し（厭ふ）、いきどほろし（憤る）、うるはし（潤ふ）、うらめし（恨む）、

およし（老ゆ）、かからはし（関らふ）、かたまし（固む）、くすばし（奇しぶ）、くるほし（狂ふ）、おもほし（思ふ）、こひし（恋ふ）、こほし（恋ふ）、くやし（悔ゆ）、たたはし（称ふ）、たのもし（頼む）、つからし（疲る）、なみだぐまし（涙ぐむ）、なつかし（懐く）、なやまし（悩む）、はづかし（恥づ）、まきらはし（紛らふ）、めだし（愛づ）、めづらし（愛づ）、やさし（痩す）、ゆるほし（緩ふ）、わびし（侘ぶ）、ゑまはし（笑まふ）、よろし（寄る）、よろこばし（喜ぶ）

　奈良時代語では、ク活用形容詞が状態的意味を、シク活用が情意（感情）的意味を表すことが多いとされるが、それは上に挙げたような感情的意味を持つ動詞からまとまってシク活用形容詞が作られたことによる。[3]このような造語法は、古代語における感情形容詞の不足を補った。感情動詞を資源にして感情的意味を持つシク活用形容詞を産出する上のようなシステムは、平安時代以後も旺盛な造語力を見せた。

　以下、平安時代語に見いだされる感情動詞派生のシク活用形容詞の例である。

（k）あなづらはし（あなづらふ）、いさまし（勇む）、いそがし（急ぐ）、いつかし（いつく）、いとはし（厭ふ）、いどまし（挑む）、いろめかし（色めく）、うたがはし（疑ふ）、うとまし（疎む）、うらさびし（うらさぶ）、うらやまし（羨む）、うれはし（うれふ）、おごらはし（驕らふ）、おそろし（恐る）、おだし（おづ）、おどろかし（驚く）、おぼめかし（おぼめく）、おもはし（思ふ）、かかやかし（輝く）、けしきばまし（気色ばむ）、すさまじ（すさむ）、つつまし（包む）、わづらはし（煩らふ）、このまし（好む）、たくまし（巧む）、なげかし（嘆く）、なづまし（なづむ）、なまめかし（なまめく）、なまめかはし（なまめかふ）、まぎらはし（まぎらふ）、めざまし（めざむ）、なれなれし（馴る）、にほはし（匂ふ）、ねがはし（願ふ）、はえばえし（栄ゆ）、はらだたし（腹立つ）、ふさはし（ふさふ）、むつまじ（むつむ）、むねつぶらはし（むねつぶらふ）、やまし（病む）、ゆかし（行く）、よろこばし（喜ぶ）、よろこぼはし（よろこぼふ）、わざとめかし（わざとめく）、ゑまし（ゑむ）

　形容詞未然形は、学校古典文法では「高から（ズ）（ム）」などという形を配

されているが、これは、「高く・アラズ」「高く・アラム」という存在動詞の否
定形や推量形を借りたもので形容詞自体を打ち消したり、推量したりすること
が出来ない。現代語では「高くない」「高いだろう」という形で否定形・推量
形が存在する。また、連用形は「高く」という形を与えられているが、動詞の
ように連用形機能を利用して複合動詞を産出するのと同様の複合形容詞（＊あ
さくいやし）を作り出すことがなかった。形容詞連用形は、連用形の名に値し
ない。それは、単純な副詞形に過ぎないからである。「強く叩け。」の文の場合、
副詞である「強く」がなくても最低限の伝達が成立するのである。よって副詞
である形容詞連用形は、文を構成し、必要最低限の伝達を実現するための必須
の構成要素である文法項とはなり得ない。このように形容詞の活用は、動詞の
活用と比べて貧弱にしか働かず、動詞からの補助が必要であった。

　日本語には形容詞から形容詞を産出する自己完結的なシステムは存在せず、
形容詞を増やすためには、形容詞ではなく最初から名詞（高・青・固・心・事
など）や動詞など他品詞に資源を求めざるを得なかった。したがって形容詞は、
語幹を構成するもとの名詞や動詞とは個別に関連を持つが、形容詞間の関係は
疎遠で分散的であった。その結果、古代語の形容詞語彙は散漫で非体系的な集
合体となった。古代語の形容詞が入れ替わりが激しく、歴史的耐久力が弱いの
はこのためである。形容詞間の関係が散漫であるが故に、形容詞は恒常的な語
彙不足に陥った。そこで「駿河ニアル冨士」のような存在表示から「駿河ナル
冨士」のような縮約変化を経て成立した断定辞ナリに状態的意味を持つ名詞を
上接させて「遙かなり、豊かなり」のような「形容動詞」（意味は形容詞である
が形態は動詞）を平安時代に増産させた。その結果、ナリ活用形容動詞は、「は
るけし・ゆたけし」などのケシ型形容詞と呼ばれる本来の形容詞語彙を駆逐し
てしまった。形容動詞がケシ型形容詞を駆逐したことには複合的な要素が関与
していると考えられるが、ナリ形容動詞の造語力に圧倒されたのが主要因であ
ろう。

　また存在動詞アリは、形容詞連用形に接することによって「高くアリ→高か
り、良くアリ→良かり」のような「カリ活用形容詞」（形態上は動詞なので正し
くはカリ活用形容動詞とすべきだろう）を平安時代以後発達させた。このように

形容詞は、常に動詞とりわけ存在動詞アリの助けを借りて語彙不足を補った。形容詞は、動詞と緊密な形態的関連を保ちながら動詞に従属していたのである。ただし、動詞を資源にしてシク活用形容詞を産出するシステムだけは、動詞本来の形を変換して形容詞本来の形に適用させたものである。先に挙げた動詞資源のシク活用感情形容詞が現代語に継承される基本語彙を多く含んでいることは留意すべきであろう。先掲 (k) 43 語のうち、現代語に継承されない語は、「あなづらはし・いつかし・いどまし・いろめかし・うれはし・おごらはし・おだし・おどろかし・おぼめかし・けしきばまし・なづまし・なまめかはし・はえばえし・むねつぶらはし・よろこばはし・ゑまし」の 16 語であり、現代語に残存している語の方が多い。また (j) で挙げた奈良時代語における動詞派生のシク活用形容詞 32 語のうち、現代語に継承されない語は、「いたぶらし・およし・かからはし・かたまし・くすばし・おもほし」の 6 語に過ぎない。感情動詞を語幹に取り込んだシク活用形容詞の保存状態が良好である原因は、派生語ともとの語の形態的関連が強固であることのほかに、感情的意味を表示するという形容詞相互間の関係の緊密さがかかわっているだろう。動詞資源のシク活用形容詞でも感情的意味を表さないものは、やはり歴史的耐久力は強くない。次は平安時代に見いだされる動詞資源の感情的意味を持たないシク活用形容詞であるが、現代語には殆ど残存していない。

（l）あからし・あつかはし・あらまし・いまめかし・おもだたし・くもらはし・こぼめかし・こまめかし・こめかし・ざうずめかし・さうにんめかし・さはがし・じやうずめかし・すずろはし・せうとめかし・そしらはし・そぞろはし・ただよはし・なだたし・にぎははし・ひとめかし・ふせかし・ふるめかし・まがまがし・まらうどだたし・ものめかし・やまざとめかし・やまひだたし・ややまし・よそほし・よづかはし・よのつねめかし・よのひとめかし・わななかし（34 語）

　上のシク活用形容詞で現代語に継承される語は「さはがし・ふるめかし・まがまがし」であろうが、動詞派生のシク活用感情形容詞に比べて残存語は少なく歩留まりは悪い。一般に古代語の感情形容詞は、意味は大きく変遷するにしても形態そのものは良く保存され、歴史的耐久性の強い語が多いように思われ

る。

　ちなみに動詞派生の形容詞が専らシク活用を取る理由について、筆者はかつ
てこれらがもしク活用を取るならば派生源の多くを占める四段活用の場合、連
用形が動詞ク語法と接触する危険性を挙げた。屋名池誠がこの点について、ア
クセントの相違が障壁となって危険は生じないとしたが、この批判は当たって
いる[4]。奈良時代語のク活用形容詞語幹はすべて自立性の強い状態性体言であり
（例：高し・青し・深し等）、派生源の動詞語尾がア段音に交替（例：巧む→たく
ま・し）となる時点で自立性のない「たくま」は、ク活用形容詞語幹になる条
件を失っている。

　奈良時代に発し、平安時代に大規模に進行した動詞と形容詞の形態的緊密化
は、日本語の特徴を形成した。それは、欧語の形容詞が動詞よりも名詞に親和
性を持つことと対照的である。欧語の形容詞は、それ自身で述語を構成できず、
例えば英語では、

　　She is beautiful

のように形式的にせよ be 動詞を述部に介入させざるを得ないが、日本語では
「彼女は美しい」とそのままで述語を構成しうる。この点、日本語の形容詞は
動詞の働きと似ている。日本語における形容詞と動詞との形態的緊密性は古代
語において成立した。平安時代には、

　　なつく→なつかし→なつかしむ　いつく→いつくし→いつくしむ　なやむ
　　→なやまし→なやましがる　わづらふ→わづらはし→わづらはしがる

のような動詞→形容詞→動詞の派生、再派生の連環が開通した。また、ナリ活
用形容動詞という新品詞を生んだ断定辞ナリは、奈良時代では名詞にのみ接続
したが、平安時代には状態性体言のほか動詞や形容詞、活用助辞の連体形に接
続するようになった。すなわち「なつくなり・なつかしきなり・なつかしむな
り」のような表現が可能になったのである。これは、奈良時代の宣命（天皇の
口頭伝達で『続日本紀』延暦 16 年 794 所収）に頻出するモノニアリ文（現代語の
モノダ文に相当）を経由して成立した可能性がある。

3　動詞の形を変えずに形容詞を作る―動詞の形容詞的用法―

　形容詞は、「美しい姿」「高い山」のような名詞修飾をする場合と「姿が美しい」「あの山は高い」のような述語に立つ場合とがある。事物事態の状態表示という機能がク活・シク活・ナリ活・カリ活のような特徴的な形態を伴って単語群化したものが、形容詞と形容動詞である。形容詞と形容動詞は、このようにそれぞれ特徴的な形態を持つが、これら本来の形態に転換するのではなく動詞そのままの形で形容詞としての用法を果たす機能が奈良時代から存在した。これは従来、日本語研究では殆ど注目されなかった現象である。

　動詞の形容詞への転用法は、欧語文法では、通常「分詞 participle」と呼ばれる。例えば英語では、現在分詞（running man など）と過去分詞（broken door など）のように時制形式をかりた二種類の分詞用法を備えている。筆者は、日本語においてもこれに似た用法が存在すると主張してきた。現在と過去の二種類によって様々なニュアンスを標示する欧語に対して日本語動詞の形容詞転用法は、多様な文法的意味を収容することが可能である点において個性的な体系である。[5]

　日本語では、「咲く花」「飛ぶ鳥」「行く水」など、先行文脈からの情報に依存せず、動詞単独であたかも「高い山」「白い花」のように形容詞と同じ働きを持つ例が古くから存在してきた。日本語動詞の形容詞的用法は、上のような助辞を接しない基本形の名詞修飾を基点として、「咲いた花（過去）」「生きている証（現在）」「期待される成果（受け身）」「読ませる文章（使役）」「冴えない顔（否定）」など多くの文法的意味をこの用法に備えている。欧語に比較して日本語動詞の多様な形容詞的用法は、関係代名詞節によって多様な文法的意味を表示することの出来る欧語の名詞修飾節が担う情報表示を事実上肩代わりしている。そこで、本稿では右のような用法を欧語の分詞とは似ているが同じものとはせず、「動詞の形容詞的用法」と呼ぶことにする。

　日本語動詞の形容詞的用法の中にどれほどの文法的カテゴリーが含まれ得るかは、筆者の目下の関心事である。その全体像を先ず現代語で解明したいところであるが、筆者は研究の端緒を古代日本語の観察によって得た。動詞の連体

修飾に注目し、それを形容詞との類似性によって説明しようとする観点は、長年に亘る研究蓄積を持っている。動詞の形容詞的用法が形態的には連体形修飾に見いだされる点で諸家の視点は一致するが、用法に関する定義までが一致しているわけではない。

そこで、古代日本語の形容詞的用法に関する筆者自らの規定を明らかにしておきたい。先に見たように日本語の形容詞は、名詞修飾と述語形態を取る。形容詞が述語に位置する場合は、「山が高い」「髪が黒い」のように主格を文法上の必須要素として取るだけで完結した内容が成立する。その構造は、「雨が降る」「頭が切れる」「扉が壊れる」のような主格一項だけを要求する自動詞文と同じである。形容詞の名詞修飾は、このような既存の統語構造を前提にして「高い山」「黒い髪」のような先行文脈から離脱した用法として成立している。自動詞による形容詞的名詞修飾は、このような形容詞の用法を転用して、「降る雨」「切れる頭」「壊れた扉」のような表現が成立している。動詞が自律的に形容詞として振る舞うこのような例は、奈良時代語から存在する。

本稿では、動詞部が自動詞であることを前提とし、次に挙げる二つの名詞修飾のタイプを以て動詞の形容詞的用法の例と考える。「雨が降る」「頭が切れる」のような自動詞が文終止に立つ場合は、自動詞述語文であると考えて形容詞的用法に加えない。

(1) 動詞単独で名詞を修飾する場合（降る雨・浮いた噂・試される施策）

 ＊「動詞単独」とは、基本形を始め助辞を接続したものを含む。

(2) 主格―自動詞・被修飾名詞の場合（頭の切れる人・雨の降る日・先のとがった鉛筆）

要するに動詞の形容詞的用法とは、「日本語の形容詞が取る構文上の振る舞いを動詞（殆どが自動詞）が踏襲した名詞修飾の用法である」と当面規定しよう。(1) と (2) の統語環境における動詞部の働きは、形容詞の名詞修飾の働きと一致している。

上の (1) と (2) は、奈良時代語においても存在した。

(1) の例

山川も依りて仕ふる神ながら激<ruby>激<rt>たぎ</rt></ruby>つ河内（多芸津河内）に船出せすかも（1・

39)

大宮人の罷り出て遊ぶ船には楫棹も無くて寂しも<u>漕ぐ人（己具人）</u>無しに

（3・257 鴨君足人）

<u>行く水（由久美都）</u>の返らぬ如く吹く風（<u>布久可是</u>）の見えぬが如く

（15・3625 丹比大夫）

（2）の例

天雲の<u>向伏す極み（牟迦夫周伎波美）</u>谷ぐくの<u>さ渡る極み（佐和多流伎波美）</u>（5・800 山上憶良神亀五年）

味村の通ひは行けど吾が<u>恋ふる君（吾恋流君）</u>にしあらねば（4・485）

　上は、動詞基本形における連体形名詞修飾つまり助辞を接しない無標識の形容詞的用法であるが、これは現在と過去の二種類からなる欧語の分詞用法には存在しない。

　これに対して「バケツを持つ人」「草を刈る男」のようなヲ格を取り込んだ他動詞による名詞修飾は、述部が動詞性を喪失していないと見て形容詞転用とは考えることが出来ない。このような統語例は、奈良時代以前にも存在した。

　　<u>大和には村山あれど取りよろふ（取与呂布）</u>天の香久山（巻1・2 舒明天皇）

　また、「私が捨てた空き缶」「彼女が見た映画」のような統語例も述部の目的語（ヲ格相当）が修飾される名詞によって表されている。つまり「空き缶を捨てた」「映画を見た」の関係が保持されているので動詞性が残っているのである。このような例は、奈良時代語においても見いだされる。

　　秋さらば見つつ偲へと<u>妹が植ゑし（殖之）</u>宿の撫子咲きにけるかも（巻2・464 大伴家持）

　他動詞を用いても「毀された扉」「試される施策」のような受け身助辞を接続する構文型は、動詞部の自動詞への変換が実現していると考えられるので、形容詞転用例に加える。しかし自動詞による名詞修飾であっても「山の上にたゆたう雲」のような動作作用が行われる場所としてのニ格を取る場合や「彼女が住んだ家」のように時制の助辞が介入して過去の特定の時点で完結した動作を表しているとみて動詞的性格を保持していると考えられる。このような例は、動作の結果が今に及んでいることを表示するタ系過去分詞的用法（「壊された

扉」「消された真実」など）とは区別して考えなければならない。

　このような統語例は、『万葉集』にも見いだすことが出来る。

　　佐保山に棚引く（多奈引）霞見る毎に妹を思ひ出泣かぬ日はなし（巻3・
　　473 大伴家持）
　　我妹子が入りにし山（入尓之山）をよすがとぞ思ふ（巻3・481 高橋朝臣）

　過去時制が介入する「彼女が住んだ家」と「傷んだ身体」のような二種類の
名詞修飾は、古代語では「彼女が住みし家」（過去時制による名詞修飾）と「傷
みたる身体」（過去分詞的用法）のように助辞の違いで区別できたのである。先
に、筆者は形容詞的用法に転用される動詞の殆どが自動詞であると言った。例
えば、先に挙げた現代語の「読ませる文章」は、述部に使役助辞が用いられて
おり、使役が介入する使役動詞は紛れようもない他動詞である。使役動詞は、
自動詞や状態表示を旨とする形容詞的性格と対極に位置し、したがってこれら
の動詞が形容詞的用法を持つとは一見逆説的であるように思われる。使役動詞
が何故形容詞に転用されるのか。これは、本来「（人をして）読ませる文章」
であるはずの強固な統語関係が、慣用の結果文脈を離脱して形容詞的用法に固
定化した例であろう。これは、「〜をして」という本来あるべき必須情報が慣
用によって前提化され、それが「読ませる」に含意された結果、あたかも形容
詞のような振る舞いをするようになったものである。それは、使役（他動詞）
の意味を形態として保持しながら文章の属性、性質を表示する形容詞に転化し
たものである。勿論これは極めて稀な例外的事実であるが、スポーツ放送や記
事等で使用される「見せるプレー」や「押しも押されもせぬ存在」のような慣
用例もある。このような例が古代語から存在したかについては検討の余地があ
る。動詞が形容詞に盛んに転用される理由は、形容詞の語彙不足が関与したと
思われる。異なる品詞間の相互転用は、語彙不足を補い、語彙体系をきめ細か
く補強した。

　動詞連体形による名詞修飾には、「太郎が来た道（ガ格）」「バケツを持つ人
（ヲ格）」「太郎という男（ト格）」のような述部が格助詞として表示される文法
項を取る動詞としての性格を失わないものと「咲く花」「壊された扉」「負けな
い野球」のような動詞が先行文脈に依存せず、形容詞のようにふるまうものが

ある。前者が欧語では関係代名詞が介入する名詞修飾節であり、後者が分詞用法に相当する。名詞修飾節と分詞は、日本語では格助詞を取るか否かによって消極的に区別されるに過ぎないので研究者の注意を惹きにくかった。英語では関係代名詞が介入する節 clause に対して、分詞による名詞修飾は running man, broken door のように現在分詞と過去分詞という二種類の形態を使用する。多くの欧語の分詞が、現在と過去しかないのに対して、日本語において、「飛ぶ鳥」「咲く花」のように裸の動詞連体形だけで形容詞の機能を果たすことが出来る。さらに「来たるべき破局」「消された真実」のような形容詞的動詞が存在する点も注目される。動詞の名詞修飾は、連体修飾のほかに「焼き鳥」「死に場所」「取り皿」「利き酒」のような連用形によるものがある。動詞連用形による名詞修飾は、修飾語と被修飾語との意味関係が恣意的、直観的で、連体形による形容詞的用法（「飛ぶ鳥」「行く春」）が「鳥、飛ぶ」「春、行く」のような既存の構文を前提にして成立するのと異質である。連用形による名詞修飾は、あたかも英語の、

　　　swimming pool　　　running costs

のような動名詞の名詞修飾に相当する。pool と swimming、 costs と running との関係は非論理的、直観的であって（プールは泳がないし、費用は経営しない）、その関係は日本語の「焼き鳥」「死に場所」などと同じである。動名詞の名詞修飾における修飾語と被修飾語との関係は、既存の構文に由来せず、全く恣意的である。英語は、動名詞と現在分詞を形態上区別しないが、日本語では連体形と連用形が両者を区別するのである。

　古代日本語に欧語のような現在分詞や過去分詞が存在したのであろうか。現代日本語の過去を表示する助辞は、タ（ダ）一形態であるが、古代語には、キ・ケリ・ツ・ヌ・タリと何らかの意味で過去を表示する形式は複数存在する。これらが、過去分詞的表示に介入する資格があると考えられるが、筆者の調査によれば、奈良時代語において組織的に過去分詞的機能を構成できたのがタリだけである。[6]次に挙げるのが『万葉集』の例である。

　（m）咲きたる花　咲きたる梅の花　咲き出でたる宿の秋萩　咲きたるはね
　　　　ず　残りたる雪　雅たる花　後れたる我　後れたる君　後れたる菟原

　　壮士　照りたるこの月夜　生まれ出たる白玉　絶えたる恋　たぶれた
　　る醜つ翁　栄えたる千代松の木　たみたる道　生ひたるなのりそ　生
　　ひたる梅の木　生ひたるかほ花　荒れたる都　荒れたる家　古りたる
　　君　籠もりたる我が下心　落ち激ちたる白波　盈ち盛りたる秋の香

　上のうち「咲きたる・後れたる・荒れたる・生ひたる」などは、多様な文脈
で使用され、先行文脈からの離脱性が高く汎用性の高い表現である。

　古典文法で、タリとの違いが定説を見ない完了・存続のリについて、観察の
限りでは、『万葉集』中でリが介入する名詞修飾 99 例中、先行文脈から離脱し
た形容詞用法は 6 例に過ぎない。

（n）咲ける梅の花　咲ける萩　立ち待てる我が衣手　さ馴らへる鷹　偲は
　　せる君が心　さどはせる君が心

　これらを除けば、多くの場合、リは先行文脈から項を引きこむ性質が強いこ
とが分かった。典型的な例を幾つか列挙する。

　　汝が佩ける（波気流）太刀（巻 20・4347）我を思へる（念流）我が背子（巻
　　6・1025）雪に混じれる（末自例留）梅の花（巻 5・849）丈夫と思へる（念
　　流）我（巻 4・719）光るまで降れる（零流）白雪（巻 17・3926）

　これに対して『万葉集』中でタリが介入する名詞修飾の確例 55 例中、形容
詞的用法つまり過去分詞的用法が先の（m）24 例である。タリはリに比べて明
らかに形容詞的用法に介入しやすく、リはこれに対して文脈から文法項を引き
込むことによって構文構造の本線上にとどまろうとする傾向が強い。リは、平
安時代以後形容詞的用法が増加してくる。三代集（古今和歌集・後撰和歌集・拾
遺和歌集、10 世紀初頭～11 世紀初頭）に観察されるリが関与する当該の例を挙
げる。

（o）よめる歌　うつろへる花　刈れる田　くらせる宵　通へる袖　しぼめ
　　る花　折れる桜　咲ける花　咲かざる花　降れる白雪　さらせる布
　　たてまつれる長唄（以上古今集）沈めるよし　咲ける藤波　咲ける卯の
　　花　折れる秋萩　咲ける菊の花　心ざせる女　知れる人　かよへる文
　　あひ知れる人　摺れる狩衣　生ける日　あひ知れる人（後撰集）澄め
　　る月　とまれる方　切れる杖　臥せる旅人　変れるもの　咲ける藤花

　　　摺れる衣（拾遺集）　　　　　　　　　　　　（重複例は省略した）

　リの意味は、歴史文法学では現前の事態進行を表示すると了解されており、リが介入する動詞句が先行する文脈から離脱しにくいこともこれによって理解できる。リが過去や完了ではなく現前事態の進行を表示するとすれば、リが介入する形容詞的動詞部は、現在分詞としてタリ介入句と対立していると考える方が適切である。従って「咲く花」「降る雪」などの無助辞基本形の連体修飾は、現在分詞ではなく、時制・アスペクトを超えた絶対的分詞とでも呼ばれるべきものである。リとタリは、それぞれ存在動詞アリが介入して、

　　　動詞連用形＋アリ→リ　　動詞連用形テ＋アリ→タリ

というプロセスを通じて奈良時代を遡ること遠くない時期に成立したとみられる。断定辞ナリもまたアリが介入するプロセスを通じて、

　　　名詞ニ＋アリ→ナリ

を経てリ、タリとほぼ同時期に成立したと推測される。これらが「奈良時代を遡ること遠くない時期」に成立したと推定する根拠は、「テアリ」「ニアリ」という過渡期の形態がこの時期に観察されるからである。

　　　上荷打つと言ふことのごと老にてある（老尓弖阿留）我が身の上に

　　　　　　　　　　　　　　　　　　　　　　　　　（5・897　山上憶良天平5年）

　　　暫しくも一人あり得るものにあれや（毛能尓安礼也）島のむろの木離れてある（波奈礼弖安流良武）らむ　　　　　　　　　　　　　　　　（15・3601）

　興味深い点は、アリが介入して成立したリ・タリ・ナリの万葉集における出現が連体修飾の位置に偏っているという事実である。筆者の調査によると万葉集中で見いだされるタリ135例のうち、名詞修飾する連体形の例が訓読するものを含めて79例存在する。連体修飾タルの前形態である連体修飾テアルの例は、万葉集では2例に過ぎない。また小路一光の調査ではリの万葉集での用例は594例にのぼり、そのうち連体形が426例を占めるという[7]。小路のデータを用いて筆者が数えた結果、名詞修飾する連体形の用例は、360例存在した。リとタリの中でも名詞修飾の用例が突出することが明らかである。また断定辞ナリは、万葉集中175例見いだされ、中でも名詞修飾連体形の例は訓読する例を含めて90例存在する。リ・タリ・ナリは、その成立過程において共通してア

リが介入し、しかも共通して連体修飾の位置に集中的に分布する。このように性質を共有するリ・タリ・ナリは、時期を同じくして成立したと考えることが合理的である。完了辞リ、タリと断定辞ナリは、このようなプロセスによって成立した。その特徴は、次のようにまとめられる。

　　A 存在詞アリが介入して成立したり、タリ、ナリは、『万葉集』において連体修飾のなかに集中的な用例を見る。他方、これらの祖形である非縮約の連体形アル（動詞連用形アル、テアル、ニアル）は、用例が極めて少なく空白域をなしている。

　　B 非縮約アルの連体修飾の用例の空白は、連体修飾の環境下で連用形アル、テアル　ニアルが強制的な音縮約を起こしてル、タル、ナルへ移行した結果生じた。

　　C こうして成立した連体修飾ル、タル、ナルへの用例の共通した密集的分布は、これらの形式の成立が奈良時代以前の近接した時期に起こった事を示唆する。

　要するにこれら三つの形態は、文脈上、「（連用形）アル＋名詞」「テアル＋名詞」「ニアル＋名詞」という連結を構成する際において、概ね例外なく「ル＋名詞」「タル＋名詞」「ナル＋名詞」へ移行する規則が存在したと思しい。

　万葉集における連体修飾ル、タルの観察では、先に見た動詞的用法と形容詞的用法の二種類の構文構造を軸に、述語部分に用いられる動詞の自動詞と他動詞の分布に注目したい。連体修飾の例が集中するリ、タリでは、先行文脈から離脱的な形容詞的（過去分詞的）用法と格助詞を取って項を要求する動詞的用法が混在している。

　先ず連体修飾ルの例を見よう。主格が明示されている例を次に挙げる。

　(p)　紫草の匂へる妹　秋の葉の匂へる時　朝日影匂へる山　卯の花の匂へる山　山吹の匂へる妹　橘の匂へる香　橘の匂へる苑　萩の花匂へる宿　日の皇子の馬並めて御刈り立たせる若薦　汝が佩ける太刀　吾が項げる珠　我が着る妹が衣　我がさせる赤ら橘　吾が思へる心　我が念へる君　君が負ほせる撫子　ちさの花咲ける盛り　妹が問せる雁がね　妹が問はせる不如帰　我が持てる心　人の言ひ来る老人の変若と言ふ

　　　　水　大伴と佐伯の氏は〜大君にまつろふものと言ひ継げる言の司　神

　　　　の命の敷きませる四方国　海人乙女らが〜手に巻ける玉藻　三諸の神

　　　　の帯ばせる初瀬川　久迩の都は〜帯ばせる泉河　皇祖神の〜帯ばせる

　　　　片貝川　神ながら〜帯ばせる片貝川　己が負へる己が名　白妙の雲か

　　　　隠せる天津霧　塩気のみ香れる国　我が背子が着せる衣　望月の満て

　　　　る面輪　春花の咲ける盛り　春花の咲ける盛り　皇祖の神の御世より

　　　　敷きませる国　我が大君の〜敷きませる難波の宮　神の命の〜定め給

　　　　へるみ吉野のこの大宮　秋山の下へる妹　三笠の山の帯に為せる細谷

　　　　川　神名火山の帯に為る明日香の川　秋萩の散らへる野辺　誰が乗れ

　　　　る馬　白雲の千重に隔てる筑紫の国　我が背子が捧げて持てるほほ柏

　　　　流るる水の〜淀める淀　恋の淀める我が心　我が持てる三つあひに緉

　　　　れる糸　布肩衣の〜わわけ下がれるかかふ　たわや女の〜思ひ乱れて

　　　　縫へる衣　我妹子が逢はじと言へる事

　上のうちルに上接する動詞で他動詞と思われるものは、「佩く・頂ぐ・着

る・刺す・負ほす（尊敬）・負ふ・持つ・敷きます・巻く・帯ばす（尊敬）・定

め給ふ・隠す・着す（尊敬）・為・縫ふ・思ふ・言ひ継ぐ・慕ふ・隔つ・緉る・

言ふ・問ふ」の22語である。自動詞であると思われるものは、「匂ふ・立たす

（尊敬）・咲く・来・香る・足る・散らへる・乗る・淀む・下がる」の10語で

ある。

　主格のほかヲ格ニ格ト格マデ格を取るルの例も認めることが出来る。

（q）［ヲ］図負へるくすしき亀　家居せる君　吾を念へる吾背子　梅の花折

　　りてかざせる諸人　嶋山をい行き廻れる川添

［ニ］越と名に負へる天離る鄙　大伴の氏と名に負へる丈夫の伴　残りたる

雪に混じれる梅の花　我が宿に咲ける撫子　我が宿に盛りに咲ける梅の花

秋の野に咲ける秋萩　秋の野に咲ける秋芽子　山かひに咲ける桜　田子の浦

に咲ける藤　石橋に生ひ靡ける玉藻　秋風に靡ける上　打橋に生ひをゐれる

川藻　佐保川に凍り渡れる薄ら氷　檜原に立てる春霞　宮城のすかへに立て

る顔が花　離れ礒に立てるむろの木　奈良の都に棚引ける天の白雲　雪の上

に照れる月夜　うらうらに照れる春日　紅に匂へる山　秋つ葉に匂へる衣

秋萩に匂へる我が裳　朝露に匂へる花　春の日に張れる柳　おのが尾に降り
置ける霜　太刀山に降り置ける雪　あじま野に宿れる君　大宮の内にも外に
も（中略）降れる大雪　勝れる宝子にしかめやも　七重着る衣にませる児ろ
が肌

［ト］丈夫と念へる我　敷妙の枕と巻きてなせる君　妻と言はじとかも思ほ
せる君　鮎釣ると立たせる妹　常宮と仕へ奉れる雑賀野

［マデ］磯影の見ゆる池水照るまでに咲ける馬酔木　光るまで零れる白雪

上のルの上接動詞のうち他動詞であると思われるものは、「負ふ・かざす・
す・思ふ・思ほす（尊敬）・置く・益す」の７語である。これに対して自動詞
であると思われるものは、「寝す（尊敬）・混じる・棚引く・咲く・渡る・張
る・靡く・をゐる・立たす（尊敬）・立つ・仕へ奉る・照る・並ぶ・匂ふ・宿
る・降る・勝る・廻る」の18語である。

　なお、先に挙げたリが介入した形容詞的用法（n）６例のうち、他動詞は、
偲はす（尊敬）の１語、自動詞は、咲く・馴らふ・さどはす（尊敬）の３語で
あった。

　以上の結果から見てルが介入する名詞修飾の上接動詞群において自他の分布
に偏りが存在するとは考えられない。

　『万葉集』でのタルが介入する形容詞的用法を先に（m）で挙げたが、格を
取るそれ以外の連体修飾タルの例を観察しよう。先ず主格を表示した例を挙げ
る。

　（r）梅の花散りまがひたる岡ひ　我妹子が〜おこせたる衣　女郎花咲きた
　　　　る野辺　梅の花咲きたる苑　秋萩の咲きたる野辺　萩の花咲きたる野
　　　　辺　卯の花の咲きたる野辺　我妹子が下にも着よと贈りたる衣　桃の
　　　　花紅色に匂ひたる面輪　（吾が）給りたる茅花　我が寝たる衣の上　吾
　　　　が〜造りたる蔓　吾が着たる服　影草の生ひたる宿　丈夫の伏し居嘆
　　　　きて造りたるしだり柳

　上のタルの上接動詞のうち他動詞であると思われるのは、「おこす・贈る・
造る・着る」の４語である。自動詞であると思われるのは、「散りまがふ・咲
く・匂ふ・給（たば）る・寝・生ふ」の６語である。次に、ニ格を取る例、ヲ

格を取る例を順次挙げる。

（ｓ）[ニ] 我が宿に咲き<u>たる</u>梅 野辺に咲き<u>たる</u>萩 朝霧に咲きすさび<u>たる</u>
つき草 海に出で<u>たる</u>飾磨川 山に生ひ<u>たる</u>菅の根 海神の沖に生ひ
<u>たる</u>海苔 丈夫につき<u>たる</u>神 麻笥に垂れ<u>たる</u>続麻 白露を玉に成し
<u>たる</u>九月 水長鳥安房に継ぎ<u>たる</u>梓弓 峰に延ひ<u>たる</u>玉蔓

[ヲ] 敵見<u>たる</u>虎

　上に挙げたそれぞれの格助詞を取る例と先に挙げたタルが介入する形容詞的
用法におけるタルに上接する動詞群のうちで他動詞であると判断されるのは、
「垂る（下二段）・為す・見る」の３語である。これに対して自動詞であると思
われるのは、「咲く・残る・延ふ・雅ぶ・後る・照る・すさぶ・出づ・絶ゆ・
たぶる・栄ゆ・たむ・生ふ・憑く・荒る・古る・籠る・たぎつ・継ぐ・盛る」
の20語である。タルの上接動詞は、ルと相違して自動詞に顕著に集中してい
る。

　連体修飾におけるタリの上接動詞が自動詞に偏り、リのそれには偏りがない
という事実は、タリの状態表示すなわち形容詞的用法への傾向を示すものであ
る。連体修飾句においてリがタリよりも先行文脈から強く文法項を引き込む性
質を持つ理由は、リの現前事態の描写性と上接動詞の自他分布の偏りのなさに
起因する活用助辞（助動詞）としての性質に要因がある。つまりリが介入する
動詞句が文法項を引き込んで動詞らしさからの離脱を許さない構造を持ってい
るのである。これに対して自動詞へ強く傾くタリ介入句の名詞修飾の環境は、
タリが上接する動詞が形容詞的用法へ強く傾く培養器を成したと言えよう。

　また、断定辞ナリは、万葉集では、「駿河ナル冨士」「家ナル妹」など場所を
表示することが多かったが、ナリの上接位置に状態性体言の「常磐」「静か」
「豊か」などが入り込むことによって形容動詞が成立した。その兆候は、僅か
ながら万葉集中に見いだされる。次の例のような「述語連体形・主格体言」の
順序を取る断定用法が奈良時代に確実に育っていたのである。

　　咲く花もをそろは厭はし晩生<ruby>なる<rt>おくてナル</rt></ruby>（晩生有）長き心はなほ如かずけり（8・
　　1548、大伴坂上郎女）

　　海神の神の宮の内のへの妙<ruby>なる<rt>ナル</rt></ruby>（妙有）殿に携はり（9・1740、高橋蟲麻呂

歌集)

　奈良時代に過去分詞用法の標示機能を獲得したタリは、平安時代にリ以上に発達した。奈良時代以来現代語に至る「咲く花」「飛ぶ鳥」「降る雪」のような無標識の形容詞的用法、リが標識する現在分詞的用法とともに時制を利用した分詞の鼎立関係が成立した。奈良時代語におけるリとタリの相違は、意味的な相違とともに構文的機能上の相違として把握されうる。それはあたかも現代語の名詞修飾におけるテイルとタ（ダ）の相違に対応する。古代語タリの後継形式であるタ（ダ）は、「浮いた噂」「利いた風なこと」「洒落た関係」「消された真実」「生きた化石」など独立的で慣用的な用法に盛んに用いられるが、テイルは現前事態を表示する関係上、先行文脈から項を取り込む性質を強く帯びている。テイルが介入する現在分詞的用法は、「生きている証」「混んでいる電車」「沸いている会場」など可能な表現もあるが、タ介入句のような文脈離脱的な独立性が薄弱で、表現としての汎用性は高くない。このようなテイル介入句の性格は、古代語のリのそれと似ている。現代語動詞の時制を用いた形容詞的用法は、「生きる屍」「生きている証」「生きた化石」のような鼎立関係を成しており、その淵源は、奈良時代語にある。留意すべきは、このような日本語動詞の形容詞的用法の系列が単線的ではないという点である。現在・過去のほか、奈良時代語では受け身助辞が介入する「射ゆ獣」（射られた獣）などがある。現代語でも「あるべき姿」「あり得る形」「存在するだろう解決策」「読ませる文章」「見果てぬ夢」などの当為、可能、推量、受け身、使役、打ち消しなど複雑な系列の存在が予想される。

　以上、奈良時代語から平安時代語にわたる古代語の歴史的変遷を動詞の派生と品詞転用を中心に観察してきた。古代語の動詞増殖は、自動詞と他動詞、受け身と使役、作用継続、存在（アリ）から断定（ナリ）、完了（タリ）といった文法的意味を動詞の形態上に顕在化させた。おそらく意志推量を表す活用助辞ムもまた、「固・む、際・む、定・む」のような語幹と語尾が分析的なム語尾意志動詞群に系譜を引くものであろう。第 3 節用例（j）のようにそれまで動詞、形容詞内部に潜在していた感情的意味が形容詞語幹の中に感情的意味を持つ動詞がまとまって流入した結果、シク活用形容詞の形態上に姿を現した。ま

たヅク、ダツ、メクをはじめとする接尾辞動詞が平安時代に発達し、夥しい状態動詞群を現出した。さらに連体修飾句内において、多様な意味範疇を備えた形容詞的動詞用法を発達させた。

　古代日本語の動詞増殖は、現代日本語に存在する大部分の文法的概念を助辞の形で表示する仕組みを作り上げた。今日の文法学では未だ論証されていない過去回想ケリ（来・アリの縮約）、完了ツ（果つ・穿つ等のツ語尾からの類推）・ヌ（往ぬ・死ぬ等のナ行変格活用語尾からの類推）といった文法的意味の形態化において動詞増殖過程が関与した可能性がある。何故ならこれらの助辞も活用するのであり、活用する以上、動詞語尾から分出して成立した可能性が否定できないのである。

　以上述べたような実態を歴史的に評価すれば、動詞増殖こそが古代日本語成立において最大の貢献をなした動力源であったのである。

4　古代語動詞増殖と音声の関係

　古代日本語の成立と変容に最大の働きを成したのが動詞の増殖であった。動詞増殖の形態的特徴は、語幹増加と語尾付接、連用形の上に動詞を重ねる複合、接尾辞の駆使等である。これらに共通する現象が文法的単位の多音節化であることは明らかである。文法的単位の多音節化は、動詞に限ったことではない。語の複合は、名詞にも起こったし、単語や形態素を重ねた形容詞（心苦し・もの恋し・おもしろし等）も多量に造語された。語が長くなる、すなわち文法的単位の多音節化は、古代語における全般的趨勢であった。この実態と音声との関係を最初に注目したのが馬淵和夫であった[8]。馬淵は、上代語では八つの母音が維持される一方で、「ヒ→ホノホ、ヨ→ヨノナカ」のように語の多音節化の事態が進行していた。すなわち上代特殊仮名遣いに反映する音の違いだけで語の意味が区別されることの重要度が低下した。その結果、微細な八母音間の区別を維持する必要性が解消したのであるという。

　筆者は、馬淵が提案したこの認識を支持する。一般に語あるいは文法的単位が長くなれば、同音異義語の数が減少してヒアリングの際の語の認定が容易に

なるだろう。したがって、短い語より長い語の方が比較的ルーズな発音が許容される。よって、多音節化の進行していた奈良時代において上代特殊仮名遣いに反映した奈良時代語の八つの母音が維持される必要度は、次第に低下する傾向にあったとみられる。

　このような歴史的実態を数値化して説明することを可能にするのが奈良時代語オ列母音の二類対立とその機能負担量の考え方である。機能負担量 rendement fonctionnel とは、一共時態における音韻論的対立の弁別的機能をはかる評価基準である。例えば日本語の ［t］ と ［d］ の音声の違いは、［taigaku］（退学）：［daigaku］（大学）等の最小対立の存在によって意味の区別に役立つ、すなわち音韻論的対立であることが判明する。このような最小対立の数が機能負担量であり、この数が多ければ多いほど当該言語における音韻論的対立の重要度が増大する。アンドレ・マルティネによれば、機能負担量の大きい音韻論的対立の方が低いそれよりも音声の歴史的変化に際しての抵抗力が強いという。[9]奈良時代語の八母音の対立において、最も情報量の多いものがオ列甲乙の母音対立とそれをめぐる古代日本語の音節結合法則（有坂法則）との関係である。有坂秀世は、この法則を次のように表現した。

第一則　甲類のオ列音は、乙類のオ列音とは、同一結合単位に共存することが無い。

第二則　ウ列音と乙類のオ列音とは、同一結合単位内に共存することが少い。就中ウ列音とオ列音とか（ら）成る二音節の結合単位に於て、そのオ列音は、乙類のものではあり得ない。

第三則　ア列音と乙類のオ列音は、同一結合単位内に共存することが少い。
　　　　「古代日本語に於ける音節結合の法則」『國語と國文学』（昭和9 年 1 月）

　この法則は、発表後何人もの後学の研究者によって追試が繰り返されており、事実と認めることができる。結合単位あるいは語根とは形態素に近似する音節結合体であって古代語において何らかの意味を表示する最小の単位と了解される。

　この法則によれば、奈良時代以前の語根音節の並び方の類型はおよそ以下の

ようにまとめられる。典型的な形である二音節語根によって表す。

① ［O甲―O甲］あるいは ［O乙―O乙］

② ［O甲―U］あるいは ［U―O甲］

③ ［O甲―A］あるいは ［A―O甲］

④ ［I―O甲］あるいは ［I―O乙］

右の④については、イ列音がこの法則の中で中立の音声であることを表している。奈良時代語資料に観察される語根（結合単位）の実態は、この類型をなぞるかのような出現の有り様を示している。次に挙げるのはその典型的な実例である。仮名に下線を施した例は、甲類であることを表す。

①の例

ここ（擬声）こご（擬声）もも（股）もも（百）こご・し（険）ここ・だ（幾許）　ここの（九）こころ（心）こそ（助詞）こぞ（去年）こぞ（今夜）こと（琴）こと（言）こと（事）ごと（如）ことごと（尽）ごと（毎）このしろ（鮗）この・む（好）こも（菰）こも・る（籠）ころ（頃）ころ（一伏三起）ころ・す（殺）ころ・ふ（呵）ころも（衣）そこ（底）そこ（其）そ・る（聳）そぞろ（慢）その（苑）そよ（擬声）とこ（床）とこ（常）ところ（所）とど（擬声）とどこほ・る（滞）ととの・ふ（斉）とど・む（留）とどろ（動）との（殿）とほ・る（通）とも（友）とも（鞆）とも（舳）とも（助詞）ども（等）ども（助詞）とも・し（乏）とも・す（点）とよ（豊）とよ・む（響）のどよ・ふ（細声）のど（和）のぞ・く（除）のご・ふ（拭）のこ・す（残）もの（物）もとほ・る（廻）もと（本）よこ（横）よそ（他所）よそ・ふ（装）よど（淀）よよ・む（偁）よろこ・ぶ（喜）よろ・し（吉）よろづ（万）よろ・ふ（甲）よろほ・ふ（徒偁）

②の例

もず（百舌鳥）むごへ（斉）うこ（愚）くそ（糞）くも（雲）くろ（黒）すそ（裾）つと（苞）つど・ふ（集）つと・む（勤）つの（角）ふと（太）むろ（室）むろ（天木香）かぶと（甲）たふと（貴）ふのり（布海苔）ふくろ（袋）まつろ・ふ（奉）

③の例

こが・る（焦）こしら・ふ（誘）こなみ（前妻）こま（駒）そがそが・し（壮）そな・ふ（未詳）そば・ふ（戯）そま（杣）そら（空）そらし（藁本）そきだ（甚）とら（寅）とま（苫）となり（隣）とな・ふ（唱）とが（咎）よわ（弱）あごら（胡座）なご（和）はこ（箱）はこ・ぶ（運）あそ（尊称）あそそ（未詳）あそ・ぶ（遊）かぞ・ふ（数）かそ・ぶ（掠）かそけ・し（幽）まそ・し（雅）あと（跡）かど（門）かど（未詳）さと（里）さど・ふ（惑）たど・る（尋）はと（鳩）まと（的）まど（窓）まと・ふ（惑）やど（宿）かのまづく（未詳）たのし（楽）たの・む（頼）かも（鴨）まも・る（守）あよく（揺）かよ・ふ（通）たよら（副詞）なよ（擬声）まよ（眉）まよ・ふ（紕）あろじ（主）はろはろ（遥）いさご（砂）みさご（鶚）あそそ（未詳）あらそ・ふ（争）ははそ（柞）かぶと（甲）たふと（貴）いさよ・ふ（不欲）かがよ・ふ（光）さまよ・ふ（吟）かぎろ・ひ（陽炎）まつろ・ふ（奉）

④の例

こしら・ふ（誘）こきし（副詞）こきば（甚）こし（腰）こしき（甑）こち（代名詞）このしろ（鮗）そき（薄板）そに（犀鳥）そひ（淡赤色）そきだ（甚）そらし（藁本）となり（隣）どち（共）とき（時）とし（年）とのしく（未詳）とほしろ・し（大）とり（鳥）のり（法）のり（糊）のり（海苔）のみ・ど（喉）のみ（鑿）のち（後）より（助詞）よし（由）よち（同年子）よひ（宵）よみ（黄泉）よもぎ（蓬）にこ（和）ひこ（彦）みこと（命）ひこづ・る（引）しこ・る（未詳）しこ（醜）きこ・ゆ（聞）なごり（名残）いそ（磯）いそ・し（勤）いそ・ふ（争）きそ（昨夜）みぞ（溝）みと（陰）いど・む（挑）いとま（暇）いとほし（労）いと・ふ（厭）こどき（未詳）ことひ（特牛）しとと（鵐）たどき（手段）ひと（人）ひと（一）ほととぎす（時鳥）みどり（緑）しの（篠）しの・ぐ（凌）しの・に（副詞）ふのり（布海苔）いの・る（祈）いのち（命）いのご・ふ（期剋）きのふ（昨日）このしろ（鮗）しの・ぶ（忍）みの（蓑）いも（妹）きも（肝）しも（下）しも（助詞）いよよ（弥）によ・ぶ（呻）いろ（色）いろ（接頭辞）しろ（白）しろ（代）ひろ・ふ（拾）ひろ（広）をろち（大蛇）いさご

（砂）かし<u>こ</u>・し（畏）みさ<u>ご</u>（鶚）ほびこ・る（引）いきど<u>ほ</u>・る（憤）しもと（楚）じ<u>もの</u>（如）かぎ<u>ろ</u>ひ（陽炎）うしろ（後）くしろ（釧）ひもろき（神籬）むしろ（席）やしろ（社）いちびこ（苺）おもし<u>ろ</u>・し（面白）

第二則の例外

ころく（擬声）よろづ（万）おそぶ・る（押）およづれ（逆言）つよ・し（強）うつそみ（現身）ほととぎす（時鳥）うしろ（後）うつろ・ふ（移）くしろ（釧）すすろ・ふ（吸）すめろき（皇）むしろ（席）つづしろ・ふ（啜）ふつくろ（懐）

第三則の例外

そこば（副詞）そな・ふ（備）そこら（副詞）そば（蕎麦）そわへ（未詳）とら・ふ（捉）とが（科）とぶさ（梢）とら・ふ（執）おこな・ふ（行）なごり（名残）かそ（父）なそ・ふ（比）あど（副詞）あども・ふ（率）いとま（暇）たどき（手段）もとな（副詞）かも（助詞）はも（助詞）まろ（丸）まろ（麻呂）やまと（大和）やしろ（社）

上にあげた実例に関する大まかな傾向を述べると次のようになるだろう。

先ず、オ列音が連続する①の例によると事実上、甲類オ列音の出現が極度に抑制されている。甲類オ列音の出現が保障されている②と③の例によると、この位置では甲乙両類音の最小対（minimal pair）の形成が事実上、抑えられることになる。しかし、第二則と第三則には例外があり、実例によると前者の例外より後者の例外の数が多い。このことは、有坂法則において第一則から次第に縛りが弱くなることを示している。そうなると乙類音の出現に制限がない④の環境だけが両類の音韻的対立が自由に形成される機会が与えられることになる。奈良時代語では、複数音節からなる語根・結合単位においてオ列甲乙音は、音韻的対立関係を構成しないか、極めて抑制されざるを得ない状況が存在した。そこで、オ列甲乙対立を始め、上代特殊仮名遣いに反映した音声対立が平安時代初頭に解消された事実から考えて、オ列甲乙の対立が語の意味の区別に関与する弁別的機能を十全に果たし得なかったのではないか、という疑いが生ずる。このような仮定を補強するものとしてオ列二類対立の機能負担量が参考になる。

表①（単音節語（幹））

	モ	ロ	ヨ	ノ	ト	ソ	コ
甲	1	1	3	1	9	5	13
合計	33						

	モ	ロ	ヨ	ノ	ト	ソ	コ
乙	3	1	13	9	11	11	13
合計	61						

表②（複数音節語（根）の初頭音節）

	ロ	モ	ヨ	ノ	ト	ソ	コ
甲	3	4			8	11	7
合計	33						

	ロ	ヨ	モ	ノ	ト	ソ	コ
乙	2	16	3	13	32	17	45
合計	128						

表③（複数音節語（根）の第二音節）

	ロ	ヨ	モ	ノ	ト	ソ	コ
甲	5	8	8	7	17	16	12
合計	73						

	ロ	ヨ	モ	ノ	ト	ソ	コ
乙	27	11	8	17	42	17	31
合計	153						

表④（複数音節語（根）の第三音節）

	ロ	ヨ	モ	ノ	ト	ソ	コ
甲	3	3			2	3	3
合計	14						

	ロ	ヨ	モ	ノ	ト	ソ	コ
乙	21	3	1	3	8	2	4
合計	42						

表⑤（複数音節語（根）の第四音節）

	ロ	ヨ	モ	ノ	ト	ソ	コ
甲	2					1	
合計	3						

	ロ	ヨ	モ	ノ	ト	ソ	コ
乙	5					1	
合計	6						

表⑥

音韻的対立	機能負担量
O甲‥O乙	31
O乙‥u	63
O乙‥a	103
O甲‥u	65
O甲‥a	76
a‥u	223

表⑦

ロ	ヨ	ノ	ト	ソ	コ	音節序列
4	35	23	60	44	78	1
32	19	24	59	33	43	2
24	6	3	10	5	7	3
7			1		1	4
67	60	50	130	82	129	計

機能負担量が大きければ大きいほど、当該の対立の音韻体系に果たす弁別的機能が高く、対立解消への抵抗力が強い。反対に機能負担量が小さければ解消への抵抗力が弱いのではないかという考えが成り立つ。奈良時代語のオ列二類対立が8世紀末に解消されたのは、抑制された機能負担量が関わっているのではないかという考えが生ずるのである。それを知る前に、オ列二類の対立が最も生起しやすいことが考えられる一音節語（根）におけるオ列音の出現のあり方を見よう。甲類音と乙類音が現れる例を順次挙げる

(t) こ（籠）こ（子）こ（蚕）こ（粉）こ（濃）こ（小）ご（五）そ（麻）そ（十）そ（追馬）と（外）と（門）と（処）と（砥）と（時）の（野）よ（夜）よ（助詞）こ（此）こ（木）こ（接尾辞）ご（碁）そ（衣）そ（其）そ（具）そ（背）そ（助詞）ぞ（助詞）と（跡）と（十）と（常）と（助詞）ど（助詞）の（荷）の（箆）の（接尾辞）の（助詞）も（助詞）よ（代）よ（節）よ（未詳）よ（四）よ（吉）よ（助詞）ろ（接尾辞）

また、一音節の動詞語幹の例を次に挙げる。

(u) こ・く（揃）こ・す（越）こ・ふ（恋）こ・む（浸）こ・ゆ（越）こ・ゆ（肥）そ・ふ（添）そ・る（隆）と・く（着）と・ぐ（研）と・ふ（問）と・む（冨）も・ゆ（燃）よ・ぶ（呼）こ・ぐ（漕）こ・ず（抉）こ・ふ（乞）こ・む（籠）こ・ゆ（臥）こ・る（凍）こ・る（折）こ・る（呵）こ・る（懲）そ・く（退）そ・く（除）そ・む（初）そ・む（染）そ・る（剃）と・く（解）と・ふ（誂）と・ぶ（飛）と・む（求）と・む（止）と・る（取）の・く（除）の・む（飲）の・む（祈）の・る（乗）の・る（宣）も・つ（持）も・ふ（念）よ・く（避）よ・す（寄）よ・づ（捩）よ・む（読）よ・る（縒）よ・る（依）よ・る（未詳）

以上見てきたオ列甲乙両類音の位置別分布を表①から⑤に示そう。

ところで、問題のオ列甲乙二類対立の機能負担量は、どの程度のものだったのであろうか。機能負担量の概念は、相対的なものであるから、他のそれとの比較においてのみ成立する。オ列二類の母音の出現を大いに規制するのが有坂法則であるから、これに関与するオ列二類母音とア列母音、ウ列母音との相互関係からこれらの機能負担量を表⑥に示した。これによれば、オ列二類の母音

対立の機能負担量が他のどれよりも格段に低いことが知られる。

そこでオ列二類対立の機能負担量を構成する最小対を以下に示す。

1 あら<u>た</u>・<u>よ</u>（新夜）／あら<u>た</u>・よ（新代）

2 いく・<u>よ</u>（幾夜）／いく・よ（幾代）

3 <u>こ</u>（籠）（子）（粉）／<u>こ</u>（此）（木）

4 <u>ご</u>（五）／<u>ご</u>（碁）

5 <u>ここ</u>（擬声）／<u>こ</u>・<u>こ</u>（此処）

6 こと・<u>ど</u>（未詳）／こと・<u>ど</u>（事跡）

7 <u>こ</u>な・た（墾田）／<u>こ</u>・なた（此方）

8 <u>こ</u>・ふ（恋）／<u>こ</u>・ふ（乞）

9 <u>こ</u>ま（駒）／<u>こ</u>ま（狛）

10 <u>こ</u>・む（浸）／<u>こ</u>・む（籠）

11 <u>こ</u>も（海蓴）／<u>こ</u>も（菰）

12 <u>こ</u>・ゆ（越）／<u>こ</u>・ゆ（臥）

13 し<u>ろ</u>（白）／し<u>ろ</u>（代）

14 <u>そ</u>（麻）（十）／<u>そ</u>（衣）（其）

15 <u>そ</u>・る（隆）／<u>そ</u>・る（剃）

16 た・<u>ごし</u>（手逓伝）／た・<u>ごし</u>（手輿）

17 ち・<u>よ</u>（千夜）／ち・よ（千代）

18 <u>と</u>（外）（門）（処）／<u>と</u>（跡）（十）

19 <u>と</u>・く（着）／<u>と</u>・く（解）

20 とこ・<u>よ</u>（常夜）／とこ・よ（常代）

21 <u>と</u>・なみ（門浪）／<u>と</u>・なみ（鳥網）

22 <u>と</u>・ふ（問）／<u>と</u>・ふ（誂）

23 <u>と</u>・む（冨）／<u>と</u>・む（止）

24 <u>の</u>（野）／<u>の</u>（箭）

25 ひと・<u>よ</u>（一夜）／ひと・よ（一代）

26 ふた・<u>よ</u>（二夜）／ふた・よ（二代）

27 ほ<u>と</u>（程）／ほ<u>と</u>（陰）

28 み・そ（三十）／み・そ（御衣）

29 よ（夜）／よ（代）

30 もも・よ（百夜）／もも・よ（百代）

31 よ・そ（四十）／よそ（外）

　以上、31 対つまりオ列甲・乙母音対立の機能負担量は 31 である。これが奈良時代語における有坂法則に関与する四つの母音相互の機能負担量の中でオ列甲乙対立のそれが特段に低いことが明らかである。そしてその原因が有坂法則の存在である。すなわち、複数音節語根では最小対を形成する余地はなく、単音節語根同士であるか、「13 しろ（白）・しろ（代）」のような中立音節が介入する語根であるか、第二則と第三則の例外が関与する語根であるかのいずれかである。上の最小対の例がその仮定を裏付けている。単音節語（根）同士の対立は、3、4、10、12、14、15、19、22、23、24、29 の諸例、第三則の例外が関与するものが 9、先行音節が中立のイ列音であるものが 13 の例である。このようにオ列甲類音と乙類音は、出現分布に制約を受けていることが明白である。その結果としてオ列甲・乙対立の機能負担量が抑制されているのである。

5　有坂法則とは何か

　有坂法則に関与する四つの母音相互間の対立においてオ列甲・乙音の機能負担量が低く押さえ込まれていた。前節で挙げた 31 対の有り様は、この法則の規制力を良く表している。表①から表⑤の分布によるとコの甲乙音の出現度数が極めて多いことが知られるが、コ（ゴ）の甲乙対立による最小対が 10 例と全体の三分の一を占有する。コの甲乙の機能負担量が相対的に高いことが留意される。表⑦を参照されたい。これは、表①から表⑤までを仮名別にまとめたものである。これによって奈良時代における、後に統合されたそれぞれの仮名がどの位置にどれ程分布しているのかが分る。これによれば、コがトと並んで数多く分布すること、中でも第一音節への密集度の高さにおいて際立っている。この事実は、コの甲乙の書き分けだけが平安時代にまで持ち越された要因を物語っている。

　機能負担量は一共時態における特定の音韻的対立の弁別的機能の程度であるから、これが低いと音声の変動に対する歴史的耐久力が弱いと考えられている。しかしながら、機能負担量の低さが対立消失の直接的原因なのではない。弁別的機能が低くても、それ以外の重要な機能を果たしていれば機能負担量が低いままでも音韻的対立は維持される。

　有坂法則は、語根の母音出現の特殊な傾向を記述したものである。有坂法則が体現する語根あるいは音節結合単位とは何なのか。それは、ある意味での文法的単位であることは疑いない。形態素とは少し違うが、単語を内部構成する要素であり、意味を伴っている。有坂法則が表している母音結合は、単語を内部構成する語根（結合単位）を統一標示する機能を有していた。有坂法則は、文法上の単位を母音配列の規則によって標示していた。文法的単位を音声的に統一標示するというのは、アクセントに似た機能である。日本語のアクセントは音節の高低差で標示され、方言によって多様な性格を持つが、核と呼ばれる音節直後の下降は文節の中で１個と決まっており、アクセントの型を決定するのは学校文法で言う「単語」ではなく「文節」である。このように日本語アクセントが統一標示する文法的単位は文節である。文節が、我々日本語話者が直観する文法的単位である。

　有坂法則の統一標示機能が十全に働いている限り、これに関与する母音同士の機能負担量が低くても音韻論的対立は維持される。何故なら有坂法則が、頻度の低いオ列甲類音の出現を第二則と第三則によって保証していたからである。

　しかしながら、奈良時代において語根（結合単位）は、その文法的機能が衰退過程にあったと考えられる。例えば古代語の単語の増殖において、語根的結合単位を含む複合が盛んに行われていた。語根の複合は、文法的単位の長大化を伴う。動詞増殖の場合、語根の増大と語尾の付接、接尾辞の付接が典型的であったが、これらはすべて文法的単位の長大化を伴った。また動詞や形容詞の造語の際には、語根に語尾を付接するが、有坂法則は語根内にだけ規制が及んで語尾には及ばなかった。

　既に見たように奈良時代語においては、動詞や形容詞が盛んに造語されていた。奈良時代語の文法的単位は、語根（結合単位）から我々が直観する文法的

単位である文節へと機能的重要度を移行させていたと見られる。

　有坂法則が標示する語根的結合単位は、多音節化した単語の内部要素として呑み込まれつつあった。語根的結合単位の文法的機能は、弱化傾向を免れなかった。その結果として、長大化した単語内では、弛緩的調音が許容されても語の弁別に支障を来さなかったと思われる。勿論長大な語中であっても例えば「とこ・よ（常世）」「こころ・ぐるし（心苦）」などに含まれる語根的結合単位の発音の保全が行われたであろう。何故なら「とこ」「こころ」などオ列音が連続する語根には殆ど乙類音が連続し（第一則）、甲類音は、有坂法則の第二則と第三則が保証する環境において出現する臨時形態であるに過ぎなかった。よって単語内において動揺、弛緩した発音が露呈する可能性があるオ列音は乙類音ではなく甲類音だからである。

　上代文献中に散見されるオ列甲・乙音の違例の実態がその過程を垣間見せてくれる。次に挙げるのは、上代文献中に観察される特殊仮名遣いのオ列音甲乙の違例が出現する語彙である。見出し項目に挙げているのが甲乙に関する本来の形である。

　　（ⅴ）しこ（醜）　しろ（白）　しろ（代）　きよし（清）　しの（篠）　しのふ（偲）　しのぐ（凌）　ひと（人）　ひと（一）　なのりそ（浜藻）　かしこし（畏）　みの（地名）　のみど（喉）　まとめ（人名）　さどまろ（人名）　やど（宿）　たどき（手段）　いさよふ（遅）　あどもふ（率）　あと（跡）　はろばろ（遙）　なとめ（人名）　むろ（室）　　つとむ（努）　くろ（黒）　たふと（貴）　まつろふ（奉）　かぶと（甲）　ふのり（海蓴）　うつろふ（移）　をそ（人名）　と（助詞）　をとこ（男）　そふ（添）　よひ（宵）　よぶ（呼）　より（助詞）　こ（子）　の（野）　それ（其）　の（助詞）　そ（具）　ほそき（曼椒）　とぢまろ（人名）　こと（琴）　より（助詞）

　上の違例の注意を引く特徴を幾つか挙げよう。すなわち、違例はかなりの割合で非第一音節に現れる（46例中33例）。単音節語も含めて第一音節での違例が相対的に少ないのは、語の第一音節が事実上オ列甲・乙対立の最小対が形成される位置であったためと考えられる。この位置でのゆるんだ発音は回避されたのである。次にサンプル46例のうち、元来甲類音であるものが乙類音へ移

動したものが 28 例と多くを占めている。奈良時代語資料において、オ列甲類音は乙類音に比べて出現頻度が遙かに劣っていた。これに対して、甲類音は、乙類音に比べて母集団が劣勢な中で違例の出現数が乙類を圧している。さらに、非第一音節に出現する違例 34 例の環境に注目すると、しろ（白）しのぐ（凌）のような先行音節がイ列音（すなわち中立母音を含む）の例が 13 例、やど（宿）あと（跡）のようなア列音が先行する例が 9 例、くろ（黒）うつろふ（移）のようにウ列音が先行する例が 8 例、をとこ（男）こと（琴）のようなオ列音が先行する例が 4 例と最も少ない。かかる傾向は、有坂法則の規制力の緩急を考えれば説明可能である。中立母音を含むイ列音の直後は、オ列音の出現と発音に縛りがないこと、ア列音（第三則）ウ列音（第二則）の直後には一定の縛りがあり、オ列音の直後は、殆どの場合乙類音しか出現せず、発音が動揺する余地が極めて少ない（第一則）。上代特殊仮名遣いの違例は、書写段階におけるエラーを含めて複雑な事情が関与していると思われるが、最も用例数の多いオ列音に関して、全体として甲・乙対立の解消過程が有坂法則によって規制される様相を反映している。オ列甲類音の乙類音への動揺的推移は、第二則と第三則の規制力を一層弱めたはずである。要するに上代オ列甲・乙対立の解消過程は、有坂法則の規制を次第に弱化させる方向で一貫したのである。かくして有坂法則が標示する語根的結合単位は、古代日本語の統語構造の一線から退くことに伴い、オ列甲類音は乙類音に吸収された。

　上代特殊仮名遣いに反映した当代語の母音の体系は、それを含む文法的単位の統語機能の減退に伴い、以前よりも音声実現の必要度が低下した。それは、長大化した単語の中に語根的単位が呑み込まれた結果である。長大な単語の発音が注意散漫な発音をしばしば許容することは現代日本語においても容易に観察出来る。このような発音傾向が平安時代以後、語の非第一音節における各種音便やハ行子音の推移（p＞Φ）、ハ行転呼音（母音間の Φ が w へ推移）、「いゐ」「えゑ」「おを」の音の合流など日本語の単語内音節構造そのものを改変して行くことになる。上代特殊仮名遣いの消滅は、このような長期的な音声変化過程の第一歩である。

6　古代日本語の歴史的変遷から推測される先史日本語

　以上、本稿では古代日本語を奈良時代語や平安時代語といった一時代の言語の状態ではなく古代日本語を一貫する動態は何かを観察してきた。動態として古代日本語を観察することは、たとえて言うなら微速度撮影によって古代語を観察することに似ている。微速度撮影の特長は、長時間に亘る緩慢で確実な趨勢を僅かな時間で把握することを可能にする点にある。それは、従来言われる共時論でも通時論でもなく、歴史言語学的全体把握を目指すものである。

　これまでの考察によれば、動詞の増殖は、語根の増大と語尾付接が典型的な方式であった。その方式が頭打ちになると自立性の強い状態性体言に語尾を付する方式が発達した。このような語幹と語尾の結びつきの分析的な造語法は、平安王朝文芸に数多く観察される接尾辞を駆使した動詞群の先駆けとなった。

　一方、形容詞は、当初自立性の強い状態性体言に語尾を付するク活用形容詞を産出したが、後に感情的意味を持つ動詞を語幹部に取り込んで語尾を付する造語法によってシク活用形容詞を発達させた。しかし、動詞に比べて造語生産性の弱い形容詞は慢性的な語彙不足を免れなかった。そこで、状態的意味を表す語根的結合単位に存在動詞アリから成立した断定辞ナリを付して形容動詞を産出した。また存在動詞アリに既存の形容詞連用形を上接させてカリ活用形容動詞を産出した。これらの動詞に由来する形容動詞は、形容詞の語彙不足を補った。

　このように古代日本語における動詞と形容詞の造語法に共通するのは、その中核的資源を比較的独立性を持った語根的結合単位に求めている点である。有坂法則が標識したこの単位は、奈良時代には前代の遺物と化していたが、新語産出のための資源としては価値があった。このような実態は、語根がある時期の日本語のより重要な文法単位であったことを推測させる。

　動詞、形容詞など活用する品詞群は、文の重要な構成要素である述語の形式である。中でも動詞述語は、話し手の認識、判断、感情が表出されるところであるから、動詞の意味に応じて「鶏が鳴く」「鄙の荒野に君を置きて」「田子の浦ゆ打ち出て」のように格助詞による必要情報の表示が要請される。動作性、

移動性、他動性、自動性など動詞述語の文法的意味に格助詞が呼応して現れるのである。特に奈良時代語では、動詞の自他対応が大量に進出しており自動詞と他動詞の形態的明確化は、主格（ガ）、目的格（ヲ）、場所格（ニ）、方向格（ヘ）といった格表示の明確化と顕在化を要請したに違いない。自他を始め、動詞の範疇的意味の明確化と顕在化は、格助詞の発達を促進したと思われる。これが典型的に見出されるのが平安時代の訓点資料における漢文訓読語である。

　日本語動詞は、中核的意義に加え、活用することによって蛸足のように種々の情報を助辞群と組み合わせて付着させている。活用の根本原理は、四段活用のような母音交替である（富士谷成章『あゆひ抄』「おほむね下」）。「いか・いき・いく・いけ（行）」も「さけ・さか（酒）」などの露出形と被覆形の対立もその原理が同じであるとすれば、母音交替の基礎的単位は語根であった可能性がある。しかし、動詞の多数を占める四段活用は、aiue と交替するので語幹末母音がオ列乙類音の場合、活用語尾は有坂法則第 2 則、第 3 則と調和しない。二段活用語尾も u 音が顕わになるので事情は同じである。

　そこで、動詞増産の結果、語尾に有坂法則が届かない文法的単位が増加したのである。語根的結合単位から語幹と語尾が分離したのである。有坂法則は、文法的重要度が一層低下したであろう。

　動詞は、動詞基本形だけでその役割を十分に実現できなくなっていた。活用形「動作が行われない事態（未然）」「動作が行われて今ある事態（連用）」「動作が終わる事態（終止）」「動作が事物に関与する事態（連体）」「動作が行われた後にある事態（已然）」の基本的意味にさらなる下位的意味が表示される必要が出てきた。ここに山田孝雄が言う二次的活用語尾（複語尾）が発達する余地が生ずる[10]。学校文法で助動詞と呼ばれる活用助辞群は、既存の動詞語尾から分出して成立した二次的語尾を多く含むのである。「ゆ・らゆ・つ・ぬ・り・たり・なり・む・る・らる・す・さす」などは、特定の文法的意味を有する既存の動詞の語尾から派出した形式群であることを示唆している。

　すなわち「ゆ・らゆ」は、「消ゆ・絶ゆ・覚ゆ」等の自発性ユ語尾動詞、「つ」「ぬ」は、「果つ・満つ」等の完了性ツ語尾動詞、「往ぬ・死ぬ」等の完了性ナ変動詞、「り・たり・なり」は、存在動詞アリ、「む」は、「固む・極む・

定む」等の意志性ム語尾動詞、「る・らる」「す・さす」は、自他対応第Ⅱ、第Ⅲ群動詞など、それらの出自は、およそ推測が付くのである[11]。また過去回想「き・けり」の成立には、カ変動詞「来」の介入を示唆する根強い説もある。古典古代語と現代日本語の常識から我々は、活用助辞が上接動詞からの離脱性の強い比較的自由な形式を予想しがちであるが、先史時代における動詞の文法的範疇の表示において活用助辞のような比較的自由な形式に対する依存度が低く、「聞こゆ（自発）」「極む（意志）」「果つ（完了）」等、特定の動詞との結合を前提とするものであった可能性が高いと筆者は考える。

　我々の知る古代語複語尾は、動詞の意味の拡張過程に際して既存の動詞から意味が連想される語尾をより明晰な文法的表示として再生した新形式だったのである。

【注】
1　阪倉篤義『語構成の研究』（角川書店 1966）
2　阿部裕「上代日本語の動詞連接「トリー」について」『名古屋言語研究』第 5 号（名古屋言語研究会 2011）
3　山本俊英「形容詞のク活用シク活用の意味上の相違について」『国語学』第 23 集（国語学会 1955）、釘貫亨『古代日本語の形態変化』（和泉書院 1996）
4　屋名池誠「書評「釘貫亨『古代日本語の形態変化』」『国語学』第 51 巻 1 号（国語学会 2000）
5　釘貫亨「奈良平安朝文芸における過去辞が介入する分詞用法」『名古屋言語研究』第 6 号（名古屋言語研究会 2012）
6　注 5 拙稿
7　小路一光『万葉集助動詞の研究』（和泉書院 1980）
8　馬淵和夫『上代のことば』（至文堂 1968）
9　マルティネ（A. Martinet）『機能・構造・音韻変化』15 頁（英語学ライブラリー 31、研究社）"Function Structure, and Sound Change" Word 8. 1-32, 1952
10　山田孝雄『日本文法論』「複語尾論」（宝文館 1908）
11　注 3 拙著

【参考文献】
金水敏　1994　「連体修飾の「〜タ」について」田窪行則編『日本語の名詞修飾表』（くろしお出版）
野村剛史　1994　「上代語のリ・タリについて」『国語国文』63

蜂矢真郷　2012　「上代の形容詞」『萬葉』（212 号、萬葉学会）

鈴木泰　2009　『古代日本語時間表現の形態論的研究』（ひつじ書房）

第4章　古代日本語のうつりかわり
——読むことと書くこと——

大　槻　　信

はじめに

　日本語散文の歴史について、われわれは漠然と次のように考えている。

　　「日本語にははじめから書かれるべき散文表現があったが、漢字しかな
　　かったために長く漢文で書くよりなかった。平安時代に平仮名・片仮名が
　　生まれて、はじめてそれを自由に書くことができるようになった。」

　はたしてそれは本当だろうか。日本語にははじめから書かれるべき散文表現
があったのだろうか。仮名文成立以前に書かれていた漢文は日本語を反映して
いないのだろうか。仮名というなら、なぜ万葉仮名で散文を記さないのだろう。
また、平仮名・片仮名があれば、それだけで日本語散文を自由に書くことがで
きるようになるのだろうか。

　「書く」には二種類の意味がある。文字を書くことと文章を書くことである。
上の見方は、文字の獲得と文章の獲得とを同一視している。文字を習い覚えた
小学生は、それだけで文章を書けるようにはならない。文字を書くことと文章
を書くこととは別である。

　日本人はどのようにして文章を書くことを獲得したのだろうか。それを読む
こととの関わりで考えてみたい。読むことによってはじめて書くことが可能に
なるという単純な事実を出発点にすえる。その際、とりわけ漢文訓読に注目す
る。漢文訓読こそが日本人にとって読むことのはじまりであり、それが日本語
に「書く型」を与えてくれたからである。

　本稿では、日本語の書きことばの典型としての和漢混淆文の成立までをたど
る。以下に述べることを、きわめて簡単に図式化すると次のようになる（訓読
文体と和文体の成立時期に時間差があるので、ずらして配置してある）。

はじめに、以下で用いる時代区分について説明しておく。日本語・日本文学の歴史的研究では、「上代・中古・中世・近世・近代・現代」という区分がよく用いられる。ここでは、上代とは奈良時代まで。中古は平安時代（794年〜）。中世は鎌倉時代（1192年〜）・室町時代（1336年〜）。近世は江戸時代（1603年〜）。近代は明治（1868年〜）・大正から第二次世界大戦まで、現代は戦後（1945年〜）を指すこととする。平安時代は400年間に及ぶため、9世紀を平安初期、10世紀を平安中期、11世紀を平安後期、12世紀を院政期と区分する。

1 読むこと

訓読みと訓読

「上古之世、未有文字（上古の世、未だ文字有らず）」（『古語拾遺』序、807年）[1]。ふるく日本人は文字を持たなかった。はじめて触れた文字は中国の漢字である。日本人が漢字漢文に触れた当初、それは当然、中国語という「外国語」として読まれ、理解されたたはずである。したがって、はじめは、中国語という外国語を習得しなければ、文字が使用できないという状況であった[2]。

使用できる文字・文章が漢字・漢文しかないという状況のもと、日本人には、その後の文字生活のあり方に、二つの選択肢があった。

1　中国語を習得する。

2　漢字漢文と日本語とを結びつける。

漢字漢文の完全な使用のためには、本来、1が望ましい。日本語・中国語のバイリンガルとなるか、使用言語を中国語に切り替えるのである。しかし、言語の切り替えに抵抗が大きいことはもちろん、口頭では日本語を使いながら、文字を読み書きする時には中国語を使うという状態も不自然で負担が大きい。そもそも、古代の日本にあって、中国語を（とりわけ口頭で）使用する必要性はそれほど高くなかったであろう。ほしいのは読むため・書くための文字と文章

であって、言語としての中国語ではなかった。日本人は２を選択した。個々の漢字と日本語とを結びつける営みが「訓読み」、漢文と日本語とを結びつける営みが「訓読」である。どちらも漢字漢文を「読むこと」から始まっている。

　中国語は孤立語（文法的要素をあまり示さず、実質的な意義を持つ単語だけを連続させる言語類型）であり、漢字は表意文字である。語と文字とが基本的に一対一で対応することから、単位はきわめて明瞭である。言ってみれば、漢文は漢字によってはじめから単語単位の分かち書きがなされている。そのような中、それぞれの漢字に対して、同様の意味を持つ日本語がその漢字の読み方として定着していく（訓読み）。それらの単位を日本語の文法規則に従って並べ替え、助詞・助動詞などの付属語を補ってやればひとまず日本語文となる（訓読）。

　「朝聞道、夕死可矣」（『論語』里仁）であれば、「朝—あさ・あした」「聞—きく」「道—みち」のような対応が「訓読み」。全体を日本語順になおして、「あしたに道を聞かば、ゆふべに死すとも可なり」のように読むのが「訓読」である。訓読では、「聞道」を「道を聞かば」と読むように、語順をかえて読むこと（返読）と助辞（「を」「ば」）や活用語尾（「か」）の添付とが見られる。一部に漢語（「死」「可」）を含み、読まない字（「矣」）もある。そして、その訓読を原漢文に添えて示す方式が「訓点」である。次のように、仮名や返点（レ点や一二点など）を使って読み方が示される。

　　　朝二聞カバ道ヲ、夕二死ストモ可ナリ矣。

　日本人は、中国語という外国語を言語として習得する道は選ばず、漢字漢文の力を借りながら、読むことも書くことも日本語を中心に行うことを選択した。漢文を訓読するということは、漢文を中国語として理解する回路を断ち、理解や思考は日本語で行うことを意味する。書く時には、たとえできあがりが漢文体であったとしても、日本語で内容・文章を考えた上でそれを漢文に改めている[3]。考えること自体には、外国語である中国語は基本的に介在しないという方法を選んだのである。

　それはつまり、漢文は訓読し、日本語は漢字・漢文になおして書く、そのような変換作業をつねに経由して文字使用を行う道であった。平安初期に平仮名・片仮名が生まれるまで、日本人が用いる文字は漢字しかなかった。奈良時

代以前の文字生活は、読むのも書くのも、すべて漢字漢文を用いたものである。現在では漢文で書くことこそなくなったが、漢字仮名交り文という形で日本語と漢字との変換は今日まで続いている。

訓読のはじまり

■訓読の開始時期はわからない

日本語による訓読がいつから行われたかは判然としない。文字やテキストをどう読んだかは資料に残りにくいものである。訓読みのはじまりも、漢文訓読のはじまりも、いつのことか正確にはわからない。今後も、資料の発見によって、遅くともいつ以降には訓読が始まっていたという下限が溯ることはあっても、開始年代がついに明らかになることはないだろう。

現時点では、後に見る音義木簡の存在などから、遅くとも7世紀後半には訓読が行われていたとされている。しかし、『古事記』（712年）、『日本書紀』（720年）、『万葉集』（759-800年頃）のような文字表現、文章から見て、訓読みや訓読はかなり早くから日本で行われていたはずである。相当量の訓読の蓄積がないと、これらの文字表現、文章は成り立たない。漢文訓読によって、日本人が漢字の扱いに十分習熟していなければ、『古事記』、『日本書紀』、『万葉集』などを書くことはできず、他人が読むことも期待できない。

■訓点記入のはじまり

漢文を日本語として訓読していることが、資料として確認できるのは、奈良時代最末期からである。訓読が訓点の形で資料に残されたもののうち、年紀が記されている現存最古の資料は、783・788年加点の『華厳刊定記（続華厳経略疏刊定記）』巻第五（大東急記念文庫蔵）である[4]。

　　今此答中品有両句. 由束問中初二句為一句故也

この資料に仮名・ヲコト点は見えず、句読点による句切りと傍記の漢数字による語序点で語順のみを指示している[6]。一から五までの語順指示に従うと「問中の初二句を束ね一句と為すに由るが故也」のように読むのであろう。明らかに日本語の語順にしたがって返読し[7]、日本語として読んでいる[8]。このように最初

期の資料では句読点と語序点（返点）のみだが、平安時代初期から、それらに加え仮名・ヲコト点を記入した訓点資料が見えるようになり、訓読の実態がより詳細にわかるようになる。

　これらは、漢文訓読が訓点という形で記し残された現存最古のものである。しかし、それを訓読の始原と見なすことはできない。訓読の開始と、それが文字符号として記しとどめられるようになる時点とでは、当然かなりのタイムラグがある。テキストの読み方などは、わざわざ記さないのがふつうであるとすれば、奈良時代以前の訓読は書き留められなかったと考えるべきであろう。

　奈良時代以前の学習方法について、中田祝夫（1982：178）は次のように述べる。[9]

　　漢文を訓読する際に、それを訓点として記入しなくては、訓読が記憶できない、と今日の人びとは考える。しかし、奈良時代以前の学習方法は、平安時代以後とはかなり違っていたと考えられる。仏教の方では、僧を志す者は、専心、特定の経典を学習した。『法華経』とか、『金光明最勝王経』とかいった特定の経典の音読、もしくは訓読を、経典を前にして、それを師僧から口授された。それは遅々たる歩みであっても、特定の一経典の上のことであるから、音読も訓読もすべて完全に記憶されて進行していった。小部分ずつを、師僧から口授されて完全に記憶しつつ、何年かを要して学習しおえる。そういう方法をとれば、必ずしも慌てて訓読を経典の上に記入せずともすむのである。

　その後にあらわれる平安初期の訓点資料は、すでにかなり整った訓読の姿を示している。「あれほどの整った訓読が突然に平安初期に現れるはずがない」（中田点研 1954：54）とすれば、漢文を訓読していたが、その痕跡が文字符号として記しとどめられることはなかった時間が、訓点記入の前史として長く存在するはずである。奈良時代以前も漢文は訓読されていたが、それが文字符号として書き留められることはなかった。後に見るように、漢文訓読の中には奈良時代の日本語がとどめられている。このことは奈良時代においてすでに広く訓読が行われていたことを示している。

■音義木簡

　滋賀県北大津遺跡出土遺物のうちに、漢字とその和訓を記した「音義木簡」と通称される木簡がある。[10] 大字の漢字の下に小字の万葉仮名で和訓と見られるものが書かれている。その中に、漢字「誈」に対して、小字で「阿佐ム加ム移母（あざむかむやも）」[11]という和訓が付された部分がある。漢字の意味を示すのであれば、「阿佐ム久（あざむく）」とだけ書けばよい。末尾に助動詞「む」・助詞「やも」が付いていることから、これはもともとある文章（出典未詳）の中に使われていた「誈」字に対する読みを書き抜いたものと考えられる。つまり、その漢文は「文全体として」訓読されていたのである。この木簡は大津宮時代（667-672 年）の遺物と考えられていることから、遅くとも 7 世紀後半から訓読の行われていたことがわかる。

　遺された「もの」を通して訓読の開始をさかのぼれるのは、現時点ではここまでである。しかし、いくつかの状況証拠から、訓読の開始はそれよりもずっと早かったと考えられる。

■訓読したであろう状況証拠

［時間］

　漢字の伝来から、7 世紀後半の音義木簡、8 世紀後半の訓点記入まで、相当の時間が経っている。日本人がいつ漢字とはじめて接触したのかは、これも証拠立てて示すことが難しい。ただ、「漢委奴国王」金印（57 年）[12]、卑弥呼の朝貢（239 年）[13] などのことも思い合わせると、かなり早くから大陸および朝鮮半島の漢字文化圏と接触している。その間の漢字使用に日本語が関与しなかったとは考えにくい。

［政治］

　初期の文字使用は数量や出来事の記録、行政用の文書など、政治的な利用が中心だっただろう。文字とその運用がなければ、高度な政治は行えない。律令体制は、文字の読み書きができる官人を全国に配置することで機能する。律令体制の確立に文字は欠かせないのである。大化の改新（645 年）や文書行政のはじまりをつける大宝律令の制定施行（701-702 年施行）などを画期として、

遅くとも7世紀には漢字の本格的な利用が行われていた。

　行政文書は読み上げられるのがふつうである（吉川真司 1998、渡辺滋 2010）。その際、声を出して読み上げる人と、それを聞いて判断決裁を行う人とは通常別であった（読申公文）[14]。つまり、聞く人は、読み上げられたものを、文書を見ずに理解する必要があった。政務文書には人名・地名など日本語の固有名詞も多くあらわれる。その読み上げに、漢文を中国語として読む中国語式直読が用いられたとは考えにくい。意味を伝えるため、文書は訓読されていたはずである。それは、定形化された各書式（「公式令」規定）に従い、パターン化された訓読であったろう。だからこそ容易で普及しやすかったと考えられる。

［訓読したという記録］

　また、漢文を訓読したという記述・記録がいくつか見える。

　養老令（718年改修、757年施行）の注釈書である『令集解』の「学令」を見ると、大学寮での経書の学習は中国語式の直読で行われていたようである。しかし、同時に、「医生大学生等之読者、読ㇾ訓也」（学令、新訂増補国史大系『令集解』：449）のような記述が見え、内容理解のための訓読が行われていた。

　仏典について、春日政治（1983：157ff）は天平十四年（742）の正倉院文書に以下の記述のあることから、直読・訓読ともに行われたことを指摘している。

　　　　　僧霊福謹解　中貢度人事

　　　　　　　櫛本連堅満侶〔年廿八／左京三条二坊……〕[15] 読経

　　　　法花経一部〔音訓〕　即開題　最勝王経一部〔音訓〕

　　　　涅槃経一部〔音訓〕　注維摩経一部〔訓〕　方広経一部〔音訓〕……

　　　　　　　　　天平十四年十一月廿三日

少し降って、「読法華金光明二部経。漢音及訓」（『日本後紀』大同元年（806）正月勅）の例もある。また、先にも述べたが、訓読の日本語の中に奈良時代の日本語がとどめられていることは、奈良時代においてすでに広く訓読が行われていたことを示している。

［辞書・音義］

　上代に、漢語に対して日本語を記した辞書・音義の類が発生している。逸書ながら『楊氏漢語抄』は養老年間（717-724）成立と考えられ（『和名類聚抄』序

文)、簡便な用字辞書であった漢語抄類のさきがけをなす。現存するものでは、奈良時代末期に『新華厳経音義』（780 年頃）、『大般若経音義』（元興寺信行撰か、780 年頃）、『新訳華厳経音義私記』（794 年以前）など、和訓を掲載した仏典音義類がある。辞書類に和訓が掲載されるということは、漢文理解に日本語が用いられていること、ならびに和訓が定着し、その価値が高まっていることを示していよう。

訓読と「書くこと」

■書かれたものの存在

　漢文が広く訓読されていたであろう、もっとも大きな根拠は、書かれたものの存在とその表現のあり方である。書くことは読むことの裏返しとしてある。「日本語で」読むことの蓄積がないと、日本語を書くことは出来ない。漢字・漢語・漢文を日本語に置き換えることが相当に蓄積され、ある程度固定化してはじめて、それを逆転して、日本語を漢字・漢文で書くことが可能になる。

　『古事記』は明らかに日本語文を表記しようとしている。『日本書紀』も正格の漢文体で書かれながら、訓注もあり、早くから訓読されている。また、『万葉集』の歌も漢字・漢語を訓読することが前提で書き記されている。『古事記』『日本書紀』『万葉集』が書かれるためには、読むことの相当の蓄積があったと考えねばならず、また、読むことの中心は訓読、すなわち日本語で読むことであったにちがいない。その前史から見ていこう。

■金石文・木簡に見える和化漢文

　7 世紀の金石文[16]や木簡の類には日本語を反映した「和化漢文」が多くなる。和化漢文（変体漢文）とは語順や敬語表現などに日本語を反映し、漢文本来の語序・語法とは異なった破格の漢文のことである。

　『法隆寺金堂薬師仏光背銘』（607 年?)[17]は語序や敬語表現などに日本語を強く反映している[18]。

　　召於大王天皇与太子而誓願賜、我大御病大平欲坐故、将造寺薬師像作仕奉詔。

（大王天皇と太子と（を）召して、誓ひ願ひ賜ひしく、我が大御 病 大平かにあらむと欲ひ坐すが故に、寺（を）造り薬師像を作り仕へ奉らむ［将］と 詔 したまひき）[19]

「欲坐（欲ひ坐す）」「薬師像作（薬師像を作り）」「詔（と 詔 し）」のように日本語の語順となっているところが多く、「召於大王天皇与太子而」は日本語の助詞「……とを召して」に対応するように助字を多く用いて表現している。また、「大御」「賜」「坐」「奉」のような敬語表現が見える。

　飛鳥池遺跡出土木簡には「院堂童子大人身病得侍」、7世紀末の滋賀県西河原町森ノ内遺跡出土木簡には「我持往稲者、馬不得故」などとある。いずれも「病を得」という日本語、「我が持ち往く稲」という日本語をそのまま表記したものであろう。[20] 群馬県高崎市山名町にある『山ノ上碑』（681年）にいたっては「…大児臣娶生児長利僧母為記定文也（大児の臣を娶りて生める児、長利僧、母の為に記し定めし文なり）」のように全文が日本語の語順となっている。[21] このように漢文に母国語の語順があらわれることは、日本に先んじて漢字文化を受け入れた朝鮮半島でもあった。[22]

　これらの文章は、日本語で発想した内容を漢文体で書いたものであり、読む際も日本語で読むことが前提となっている。このことは広げて、他の漢文も読まれる時には多く訓読されていたことを予想させる。

■ 『古事記』

　『古事記』（712年）は明らかに日本語を反映している。原文とその訓読文を示すと次の通りである。

　　於是、天神諸命以、詔伊邪那岐命、伊邪那美命、二柱神、修理固成是多陀用弊流之国、賜天沼矛而、言依賜也。故、二柱神立〔訓立云多々志。〕天浮橋而、指下其沼矛以画者、塩許々袁々呂々迩〔此七字以音。〕画鳴〔訓鳴云那志。〕而、引上時、自其矛末垂落塩之累積、成嶋。是淤能碁呂嶋。〔自淤以下四字以音。〕

　　（於是、天つ神諸の命以ちて、伊邪那岐命・伊邪那美命の二柱の神に詔らさく、「是の多陀用弊流［之］国を修理め固め成せ。」とのらして、天の沼

矛を賜ひ而、言依さし賜ひき〔也〕。故、二柱の神、天の浮橋に立たし〔立を訓みて多々志と云ふ。〕而、其の沼矛を指し下して〔以〕画かせ者、塩許々袁々呂々迩〔此の七字は音を以ゐる。〕画き鳴し〔鳴を訓みて那志と云ふ。〕而、引き上げます時、其の矛の末自り垂落る塩之累積、嶋と成りき。是淤能碁呂嶋なり。〔淤自り以下の四字は音を以ゐる。〕）（『古事記』思想大系：20-21）

「於是」「故」のような接続表現は元来日本語になく、漢文訓読によってもたらされたものである。すなわち、全体が漢文の枠組みに従って書かれている。その一方で、語順は時に日本語式となり、「言依賜（言依さし賜ひき）」の「賜」のような敬語表現を含む和化漢文として書かれている。「伊邪那岐命・伊邪那美命」のような固有名はもちろん、「多陀用弊流」のように漢語では正確にあらわすことが難しい語や、海水をかきまわす様子をあらわしたオノマトペ（擬音語・擬態語）である「許々袁々呂々迩」などは、漢文式に書くことができないため、万葉仮名を使って一字一音式に記している。また、「訓立云多々志（立を訓みて多々志と云ふ）」のように読み方を示した訓注がしばしば見える。『古事記』を漢文として読むことはできず[23]、日本語文として読むべきことは明らかである。『古事記』は漢文訓読に基づく訓読文体の日本語を和化漢文で記したものである。

■ 『日本書紀』

　一方、同時期に編纂された『日本書紀』（720年）は中国式の正しい漢文で書かれている。中国・朝鮮半島など他国に示しうる歴史書としての体裁を意識し、漢籍・仏典などの文辞を用いて潤色している。編纂には渡来人・中国人が関与したと言われる（近年のものでは森博達1991・1999など）。そのため、日本語を反映しているのかどうかがわかりにくい。しかし、本文に『古事記』と同様に訓注があること、また、奈良時代から講書・講筵が行われ、その記録である私記が作られていること[24]。残された私記によると、明らかに訓読していること。部分的とはいえ平安初期にさかのぼる訓点本があること。これらの点から、『日本書紀』は書く際も漢文の背後に日本語があり、読む際も訓読されたもの

と考えてよいだろう。しかも、その訓読は、ほとんど漢語をまじえず和語（固有日本語）で読み、時に和文的に読むこともあるというやや特殊なものであった。

■ 『万葉集』

『万葉集』（759-800 年頃）の歌は、和歌であるがゆえに、基本的に和語しか用いない。だから、漢字漢語とは無縁だと言えそうだが、けっしてそうではない。発想の上で漢詩・漢文の影響うけていることは別にしても、[25]文字として漢字しかない状況の中、歌を表記するためには漢字漢語を用いざるを得ない。和語を漢字の装いで書く必要があった。また、和歌の前後におかれ、その成立事情を記す題詞・左注は漢文で書かれている。

次の歌を見よう。

展轉　戀者死友　灼然　色庭不出　朝容之花（『万葉集』巻 10・2274）

（こひまろび　こひはしぬとも　いちしろく　いろにはいでじ　あさがほのはな）

「こひはしぬとも」の「とも」を「友」で、「いろにはいでじ」の「には」を「庭」で表記している。漢字の訓を使いながら、その意味は棄てて音を表すために用いる「訓仮名」という用法である。訓仮名を用いるということは、それらについて、漢字と和訓との結合が社会一般ですでにかなり強かったことを示している。この歌でいえば、「友」を「とも」、「庭」を「には」と読むことが当然であってはじめてこのように書くことができる。

万葉仮名の中に「訓仮名」と呼ばれる、訓読みを前提にした表記が含まれることは、相当早くから訓読みが成立し、その固定化が起きていることを推測させる。訓仮名は訓読みをさらに一歩進めないと成立しない。残された資料によると、訓仮名の使用は 7 世紀中頃から見える。

上の歌では、「こひまろび」という和語を「展転」という漢語で、「いちしろく」という和語を「灼然」という漢語で書いていた。しかし、このような表記が成り立ちうるためには、むしろ逆に、「展転」を「こひまろぶ」、「灼然」を「いちしろし」と訓読する経験がなければならない。それがあってはじめて、上記のような表記が可能になる。しかも、「展転─こひまろぶ」の結びつきが、

社会的にある程度一般化していなければ、「展転」の文字列に「こいまろぶ」という和語を託すことはできない。

　また、「いでじ」という和語を表記するために「不出」を用いている。これを読む際には返読が必要になる。つまり、単語や熟語レベルの対応（訓読み）だけでなく、文全体を日本語に置き換える訓読が相当広く行われていないと、このような文字表記は出来ない。

　漢文テキストをある形の日本語で読むという経験が蓄積され、固定化されてはじめて、日本語を漢字文字列で書くことが可能になる。

■「書くための日本語」「読むための日本語」

　『古事記』『日本書紀』『万葉集』の時点で、「書くための日本語」がおおむねできあがっていた。「書くための日本語」が成り立つためには、それに先立って「読むための日本語」が成立していなければならないはずである。漢文訓読の蓄積がなければ、日本語を漢字漢文で書くことはできない。

　『古事記』『日本書紀』のような散文はもちろん、『万葉集』のような歌を表記する場合であっても、日本語を漢字漢文で表すためには、訓読の蓄積が相当に必要である。また、これらの文献が作者の手を離れて他者に読まれるためには、訓読が社会的に固定化・一般化していなければならない。これらの背景を欠いては、これらの文献が書かれることも、読まれることもおきない。したがって、奈良時代に『古事記』『日本書紀』『万葉集』が成立しているということは、訓読み、訓読がかなり早い時期から広く行われ、相当程度に固定化・一般化していたことを示すと考えられる。

2　訓読と訓点

訓読と訓点

　平安時代の漢文訓読の実態は訓点資料を通して見ることができる。ここでは訓読と訓点について、以下の行論に必要な限りの特徴を述べる。

■訓読

　漢訳仏典、漢籍をはじめとする漢文を、原文に寄り添いながら自国語で理解しようとする営みが「訓読」である。訓読という現象は東アジアを中心とする漢字文化圏において広く見られる（金文京 2010、中村春作他編 2010 など）[26]。しかし、その中にあって、訓点というシステムを高度に発展させ、かつ長い期間にわたってそれを使用した国は日本をおいて他にない。訓読は中国文化、仏教文化の移入にとどまらず、語彙・語法・表記など様々な面で日本語に甚大な影響を及ぼした。現代日本語の源流の一つとして漢文訓読語をあげることができる。以下に見るように、日本語散文はこの漢文訓読によって形成されたものである。

■訓点

　日本では、漢文を読解するための補助手段として、漢文本文に返点・仮名・ヲコト点などを記入することがあった。返点により語順を示し、仮名によって訓や音を表す。ヲコト点は字画の様々な位置に点や線を施すことで、助詞・助動詞・活用語尾などを表示した。これらの注記・符号を「訓点」、訓点が施された文献を「訓点資料」、訓点を加えることを「加点」と呼ぶ。漢文本文を完全に保存したまま、日本語としても読み下せるようにしたものであり、その点で翻訳とは異なる。訓点という方式は仏教の世界で生まれ発展したものである。

　訓点はもともと個人の備忘に発し、その形態もまちまちであったが、学問の累積に従い、その方式も訓読自体も固定化が進む。それに伴い、漢文本文とそれに付された訓点とが次第に密接に結びつくようになった。訓読・訓点は、漢文を理解するための補助手段から、漢文を読むことそのものへと転じていく。訓読方式の確立が、日本人の漢文への接近をやさしくしたことも見逃せない。それは、日本語を経由して効率よく中国文化を吸収する方式の確立を意味し、一方で中国文化からの乖離も意味した。漢文を訓読するということは、漢文をつねに日本語のフィルターを通して理解することであり、漢文を他言語として深く理解することから遠ざかることにもなった。江戸時代の国学者、太宰春台（1680-1747）はこの危険性を自覚して、訓読を「甘キ毒」（『倭読要領』）と表現している[27]。

■加点の歴史

　日本における訓点発生の歴史的経緯は、「句読点・語序点 ＞ 仮名点 ＞ ヲコト点」の順である。句読点・語序点を記す現存最古の資料は、上に見たとおり、『続華厳経略疏刊定記（華厳刊定記）』巻第五（大東急記念文庫蔵、783・788 年加点）である。万葉仮名による加点はヲコト点に先立っておこり、平安時代極初期の資料が残存する（聖語蔵『阿毘達磨雑集論』平安極初期点、醍醐寺蔵『梵網経』平安極初期点など）。その後、字画の多い万葉仮名を漢文の行間に記入する煩瑣を避けるため、記号化という方式でヲコト点が生まれ、省画化という方法で片仮名が生まれる。ヲコト点と片仮名を組み合わせるのが平安時代の訓点資料の一般的形態である。11 世紀後半から、ヲコト点を仮名に改め、専ら仮名点のみを用いる資料が多くなり、12 世紀（院政期）に急増する。これを仮名点本と呼ぶ。鎌倉時代以降は、ヲコト点の衰退により、訓点といえば、返点と仮名とを墨で付すことが一般的になった。

　すなわち、訓点資料の歴史を概観すれば、次のようになる。

　　科段点[28]・句読点・返点 ＞ 万葉仮名 ＞ 片仮名・ヲコト点 ＞ 片仮名（仮名点本）

■片仮名　ヲコト点

　漢文訓読の世界で発達した文字が片仮名である。片仮名は、漢字を用いて日本語を表記した万葉仮名を母胎に、それを省画化することで生み出された。「阿」から「ア」、「伊」から「イ」のようである。片仮名は日本製の文字であるが、漢字・漢文の世界と深く結ばれている。

　ヲコト点はテ・ニ・ヲ・ハのような頻出語を簡略に表示するための手法であり、仮名と相伴って用いられた。ヲコト点には数多くの種類があり（約二〇〇種類が発見されている）、宗派や寺院ごと、場合によっては師から弟子という師資相承（し そうじょう）のレベルで使い分けられた。

■訓点資料

　訓点資料の実際を見てみよう（【図版】参照）。これは京都大学文学研究科国

語学国文学研究室蔵『金剛頂経』巻第三の巻頭部分である。写本末尾の奥書に「永治二年二月廿八日移點已了沙門長契」（永治二年 1142）とあって、平安時代 12 世紀に書写・加点された資料であることがわかる。「移點（移点）」とあるように、すでに訓点が付いたものを点ごと写しとっている。本文に朱で加えられたヲコト点は天台宗園城寺を中心に使われた西墓点である。西墓点の点図（次頁【資料】参照）に従い、冒頭「次當廣説金剛弟子入金剛大曼荼羅儀軌」を読むと、「説」に「く」のヲコト点、「子」に「を」、「入」に「るる」、「羅」に「に」と返点、「軌」に「を」の点と右下に句点がある。以上を釈文になおすと次のようになる。

【図版】

　　次當廣説く金剛弟子を入るる金剛大曼荼羅に儀軌を.
これを訓点にしたがって訓み下すと次のようになる。[29] 平安時代の人は漢文をこのような日本語で読んでいたことがわかる。

　　次（に）當（に）廣[30]（く）金剛弟子を金剛大曼荼羅に入るる儀軌を説く（べし）［當（再読）］。

　ここで「當（当）」字には訓点がない。「当」「将」は、平安時代初期には単読（ベシ・ム）であるが、中期以降は仏書も漢籍も再読されるのがふつうである。ここはヲコト点を欠くが、「マサニ…ベシ」と再読して良かろう。[31] 逆に言えば、特に訓点を付すまでもなく、そのように読まれたことになる。平安中期には再読が訓読のパターンとして確立されている。

　「次（に）當（に）廣（く）…（べし）」のように、括弧で示したものは補読である。訓み下し文には補読部分が少なからずあらわれている。訓点はオプションであって、日本語形のすべてが示されるわけではないこと、したがって、訓点資料を読む際には、推定による補読の必要のあることがわかる。

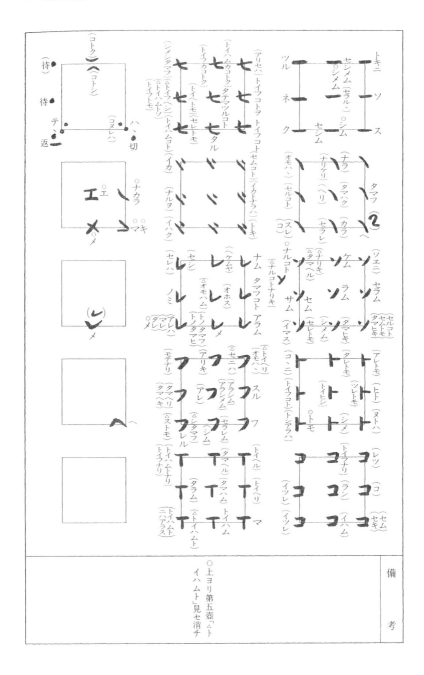

【資料】西墓点点図　築島裕『訓点語彙集成』第一巻、汲古書院、2007

■奈良時代語をとどめる

　平安時代の訓点資料に見られる訓読のことばには、より古い日本語の姿がとどめられている。語彙、文法などに『万葉集』に代表される奈良時代語との共通点が多くある。たとえば、奈良時代に盛んに使われたク語法は、平安時代に入ると多くは姿を消すが、「曰く」「申さく」などの形で平安時代以降の訓読に残存する。このことは、師匠から弟子に訓読が受け継がれていく保守的な訓読伝授の結果であると同時に、訓読のある程度の固定化がすでに奈良時代に起きていることを示している。奈良時代に訓読のスタイルが形成されていればこそ、奈良時代語が訓読の中にとどめられる。

　現在ふつうに使う「あるいは」ということば、実は『源氏物語』など平安時代の和文資料には出て来ない[32]。「あるいは」は訓点資料に頻出する、漢文訓読に由来した古い表現である。「あるいは」を品詞分解してみよう。「ある」は、「ある人」の「ある」と同じで、名詞を修飾する連体詞である。「は」は、「てにをは」という言葉があるように、助詞である。では、間に入る「い」はいったい何だろうか。実は「い」も助詞である[33]。しかし、助詞「い」は平安時代の和文資料でも見かけず、そのため中学・高校の古典文法で助詞「い」は習わない。一方、『万葉集』など奈良時代の資料や平安時代（特に初期）の訓点資料にはしばしばこの助詞「い」を見ることができる[34]。

　　　否と言へど語れ語れと詔らせこそ志斐いは（志斐伊波）奏せ強ひ語りと言ふ（『万葉集』巻3・237、志斐嫗奉和歌一首）

　　　玄奘い早（に）玄門に　預りて、幸に昌運に逢ヘリ（『大唐三蔵玄奘法師表啓』古点、850年頃）[35]

　つまり、平安時代の訓点資料の訓読の中に、一時代前の日本語が化石のように残存しているのである。そのため、訓点資料が『万葉集』をはじめとする上代文献の読解に援用されてきた。

■訓読語と和文語

　平安時代の漢文訓読に用いられたことばと、同時代の和歌・日記・物語などに見られることばを比較すると、表記・音韻・文法・語彙など、様々な点で違

いが見られる。両者はそれぞれ一つの体系をなしていたと考えられ、前者を
「（漢文）訓読語」、後者を「和文語」と呼ぶ。両者の体系は平安時代中後期ご
ろに確立した。

　上に見たとおり、平安時代の漢文訓読語は奈良時代語と連続性を持つが、和
文語は奈良時代の言語とは異なる点が多い。中でも、語彙において、訓読語と
和文語の間に著しい対照をなす面のあることが知られている（築島語研1963）。
和文資料・平仮名文献でふつうに見られる語が、訓点資料や片仮名文献ではほ
とんど見られない、あるいはその逆、ということがある。例えば、程度の甚だ
しいことを表すのに、和文では「いと・いたく・いみじく」といった言葉が使
われるのに対して、漢文訓読ではそのような言葉を用いず、「スコブル・ハナ
ハダ」を用いる。逆に、『源氏物語』のような和文資料には「スコブル・ハナ
ハダ」はほとんど見いだすことが出来ない。文法に関わる表現でも、和文で
「す・さす」「やうなり」を用いるのに対し、訓読では「シム」「ゴトシ」を用
いる。

　この差異は、訓読のスタイル形成が奈良時代、和文のスタイル形成が平安時
代であることとも深く関わろう。スタイル形成時には、それぞれの時代の口語
が使われるはずだからである。

■訓読と直読

　小中高の教科「国語」の問題として、仮名書きの読みから漢字を書かせる書
き取りの問題に並んで、漢字の読み方を問う形式の問題が出題されることがあ
る。単なるリテラシーや漢字の知識を問うという目的で出題されることも多い
だろう。しかし、中には、知識を問うというよりも、本文が理解できているか
どうかを問うために漢字の読みが出題されている場合もある。つまり、漢字が
読めるということは、意味内容を理解しているということとかなり近い。漢字
に託された日本語がわかってはじめて、その文章が読めたことになるというわ
けだ。文字テキストから意味を取り出すためには、そこに日本語の読みが介在
しなければならないのである。

　古代において文字テキストは、多くの場合、声に出して読み上げられていた。

読み上げることには主として二つの機能がある。「自分の理解のため」と「他人に聞かせるため」である。テキストの音読はまず、テキスト理解の過程として欠くことができない。黙読の習得は容易でなく、ふつうは音を経由しないとテキストの意味が理解できない。テキストを声に出して読み上げて、はじめて意味がわかるのである。古代人はまず自分の理解のために読み上げる必要があった。日本では明治に至るまで読書時に声を上げて読むことは珍しくなかった。黙読の定着は明治四十年代以降と言われる。現在も、子供の成長過程では音読をへて黙読へとすすむ。

　一方、他人に聞いてもらうために読み上げることもある。黙読中心の現代人にとって、読み上げるといえばふつうこちらを考える。日常的な伝達に加え、公文書を読み上げる、お経を唱える、詩歌文を朗詠朗読するなど、読み上げることは制度的、儀礼的、宗教的にも重要だった。

　また、教育の場においても、テキストを読み上げることで教育がなされた。平安初期の訓点資料を見ると、『成実論』天長点（828年）の奥書に「天長五年七月一日一往聴了」（巻第十四奥書）とあり、石山寺本『大智度論』天安二年（858）点の奥書に「大詮大徳所講」とある。築島新論（1969：44）は「恐らく多くの場合は講師の講読を聴き乍ら、学者が自己の手許のテキストにその訓法を記入して行ったのであろうと推測される」と述べる。ある意味、テキストをどう読み上げるかを伝えることが教育だった。

　「他人に聞かせるため」に読み上げる場合も、教育の場や文書読み上げのように、意味伝達を目的とすることがふつうだが、仏教経典の読誦、漢詩漢文を朗詠朗読するといった儀礼的な場面では、意味ではなく音声そのものが重視され、意味はわからなくてもよいという場合もある。

　さて、テキストが漢文の場合、読み上げる方法に二種類ある。

　1　中国語式の直読。

　2　日本語による訓読。

漢文を語順通りに読む1の中国語式直読では、中国語習得者以外の多くの日本人には意味が理解できない。日本語化した字音直読では、中国語習得者であっても、理解が難しいだろう。2では漢文を訓読した日本語文を読み上げるとい

うことになる。

　仏典・漢籍はしばしば中国語式に直読された。仏経の読誦には現在も字音直読が多い。平安期の大学寮の教育で漢籍は基本的に直読されたようだ。また、漢詩朗詠など、儀礼的な場で、意味理解をそれほど必要としない場合に、中国語式直読がおこなわれることもあった。しかし、「意味理解」を必要とする場合には、2の訓読でないと役に立たない。とりわけ、「自分の理解のため」に読む場合は、もっぱら訓読が用いられたであろう。

　中国語式直読は基本的に、限定的な場面でのみ行われたと考えてよいだろう。漢文の直読がそのまま内容理解につながるような仕組み（外国語としての中国語習得）を、日本人はついに発達させなかった。意味理解・伝達が必要とされる通常の場合には、もっぱら日本語になおす訓読方式が使われたはずである。自分や他者に意味を伝えつつ、同時にそれがテキストの読み上げともなり得るような読み方、それが訓読だった。

訓読と日本語

■わかりやすい日本語

　訓点資料を見ると、経典冒頭の題名や誰が訳したという部分まで訓読していることがある。西大寺本『金光明最勝王経』古点の題名部分には「金の光明ありて最勝なること王のゴトクイマス経」（春日最勝王経 1942：1）の加点がある。訓読は内容理解のためであることがよくわかる。

　訓読は翻訳である。翻訳はできる限りわかりやすくするのが原則である。したがって、漢文訓読は、その発生の当初には、漢文の内容をわかりやすい日本語に置き換えるということであったろう。その時点では、訓読に格段のスタイルはなかったはずであるから、口語に近いところから出発したにちがいない。

■不自然な日本語

　ただし、訓読の日本語は原漢文に強く制約される。訓読は原漢文に寄り添う形でなされ、大きく付け加えることも、削ることも、大幅に意訳することも出来ない[36]。基本的に漢文を逐字逐語的に読むことになる。その読みは多くの場合、

パターン化されている。たとえば、「何為」は「ナンスレゾ」、「所謂」は「イ
ハユル」、「就中」は「ナカンヅク」と読む。「願…」とあれば「ネガハクハ…
セヨ」と読み、「当…」とあれば「マサニ…ベシ」と再読する。ある漢字・文
型が出てくれば、おおむね決まった読み方をするのである。

　訓読は漢文に従属的な日本語表現であり、やや不自然な日本語となることは
避けられない。[37]読むためのことばを持たなかった日本語は、漢文訓読を通して、
読むための日本語を新たに作り上げなければならなかった。訓読が日本語に、
従来ない表現を多くもたらしたことは、山田孝雄（1935）『漢文の訓読により
て伝へられたる語法』などに指摘がある。同書には、

　　ごとし・かくのごとし、いわく・おもえらく、ねがわくは・おしむらくは、
　　いわゆる、なんなんとす、かえんなん、なんすれぞ、なかりせば・なかっ
　　せば、しかり・しかれども、しこうして、しむ・して、べし・べからず・
　　すべからず、あに、いまだ、かつ、かつて、けだし、すでに、すなわち、
　　むしろ、もし・もしくは、あい、あえて、いたりて・きわめて、すべて・
　　はたして、よりて、幸に・しきりに・みだりに、あるいは、および・なら
　　びに、おいて、ために、ゆえに・ゆえん、もって、ところ、いえども、欲
　　す、がえんぜず、あたわず、のみ、いわんや、これあり・これなし、再帰
　　格のこれ

のような表現があがっている。

　同書が「伝へられたる語法」と題しているように、影響は単語レベルにとど
まらない。語レベルでは自然な置き換えも、文レベルでは不自然な日本語をも
たらすことがある。項目の一つに「ねがわくは」があがっている。「願」を単
語レベルで「ネガフ」と読むのは通常の訓読みである。しかし、訓読では漢文
の文型「願…」を奈良時代によく使われたク語法を用いて「ネガハクハ…セ
ヨ」と読む。この訓読によって日本語に、それまでにはなかった「ネガハクハ
…セヨ」という新たな文型が発生したのである。「マサニ…ベシ（当・将）」の
ような再読、「…スルコトヲエズ（不得…）」なども同様である。これらの表現
はもともと日本語になく、漢文を訓読することによってはじめて日本語にもた
らされた。訓読は日本語が漢文に歩み寄ることで成立している。

　また、訓読はより深いレベルでも日本語に影響を与えている。目的格の
「を」を考えてみよう。現代日本語では「歌をよむ」のように目的格には必ず
「を」を添える。一方、古文では「歌よむ」のように「を」がない方がふつう
である。目的格の「を」はもともと感動の間投助詞に端を発し、目的格をあら
わす格助詞「を」も古代日本語において必須ではなかった。目的格「を」をし
ばしば用いるようになったのは平安後期以降、目的格の語に「を」を規則的に
読み添える訓読の影響によると言われる。

　漢文の訓読が原漢文に制約されるということは、原漢文に含まれない要素は
訓読には現れにくいということにもなる。漢文訓読に「係り結び」がほとんど
見えず、敬語表現も少ないことは、このこととも関わろう。古典文法で係助詞
ゾ・ナム・ヤ・カ、コソ、ハ・モによる係り結びを習う。「係り結び」は古文、
とりわけ古代語を特徴づける現象である。しかし、「誰カ」「何ゾ」のような疑
問表現を除くと、訓点資料には係助詞の現れることが少ない[38]。係助詞は口語性
の強い強調表現である。もちろん原漢文にはない。原漢文にないことは敬語表
現も同様である。とすると、それらは自然と訓読には現れにくいことになる。

　訓読の日本語は、漢文に従属した言語表現である。漢文を訓読するために作
られた、やや不自然で、人工的な表現となることは避けられない。不自然さは
主として漢文を逐字逐語的に読むことによってもたらされていた。訓読は、漢
文読解を逐字逐語的な置き換え作業とすることで、漢文の日本語化を容易にし、
同時に新たな日本語表現をもたらしたのである。

　逐字逐語的な置き換えはある種のパターン化・パターン認識といってよい。
漢文訓読ではこのパターン化が重要な役割を果たしている。この点については
後にもう一度触れよう。

■訓読と翻訳

　漢文訓読は翻訳の一変種である。両者は、原文理解を目的とすることは同じ
だが、その方法が異なる。

　翻訳とは、言語 A の原文を理解した上で、その内容を別言語 B に置き換え
ることである。原文は翻訳の表には出て来ない。翻訳では通常、機械的な逐語

訳ではなく、文脈をふまえ一文一文に言語Bとして自然な訳を与えることが求められる。このやり方は、理解しやすい訳文を生み出してくれる一方で、言語Aを外国語として習得した訳者が、文脈に沿った訳文をいちいち付さねばならないという点で、たいへん負担が大きく、いつでも誰にでもできるわけではない。翻訳では、翻訳者が異なれば異なった翻訳文ができる。また、翻訳された時代が異なれば、翻訳も違ったものになる。翻訳時点で理解しやすい翻訳文は古びやすいことにもつながる。

　一方の訓読は、文脈に沿った個別の訳文を与えることをそれほど追求せず、ある漢字・漢語・文型に一定の読み方を対応させ、読みをパターン化することでそのハードルを下げている。同時に、原文を残すことで、意味やニュアンスはいつでも原文に戻って解釈しなおすことができるようにしている。原文の存在に助けられながら、「ひとまずの訳文」を訓点としてそれに添えるというのが訓読の方法である。訓読では、完全に翻訳しきらず、最小限の手間で漢文の理解を可能にすることが目指されている。その結果、訓読は中国語を外国語として習得することなしに漢文を読む道をひらいた。訓読はパターン化されており、それゆえ誰がいつ読んでも似たような読みに落ち着きやすい。固定化された訓読は時間がたってもあまり変化せず、古びにくい。

　翻訳は、原文を理解する段階と、それを別言語に置き換えるという二段階にわかれる。一方の訓読はそれを一つの手間で済まそうとする。原漢文に寄り添い、翻訳の一歩手前でとどまるやり方である。自然な日本語にまで言い換えてしまわないことで、原漢文を彷彿とさせるところに訓読の特徴がある。訓読は直訳、逐語訳あるいは機械翻訳に近い。

　英語のGood morningは「良い朝」ではなく「おはよう」と翻訳される。翻訳では通常、原文で述べられている事柄を、事柄全体として別言語に置き換える。原文の文法形式や個々の語の一々に対応して訳すわけではない。一方の訓読は、通常の翻訳とは異なり、原文の文法形式や個々の語への対応度がきわめて高い。日本語として本来ありえない文型を用い、個々の語に逐一日本語を対応させようとする。このように、翻訳と訓読とは似ている部分もあるが、かなり異なった種類の行為である。

　日本同様、中国の漢字文化を取り込んだ朝鮮半島の漢文訓読は、漢語は訓読みせずにそのまま朝鮮漢字音で音読し、助辞のみを朝鮮語で加える方式をとっている。[39]字音直読と訓読との中間的な読み方である。このような真に機械的な翻訳方式だと、そのままでは意味がわからず、別に意味を説明した「諺解（げんかい）」を加える必要が生じる。訓読とは別に翻訳・解説が必要になるのである。一方、日本の漢文訓読では基本的にその必要はない。日本の訓読は機械翻訳と翻訳との中間にあり、両者の良いとこどりをした方式といえる。

　訓読という方式を採用したのは、読むもの全てが漢文であり、大量の漢文に対処する必要のあったことがその一因であろう。大量の漢文をひとまず日本語として読めるものに置き換える装置として漢文訓読は成立する。訓読の結果を示すのにも、古典・聖教である漢文そのものには手を付けず、そこに最小限の訓点を施すことで、日本語化するという方式をとった。これによって漢文本文もテキストとして温存できる。訓読・訓点はその漢文にレイヤー（重層）のように覆い被さる。

　ある漢字・漢語・表現にはある日本語を固定的に対応させる。それによって、原漢文をひとまずの日本語に置き換える。そのようにしてできあがった日本語文をもとに、原文の意味を理解していくのである。パターン化がその置き換えを効果的に機能させている。

　以上のように見てくると、訓読と翻訳の一番大きな違いは、訓読において、原文を保存することと、その読み方がパターン化されていることであることがわかる。訓読では読みの自由度が低いことと引き替えに、どのような漢文もひとまずの日本語に置き換えることが可能になった。その結果、漢文へのアクセスがきわめて容易になったのである。

訓読とパターン化

■パターン化

「被…」は受身をあらわし返読して「ラル」と読む、「当」とあれば「マサニ…ベシ」、「未」とあれば「イマダ…ズ」と再読するなど、漢文を勉強する時は、ルール、パターンを覚えることが多い。訓読法はルールの束であり、訓読はそ

れにしたがったパターン認識である。そのことは昔から変わらない。中世末の
『桂庵和尚家法倭点』（桂庵玄樹 1427-1508）以来、訓読法を示した本は、パター
ンを記すものが多い。訓読は「パターン」として「学習」するものなのである。

　パターンには様々なレベルがある。「也・矣・哉・焉」のような置字がくれ
ば文が切れるという句読レベル。日本語の語順になおして読む返読。否定・使
役・受身・仮定・疑問など定型的な句法。「当・将」を「マサニ…ベシ」、「未」
を「イマダ…ズ」と読むような再読。「於・于・而・以」のような不読字。こ
れは読まないというルールである。「乎・耳・已・猶・則・乃」のような助字
には種々の用法があり、とりわけ注意が払われる。「何為　ナンスレゾ」「所謂
イハユル」「加之　シカノミナラズ」「就中　ナカンヅク」「云爾　シカイフ」
のような決まり文句。さらに言えば、訓読みも漢字一文字一文字に対する「漢
字―日本語」のパターン認識である。われわれはこのようなパターンを利用し
て漢文を訓読している。

　漢文は「東洋のエスペラント」と言われることがある。訓読のパターン化が
可能であったのは、文言である漢文そのものが、口語中国語とは異なり、簡潔
でパターン化された、かなり人工的な言語表現であることとも関わろう。漢文
自体が型を持ち、その型に対応する形でパターン化が可能となる。

　また、訓読の結果は、訓点として漢文の上に覆い被さる形で記される。意味
は常に、原漢文の漢字テキストによって支えられている。どのような日本語で
読んだところで、いつでも原漢文に戻ることが理論上は可能である。訓読の日
本語は、それ単体で自然で完全な日本語表現である必要はない。ひとまずの置
き換えで事足りる。

■訓読の固定化

　さて、「朝聞道、夕死可矣」を「あしたに道を聞かば、ゆふべに死すとも可
なり」と訓読するように、漢文の読み下し文は現在でも古文である。漢文をわ
かりやすくするために訓読しているはずなのに、なぜ古文の形で読み下すのだ
ろうか。

　漢文読解の初期は、漢文を原文のままで理解できる能力のある人（渡来人・

帰化人であることが多かっただろう）が、その理解をもとに日本語の訳文を示し、それに助けられて、学習者は学んでいったのであろう。ことばは当時の口語に近いものであったはずである。この段階では翻訳である。しかし、漢文読解の営みが蓄積される中、その翻訳が次第に固定化され、パターン化した訓読へと転じていく[40]。

　訓読文は読むための文語表現である。習い覚えて読む以上、訓読文はそもそも固定化されやすい。古代における教育は、限定されたテキストを決まった読み方で教えるというものであった。仏家や大学寮・博士家などでは、主たる経典・漢籍についての直読・訓読を伝授する形で、教育がなされた。漢文学習の場における、訓読の模倣・繰り返しの中で、訓読の固定化が起こりやすかったことは容易に想像できる。個人の読みではなく、先生の読み、その家・学派・流派の読みが伝承され、古い形式が保存される。訓読文そのものが古典テキスト化し、価値を持つようになる。

　漢文がつねに訓読され、訓読の固定化が進むと、漢文とその訓読文とが切り離すことのできない一体のものとして理解されるようになる。「漢文＝訓読文」として、漢文の価値と訓読文の価値とが同一視されるようになる。当初、訓読は漢文理解のための方便にすぎなかっただろうが、次第に、漢文を読むことそのものとしての重要性を帯びる。「原文理解に基づく訓読」ではなく、「訓読に基づく原文理解」が行われるようになる。

　平安時代、とりわけ平安中期以降、訓読は新たに「作り出す」ものではなく、多くの場合「繰り返す」ものとなる。訓点資料では「移点」と呼ばれる、書写原本の訓点を丸ごと写し取る方式がふつうになる。訓読の固定化は、訓点記入用具の変遷からもうかがえる。初期は後で洗い落とすことも可能な白点（胡粉などを溶いた修正用の白液）で加えられていた訓点が、平安時代には本文の墨とは異なる朱点を用いて記入することが一般的になり、鎌倉時代以降は本文と同じ墨を用いた墨点で記されることが多くなる[41]。そのことは、訓点が次第に本文と同レベル、本文の一部と見なされるようになったことを示していよう。訓点は訓読文記憶のための補助からはじまり、次第に訓読そのものとなり、ついには記憶よりも重要なテキスト本体となる。

■固定化とパターン化

　訓読文の固定化と訓読のパターン化とには深いつながりがある。一度パターンが形成されると、そこからの変化は起きにくくなる。決まった読み方をするからこそパターンなのである。「或」は「アルイハ」と読む、「願…」は「ネガハクハ…セヨ」と読むというパターンがいったんできれば、「アルイハ」「ネガハクハ」という古いことばが、パターンの中でずっと保持されることになる。訓読のことばが奈良時代語を多くとどめているということは、訓読がかなり早い時期から固定化・パターン化に向かったことを示している。

　訓読の固定化・パターン化は初期の訓点資料から見え、平安中期ごろにほぼ完成を見る。その後、中世・近世に、禅宗を主たる背景として、中国の朱子学による新注の伝来、当代中国語との接触などから刺激を受け、さまざまな訓読法の模索が行われるが、パターンによる訓読という基本方式に変化はなかった。近代以降も、基本的にその訓読法が受け継がれる。漢文訓読は平安時代の訓読のパターンが基盤となって現代に至っているのである。その結果、現代でも漢文は平安時代の日本語である古文の形で訓読する。

訓読のもたらすもの

■漢文すべてにアクセス可能となる

　訓読パターンの定型化によって、あらゆる漢文をひとまずの日本語に置き換えることが可能となった。漢文読解をある種のパターン認識として関数化し、その出力結果である訓読文（日本語）を使って意味を理解するようになる。その結果、あらゆる漢文は日本人自身の財産となり、大量の漢文文献がすべて、日本人が読むことのできるテキスト、自分たちのテキストに変貌する可能性が生じた。訓読という方式の確立は文化的にきわめて意味が重い。

■日本語を書くことが可能になる

　もう一つ重要なのは、漢文訓読をパターン化することで、逆に、日本語を漢字漢文で表すことも可能になるということである。パターンにしたがって漢文を日本語化するということは、そのパターンを逆に辿れば日本語を文字化でき

る、漢文にできるということになる。パターンが漢文と日本語文との間の相互
交換を保証する。漢文訓読におけるパターン化は、「読むこと」のみならず、
日本語を「書くこと」についても、重要な役割を果たした。漢文をパターンに
したがって読むことで、その読解を易しくし、同時に、そのパターンを逆転さ
せることで日本語の書記を可能にしたのである。

3　読むことと書くこと

　「どんな文筆家の伝記も、いつ、どんなものを読んだか、長々と論じておけ
　ば間違いない。ある意味、私たちを作り上げているのは、私たちが読んだも
　のなのだから。」[42]

理解語彙と使用語彙

　私には、いつか使ってみたいと思って、蓄えてあることば・表現のリストが
ある。最近追加したものに、「風花」「視座」「瞑目」「背負い水」「作業仮説と
して」などがある。これらは、文章の中で読んで、意味は理解できたが、自分
では使ったことがないので、いつか使いたいと思ってメモしたものである。

　このように、読んだら（聞いたら）わかるが、自分では使わないということ
ばも多い。それらを「理解語彙」と呼ぶ。理解語彙の一部が、自分も使う「使
用語彙」である。当然のことながら、使用語彙は「すべて」理解語彙に含まれ
る。つまり、理解語彙のプールを十分に大きくしておかないと、使用語彙は増
えない。語彙の拡大はかならず、理解語彙の拡充から始まる。われわれは読ん
だものを使って書くのである。

読むことと書くこと

　読むことと書くこととは、コインの裏表である。ただし、その表と裏とは決
まっている。読むことの裏返しとして書くことがある。その逆ではない。個人
の成長、学習の過程においても、読んだ上で書く。われわれはまず読むことを
学び、それから書くことを学ぶ。

　ことを日本に限っても、日本人はまず「読むこと」を経験した。日本人と文字との関わりは漢字・漢文を読むことから始まる。日本人の読むことの原体験は漢文訓読である。そして、訓読の中から書くための日本語が生まれ出ることになる。

訓読による日本語の変化

■訓読と日本語

　訓読は翻訳の一種である。翻訳とは、ある言語で表現されたことを、そのようなことを表現したことのない別言語に置き換えることだ。言語A→言語Bという翻訳が可能であるためには、Bという言語が、Aという言語を置き換えるにたる言語でなければならない。交換が成り立つためには、原則として、両者は等価でなければならない。

　漢文を訓読するためには、日本語自身が変化・成長する必要があった。中国語と比べ語彙が相当貧弱であった日本語は、中国語からの借用語である漢語によって語彙を拡張しなければ、訓読することができない。また、日本語にはもともと文字がなく、日本語固有の散文文体を持たなかった。そのような中で、漢文を何とか日本語文に置き換える。それは同時に日本語を仕立て直し、日本語の文体をあらたに創り出すことであった。

　漢文を日本語に翻訳するということは、それら漢文に述べられた思想内容を表現できる新しい日本語を手に入れるということである。翻訳を通して、それら漢文に述べられた内容を日本語で表現できるということは、原理的には、日本語でそれらに匹敵する文章を書くことも可能になるはずだ。

　漢文訓読が古代日本語の「学校」であった。学校では、知識の伝授だけでなく、多かれ少なかれ、知の組み替えが行われる。知の組み替えは具体的には言語変化になって現れる。「読むこと」は単なる知識の付加ではなく、知の枠組みそのものを書き換え、思考の中心にある日本語をも変質させずにはおかない。漢文を訓読することは、同時に、高度な思考を担いうる日本語、書記可能な日本語への変質であった。

■訓読と漢語

　漢文訓読では漢語が非常に多く使われる。漢語の割合（異り語数）は、和文の場合、『竹取物語』で 6.0％、『源氏物語』で 12.6％であるのに対し、11 世紀末から 12 世紀初加点の訓点資料である『大慈恩寺三蔵法師伝』古点では 85.8％に達する（築島裕 1958）。他の訓点資料（特に仏書）でも使われる言葉の半分以上が漢語であることが多い[43]。

　それは、すでに日本語に入っていた漢語を用いて訓読したというよりも、ほかならぬ漢文訓読そのものが大量の漢語を日本語に引き入れたことを示していよう。漢語による語彙拡張がなければ、漢文訓読は成り立たないのである。すべてのことばはまず理解語彙としてある。古代において、理解語彙の拡張にもっとも貢献したのは漢文訓読であった。

　訓読というと、漢文に寄り添った、漢語を多く交えた日本語文というイメージが強い。また、上に見たとおり、残された資料にもたしかにそういうものが多い。しかし、だからといって、訓読とは本質的にそういうものだということにはならない。訓読がある種の翻訳であるのなら、理解できる日本語になおさなければ意味がない。すべてを固有日本語（和語）になおすのが本来の訓読である。『日本書紀』訓読のようなスタイル、完全な和語的表現を追求することもありえたはずである。

　それがそうなっていないのは、訓読という営みと平行して、日本語の中で漢語の定着が進んでいたからである。漢文訓読において、漢文を日本語に置き換えて理解することと、漢語が日本語内部に入り込むこととが同時に進行していた。ここではある種の循環が起きている。漢文訓読を通して、日本語内部に漢語が入り込み、その日本語を使って別の漢文を訓読する。循環の中で、漢語はより定着しやすかったであろう。

　日本語の語彙には古代から現代に至るまで漢語が非常に多い。固有日本語の語彙が貧弱であったことを背景に、漢文訓読にともなって大量の漢語が日本語に流入した。日本語内部に入り込んだ漢語はもはや「外国語」ではない。日本人は漢語を多く含んだ日本語によってものを考えている。世界を認識し、考えることにもすでに漢語の力を借りているのである。

■訓読と和語

　ある訓点資料で「無情」を「アヂキナキ」と訓読しているとしよう（醍醐寺本『遊仙窟』）。そう読むのはある種の方便である。「無情」は他の資料では「ナサケナシ」とも訓読され、和訓「アヂキナシ」は漢語「無道、無為、無益、無事、無情、無端、無状」などの訓みでもある。漢語「無情」の意味領域と和語「アヂキナシ」の意味領域とは完全には重ならない。「無情」――「アヂキナシ」の言い換えは、どちらからもこぼれおちるものを避けがたく含んでいる[44]。

　このように、漢語に和語を対応させる場合、決して一対一で対応するわけではない。言語が異なる以上、多かれ少なかれ、ずれがある。日本語と中国語とでは、世界の切り取り方、意味の分け方が異なる。訓読とは、漢文に日本語を近似的にあてはめる行為である。どの日本語をあてはめても、ぴったりとは一致しないという事態が起きる。日本語の語彙量がそもそも乏しいことが事態をさらに深刻にする。その結果、漢字の意味が日本語に引きつけられて理解されたり、逆に、日本語の意味が漢字漢文に引き寄せられて変化するということがしばしば起きる。本来日本語という一つの体系の中に閉じられていた和語を、訓読を通して漢字漢文という全く異なった言語体系に対応させる。それは和語に新たな意味をひらく行為でもあった。

　漢語を和語に置き換えることができなければ、漢語そのままを使うことになる。当初、その漢語はいまだ外国語として、いわば括弧に入った状態であろう。現在も、英語の単語をアルファベットのまま日本語文の中で使うことがある。そのことで、その語や概念に相当するものが日本語にないことを示している。その段階でとどまれば、それは「外国語」であろう。しかし、それが必要な概念、便利なことばであれば、いずれそれを日本語として用いはじめるようになる。そうなれば、「外国語」が「外来語」という日本語の一部に転ずる。その意味で、漢語はすでに日本語の一部分であり、日本語の語彙体系の中でそれぞれの意味領域を持っている。つまり、中国語起源の漢語であっても、日本語の中の漢語は多かれ少なかれ日本語化した漢語であって、中国語そのものではないのである。

　漢文訓読という方式は、漢文の日本語化を容易にする一方で、漢文をつねに

日本語を通して理解する、すべてを日本語の体系内部で理解するという限界も持っている。

■日本語の変化

　翻訳は単なる置き換えではなく、翻訳を行う言語の変化を必然的に含む。「訓読」という翻訳行為を通して、日本語は漢語を中心に語彙を大幅に拡張し、従来日本語になかった語法を取り入れた。訓読に用いられた和語も、漢字漢文に対応することで、多かれ少なかれ意味を変じた。つまり、漢文訓読を通して日本語自体が変化したのである。

　その変化によって、日本語は書くことが可能な言語へと変化した。漢文訓読によって生み出される日本語文を「訓読文」、その文体を「訓読文体」と名付けておこう[45]。訓読文はまず第一には漢文を「読むための日本語」としてあるが、それが次第に「書くための日本語」へと転じていく。漢文を訓読するということは、同時に訓読文という散文日本語を読むことでもある。

　古代日本人は、漢文を読むことで、知識を蓄え、日本語を変化させ、文章というものについて学んだ。書くためには、これらすべてが必要である。知識、書くための日本語、文章の模範。そのすべてを漢文訓読が支えていた。漢文を読むことこそが、日本語を書くことの出発点だったのである。

日本語を書く

　漢文を訓読するということは、漢文を日本語文として読むことである。訓読の結果である日本語文は、原漢文に従属した読むための日本語であるとしても、それだけで読めばすでに立派な日本語散文である。訓読はすなわち日本語散文の創成でもあった。「読むこと」には「書くこと」の萌芽が含まれている。漢文を読むための日本語が確立されれば、その方向を転じて、日本語を漢字漢文で書くことも可能になる。

　訓読を通して、漢文と日本語文との対応が蓄積されると、「漢文―日本語文」の間で両方向の変換が可能になる。ここで変換がパターンとして確立されていると、両者の変換はとりわけ容易になる。先に述べたとおり、漢文訓読はパ

ターン化されていた。パターンによって漢文を日本語化できるということは、そのパターンを逆に辿れば日本語を漢文にできるということである。

　江戸時代の漢文教育で「復文」という訓練が行われることがあった。漢文の勉強のために、読み下し文からもとの漢文を復元してみるのである。訓読文は原理的にいつでも漢文にもどすことが可能な日本語文であった。[46]

　漢文を訓読した日本語文は、漢文の文字列に対応した、潜在的に文字化可能な日本語文である。とすると、日本人が新たに考えた文でも、それが訓読文体にしたがっているかぎり、漢文で書けるということになる。そして、そもそも日本人は文字化を前提とした散文として訓読文体以外のものは思い浮かばなかったであろう。なぜなら、漢文しか読んだことがないからである。漢文訓読によって「読む日本語」を形成した日本人にとって、文とは訓読文体以外にありえなかった。訓読文体とは漢文の骨格を持った日本語である。それは完全に自然な日本語ではなかったが、逆にその特性によって、漢文に変換可能な日本語だった。日本語で書くことのはじまりは、漢文訓読を逆転させることである。日本人は漢文を「読むこと」を通して、「書くこと」を学んだのである。

4　書くこと

はじめての作文

■はじめての作文

　小学生の息子がはじめて作文を書くことになった。何をどうやって書けばよいのかわからないと困り切っている。口頭ではかなり雄弁に語る小学生でも、いざ書くとなると何をどう書けばよいのかわからないのがふつうである。なぜなら、文章を書く最初の段階では、何が文章なのか、文章には何を書けばよいのか、どのように書けばそれが文章になるのかがまったくわからないからである。息子の場合、一緒に国語の教科書を読み直したり、作文のお手本を示したプリントを見たり、私がこう書けばいいんじゃないかと言うのを聞いて、ようやく鉛筆が動きはじめた。文章表現にはふつう使わない話しことばを含み、出来事をただ羅列した部分もあるものだったが、ともかくはじめての作文ができ

あがった。

　はじめての作文は「書くこと」がどういうことかをよく示している。文章を読む経験をある程度積み、このように書けばよいという手本や型を示してもらって、はじめて文章らしいものが書ける。はじめから書くべき内容があって、それを順番に文字にすれば文章になるわけではない。文字を書くことと文章を書くこととは別である。ある文化社会共同体が書くことを獲得していくプロセスも、個人における書くことの獲得というプロセスとほぼ同様のものであろう。

■手紙の手本「往来物」

　何を書くにせよ、同種のものを多少なりとも読んだ経験を持ち、スタイルの提示と手本がないと人は書けないものである。たとえば、手紙を書くためには、手紙の手本が必要になる。そのために編まれた手紙の模範文例集がかつてあった。「往来物（おうらいもの）」である。平安時代から江戸時代まで種々のものが広く行われた。この往来物が初学者の教科書の役割も果たし、暦と並ぶベストセラーであった。日本人は長く、手本を通して書くことを学んだのである。

■明治期の作文

　手本がなければ書けない、ということは、手本があると模倣する、しばしば模倣に終始するということにもなる。

　　　　　　夜半

　　夜将に二更、細雨蕭々、点滴瀝々として声あり、一種の灯火豆の如きの辺、
　　友人数輩相集まり、過去を語り現在を断ず、情味油然閑愁雨の如し、此時
　　に当たりてや一点の邪念一抹の俗塵なし

これは今から125年前の尋常小学校四年生（9-10歳）の作文である[47]。ずいぶん立派で、それゆえ滑稽に感じる。同時に、模倣することは思いのほか容易であることがわかる。難しいお手本のまねをする方が、自らのオリジナルな体験・感情を、一から直接に表現するよりもよほど簡単なのである。

　明治期の作文教育について、田中三郎（1970）は次のように記している。

　　この外に「文章規範」や「○○文例」「○○文範」といった書物が数多く

出版されて、向学の小学生・中学生・さらに一般国民に愛読された。よく
笑い話の例に出される、一二才・一三才の少年が「花見」「清遊」という
文題で、「一瓢をたずさえて墨堤に遊ぶ」とか、「腰に一瓢をたばさんで夜
墨田川を下る」と、すまし顔で文章を綴っていたという話。(中略)。これ
らはみな右のような文範教科書によって生じた功罪の罪の方であるが、当
時はそのようにして、美文調の作文指導が行なわれていたのである。
　ここでは、書くことと模範を覚え、なぞることとがきわめて近接している。
書くことは模倣から始まる。型を持たず、自由に書く方がむしろ難しいのであ
る。

■書きことば

　読む経験を積まないと書けない、お手本がないと書けないということは、書
くものの中に古いものが強く影響することを意味する。人は読んだものを使っ
て書く。したがって、「書きことば」は本質的に古い形で固定されやすいもの
である。なぜなら、読むもの・お手本はすでに書かれた古い文章だからである。
　龍華寺の信如が我が宗の修業の庭に立出る風説をも美登利は絶えて聞かざ
　りき、有し意地をば其まゝに封じ込めて、此處しばらくの怪しの現象に我
　れを我れとも思はれず、唯何事も恥かしうのみ有けるに、或る霜の朝水仙
　の作り花を格子門の外よりさし入れ置きし者の有けり、誰れの仕業と知る
　よし無けれど、美登利は何ゆゑとなく懐かしき思ひにて違ひ棚の一輪ざし
　に入れて淋しく清き姿をめでるが、聞くともなしに傳へ聞く其明けの日
　は信如が何がしの學林に袖の色かへぬべき當日なりしとぞ。
　これは明治二十年代後半(1895-96)に書かれた樋口一葉の小説『たけくら
べ』の結びの一段である。明治時代の口語からはほど遠く、平安時代の古文を
思わせる雅文体でつづられている。
　一般に、書きことばの変化は、話しことばと比べてきわめて遅い。書きこと
ばは保守的であり、古い言葉や表現をとどめやすい。江戸、明治に至っても、
和文に端を発する雅文は、現実はともかく理念として、平安時代の文章を範と
した。言文一致の必要が説かれるまで、「話しことば」と「書きことば」の差

異は拡大し続けた。

　現代でも、「話しことば」と「書きことば」との間にはかなりの違いがある。私が勤務する大学では、提出された卒業論文に対して、口頭試問という面接試験を行う。大学生が書く論文の中には、論文ではふつう使わない話しことばがしばしばまぎれこんでいる。試問で、一人の教員がこの話しことばが気になったと指摘すると、他の教員も同じ箇所に違和感を覚えたという声が上がることが多い。論文あるいは文章には、使うべきことばと使うべきでないことばとがあり、その境界がかなり強固に存在している。その境界は、多くの論文を読む中で、そのことばを目にしたことがあるかどうかという経験の蓄積からもたらされている。

■型がなければ口語を使う

　それでは、模倣すべき手本や型がない場合には、何が起きるだろうか。手本がなければ、手持ちの材料で間に合わせるしかない。小学生の作文から大学生の論文まで、しばしば話しことばがまぎれこむように、口語を下敷きにするほかない。書きことばにおいて、依拠するスタイルがない場合、話しことばが使われる。漢文訓読のはじまりにおいても、和文のはじまりにおいても、それは同じであろう。

日本語を書くことのはじまり

■日本語を書くことのはじまり

　日本にはもともと文字がなかった。そこへ中国から漢字がもたらされた。日本人が文字を記すためには、中国語を習得し、中国語文として漢文をつづる必要があっただろう。そしてそれを中国語として読んでいたにちがいない。当時の日本人は、文字を利用するためには、文字を持つ中国語を習得する必要があったはずだ。日本語がそのままで文字にできるとは考えることもできなかっただろう。逆説的な言い方となるが、日本における「書くこと」の歴史は、日本語を文字として表すことをあきらめることから始まっている。

　しかし、ある時点から、日本人は漢文を日本語を経由して理解し始める。漢

文訓読である。漢文の影響を深く受けた「読むための日本語＝訓読文」が成立する。続いて、それを基礎に「書くための日本語」が作り上げられることになる。

■書くための型─漢文

文章を書くためには型・手本が必要である。文字を持たない日本語に散文の型はなかった。

初期の日本語散文は、正格漢文であれ、和化漢文であれ、ともかく漢文で書かれている。漢字のみを使用し、語順も基本的に漢文式に書いている。なぜ日本人がわざわざ他言語である漢文で書くという面倒なことをしたのだろうか。それは、明治期の作文をみてもわかるように、型にしたがって書く方が簡単だからである。より正確に言うと、型にしたがわないと書けないのである。漢字漢文によってはじめて文字に接した日本人にとって、読むものは漢文しかなく、漢文には型があった。だから、当然それを使って書くということになる。

話しことばを書くことは意外に難しい。「話すこと」と「書くこと」とは別であり、口語は文字化できないと考えることが珍しくない。現代コンゴ人について、梶（1985）は「スワヒリ語あるいはフランス語でなら書けるという人たちは何人もいる。しかし、だれも自分たちの言語が文字に書けるとは思っていない。いくら文字（ローマ字）を学校で習って知っているとしても、頭の中では自分たちの言語とは結びつかない」と述べる[49]。木田章義（2005：38）は満州族の一支族であるシベ族について、「口語を文字で表記しようという発想が全くない」ことを指摘する。

漢文以外を読んだことのない人が、別の文体を思いつくことは容易でない。別の文体がありうるという可能性すら思い浮かばなかったであろう。「日本人がなぜわざわざ漢文で書くのか」という問いに対する、最も簡単な答えは、「それしか読んだことがないから」であろう。日本人にとって、「読む」とはすなわち漢文を読むこと、「書く」とはすなわち漢文を書くことであった。その状態が少なくとも数百年間続いた。

漢文は、日本語をじかに表現するものではないとしても、情報の容れ物とし

ては十分に実用的である。そのことは、東アジアに形成された漢字漢文文化圏の広がりを見てもわかる。[50]　諸地域の言語の違いを超えて、漢文が東アジアの共通文言・外交言語として歴史上長く機能してきた。日本では和文体や和漢混淆文という日本語独自の文章スタイルが成立した後も、長く漢文が使い続けられた。文体の一種として漢文が残存するだけでなく、時代が降ってもある種の文は決まって漢文で書く。本文は漢字仮名交り文であっても、それに添える序文・跋文は漢文で書かれることが多い。また、平仮名で書かれた和歌集や物語の写本であっても、何年に誰が写したという奥書（おくがき）は漢文で書かれるのがふつうである。奥書には漢文の型があり、「いつ・どこで・誰が」といった基本的な情報を記すには漢文の方が便利なのである。

　ただし、漢文で書くとはいっても、頭の中は日本語で考えている。漢文訓読で培われた訓読文体の日本語である。日本人が書いた漢文を読む際も、多くの場合訓読して読まれた。『古事記』も『日本書紀』も和化漢文・正格漢文の形をとった潜在的な日本語の表現である。彼らは漢文を書いたというよりも、訓読することが前提の漢文に託して日本語文を書いたのである。漢文は日本語を運ぶ「仮の容れ物」である場合が多かった。

■和化漢文を書く

　正格の漢文から外れた和化漢文は、その発生の当初は、日本語に引きよせられた、単純な表記上の誤りであっただろう。正格の漢文を書こうとして、意図せず日本語が顔を出す。しかし、和化漢文の「和化」性は、結果として日本語を日本語として記す可能性をひらいた。日本語の表記としては、正格な漢文を強いて追求するよりも、日本化された和化漢文を用いる方がすぐれている。特に、文字に託した日本語をそのまま再現して読んでもらいたい場合にはそうである。背景に日本語があるのであれば、日本化した漢文の方が表現としてむしろ望ましい。和化漢文が和化漢文としての文体と型を持つようになれば、十分に機能する。実用的な文体として、日記、記録、文書、説話等の表記にさかんに用いられるようになる。正式の漢文よりも日本語化が進んだ和化漢文の方が、日本人にとっては当然より便利なのである。

漢文では書けないもの

■漢文では書けないもの

　漢文を訓読する時、中国語と日本語との差異としてもっとも目立つのは、語順、助辞（助詞・助動詞）、活用、敬語であろう。訓点は、中国語と違っているこれらの部分を中心にほどこされる傾向がある。返点で語順を示し、ヲコト点や片仮名で助辞などを加える。訓読は中国語を別言語である日本語に変換する作業なのだから、両者の差異に注意が払われるのは当然である。このことの裏返しとして、漢文で書く限り、これらの要素は文字化しにくい、あるいはできない、ということになる。

　日本人は日本語を漢文で書きはじめた。しかし、漢文そのままでは書けないもののあることも早くから気づかれていた。固有名詞、語順、助辞、活用、敬語、オノマトペ、和歌などである。

　固有名詞はまず最初につまづく。日本固有の人名や地名、中国に存在しないものは漢字そのままでは表記できない。漢文の日本化の最初の現れは、「蘇我伊那米（ソガノイナメ）」、「斯帰斯麻宮（シキシマノミヤ）」のように、人名・地名などの固有名詞を万葉仮名で表記することであった。固有名詞の万葉仮名表記は 5 世紀の金石文、木簡の段階から見られる。

　日本語の語順は中国語と異なる。助詞や助動詞のような助辞、さらには用言の活用も漢文では示しがたい。また、日本語は敬語を中心に待遇表現を発達させており、オノマトペ（擬音語・擬態語）を豊富に用いるが、そのような特徴を持たない漢文でそれらは表現しにくい。

　和歌では表現が命である。助詞一つでも違えば、全く別の歌になる。そのような歌でさえも、漢詩風に漢字の意味を使って書く略体表記がはじまりだったらしい。「略体（古体）」とは「春楊　葛山　發雲　立座　妹念（はるやなぎかづらきやまに　たつくもの　たちてもゐても　いもをしぞおもふ）」（『万葉集』巻 11・2453）のような表記である。略体表記では、日本語で重要な助詞・助動詞（下線部）の多くが文字化されない。日本語の表記としては不十分なものであるが、漢字で書く以上、中国風のスタイルから抜け出すことは容易でなかった。『万葉集』では他に、「天雲尓　翼打附而　飛鶴乃　多頭々々思鴨　君不座者

（天雲に　翼打ち付けて　飛ぶ鶴の　たづたづしかも　君しいまさねば）」（『万葉集』巻11・2490）のように訓字を主体に付属語の多くを示す「非略体（新体）」表記が見られる[51]。また、成立年代の新しい歌を中心に「余能奈可波　牟奈之伎母乃等　志流等伎子　伊与余麻須万須　加奈之可利家理（世の中は　空しきものと　知る時し　いよよますます　悲しかりけり）」（『万葉集』巻5・793）のような全音節を万葉仮名で記す「一字一音」式の表記も見られる。以上三種の表記方式は略体・非略体・一字一音の順に発生したといわれる（稲岡耕二1976・1991など）。このように、『万葉集』には様々な表記法が混在し、和歌書記の模索の様子を伝える。本文が和化漢文・漢文である『古事記』『日本書紀』も、和歌の部分は一字一音式の万葉仮名で記している。

■日本語を特徴づける要素

　さて、漢文と日本語との差異としてあげた語順、助辞、活用、敬語、オノマトペなどは日本語の言語的特徴そのものである。したがって、日本語に特徴的な要素の多くは、漢文という枠組みの中では、文字化できないか、文字化が難しいということになる。

　これらについては、古くから表記に工夫がはらわれてきた。上に述べたとおり、固有名詞のみを万葉仮名で書いた文章は早く金石文から見える。和化漢文は語順や敬語を日本語に近づけて表現することを可能にし、万葉仮名は上の多くを表記可能にした。たとえば、『古事記』では「許々袁々呂々迩」のようなオノマトペを、漢文式表記の中に万葉仮名を混用することで書き記している。

　また、宣命書という表記スタイルがあった。天皇の詔勅である宣命、神事の際に唱える祝詞、こういったことばを正確に文字化するための工夫である。たとえば、「このあめのしたを　をさめたまひ　ととのへたまひき」という日本語を「此天下平治賜比諸賜岐」（『続日本紀』）のよう記している。漢字を日本語順に並べ、助詞・助動詞・活用語尾を万葉仮名で小書にし、敬語表現（「賜」）も加えることで、日本語文を再現しやすくしている。しかし、宣命書は基本的に特定の目的のみに使われ、それほど一般化しなかった[52]。

　しかし、いずれの工夫をしたところで、「日本語固有の散文文体がない」こ

とはいかんともしがたい。

■漢文・訓読文体の限界

　漢文で書くということは、漢文で書くことを前提にことば・内容を考えるということである。発想の段階ですでに漢文の枠に従っている。漢文という型の中で発想された日本語から出られず、そこからはみ出るものがあったとしても、いずれ文字化できない。

　訓読文体を文字化した漢文・和化漢文でひとまずの情報伝達は可能である。しかし、それは、漢文の骨格を備えたものしか日本語文として発想できず、また文字化することもできないという限界を持つ。日本語を漢文で書くことは、「漢字漢文に変換可能な限りにおいて文字化できる」という点で、きわめて不十分なものであった。また、漢文体は日本語の再現性が乏しく、入力と出力の対応がかならずしも保証されない。書き手が文字表記に込めようとした日本語表現が、読み手によって正確に読み取られるとは限らない。漢文で書くことは所詮他言語のルールに従って書くことである。

　日本人は長い年月にわたり漢詩・漢文を用いて文学表現を行ってきた。上代から近代に至るまで、漢詩・漢文は身近な文学手法であり続けた。明治になっても、新聞には漢詩欄を持つものが多かったのである[53]。しかし、その間、日本人が和歌を棄て、韻文表現の全てを漢詩に切り替えるようなことはついに起きなかった。同様に、漢文・訓読文体は、出来事の記録、思想の表現としては役に立っても、日本人の声や心を運ぶ容れ物としては不十分なのである。

　とりわけ文学において、その本質が事柄よりもむしろその述べ方にあるとすれば、借り物である漢文・訓読文体では十分な表現ができない。文学という個別言語における表現の可能性を追求する営みの中でこそ、日本語を日本語として表現する必要があった。固有日本語にそった文体、「和文体」の形成が必要とされた。日本語の文体形成には文学が大きな働きをなしている。そして、そのようにして成立した文学が、今度は読まれることによって、次代に書かれる日本語に深く影響を与えていくことになる。

　もう一つの代表的な散文表現は学問的あるいは宗教的な著述である。しかし、

こちらは後世に至るまで、主として漢文・訓読文体で表現された。学問思想の内容が漢文の学習によって形成されたものであってみれば、思想的な表現は漢文・訓読文体の方が適していた。学問的な表現は江戸時代まで多く漢文式に書かれ、近代以降は漢字片仮名交り文として記されることが多かった。それは大正・昭和（戦前）に至るまで「シカレドモ」「…ザルベカラズ」といった訓読調の色濃いものであった。日本人の思想は、その形成も表現も漢文・訓読文体による影響を大きく受けたものであった。

■口頭日本語文体の模索

ムゲニ軽々ナル事バ共ノヲヽクテ、ハタト・ムズト・キト・シヤクト・キヨトナド云事ノミヲホクカキテ侍ル事ハ、和語ノ本体ニテハコレガ侍ベキトヲボユルナリ。訓ノヨミナレド、心ヲサシツメテ字尺ニアラハシタル事ハ、猶心ノヒロガヌナリ。真名ノ文字ニハスグレヌコトバノムゲニタヾ事ナルヤウナルコトバコソ、日本国ノコトバノ本体ナルベケレ。ソノユヘハ、物ヲイヒツヾクルニ心ノヲホクコモリテ時ノ景気ヲアラハスコトハ、カヤウノコトバノサハサハトシラスル事ニテ侍ル也。（『愚管抄』巻第七　大系：321-322）

鎌倉時代の歴史書『愚管抄』（1220年頃、慈円）は、「ハタト」「ムズト」といったオノマトペなどを含む口頭の日本語、漢字では書きにくい普通の日本語こそが日本語の本体であると主張し、それらを多く含む日本語表現を実践した。口語表現の多用は歴史書という学問的著述にあって珍しいことであるため、読者に対してその意図を説明したのが上記の部分である。あえて口語表現を多用して書いたのは、日本人の思考や感情はやはり生々しい口頭の日本語の中にこそあると自覚してのことであった。

日本人の感情・思考を十分に表出しようとすると、どうしてもそれは口頭日本語に近いものでなければならない。しかし、散文の手本にできたのは、漢文とその訓読のみであった。訓読文体を枠組みに、口語を基礎とした日本語らしい散文が模索されることになる。そのようにして成立したのが「和文体」である。平安時代における和文体の成立について次の第5節で見ていこう。

■用語と相互関係

　以下の議論のためにあらかじめ、漢文訓読、訓読文体、和文体、和漢混淆文に関わる用語と相互関係を整理しておく。

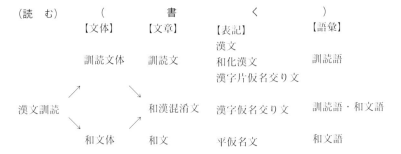

　漢文訓読を出発点に、いかにすれば日本語を文字言語として表現できるのかという模索が日本語に様々な文章・表記をもたらした。日本語は漢・和の振幅の中で様々な表現を試み、最終的に和漢混淆文が日本語散文の着地点となる。和漢混淆文については第6節で述べる。

5　和文体の成立

和文体成立の困難

■和文体の成立は遅れる

　残された資料によると、和文体の成立にはかなりの時間がかかっている。日本語の散文表現としては、漢文・和化漢文などの訓読文体が数百年間続いた後で、ようやく和文体の成立を見る[54]。

　漢文による日本語表記は、『稲荷山古墳鉄剣銘』（471 年）、『江田船山古墳太刀銘』（480 年頃）などの金石文が 5 世紀後半からある[55]。日本語の語順や敬語表現を反映した和化漢文に限っても 7 世紀からある。典籍としてまとまったものでは、『古事記』（712 年）、『日本書紀』（720 年）、『風土記』（713 年に撰進の詔命。715-732 頃成立の資料が残る）などがある。

　訓読文体と和文体との過渡的なものとしては、万葉仮名による『正倉院万葉

仮名文書』甲・乙二種（762年頃）、片仮名交りの『東大寺諷誦文稿』（796年以降成立、833年頃書写）[56]、『七喩三平等十无上義』（870年頃書写）[57]、草仮名で書かれた『有年申文』（867年、讃岐国司解端書）、『病中言上書』（891年、円珍）などがあるが、いずれも訓読文体が濃厚である。

『万葉仮名文書』のような書簡の文体はやはり漢文にもとづくものだろう。奥村悦三（1978・1988）は『万葉仮名文書』について、漢文書簡に基づくことを指摘する。『万葉仮名文書』乙種でいえば、「しかるがゆゑに」「しむ」のような訓読語が見えることに加え、「まつりいれ」「たてまつりあぐ」はそれぞれ漢語「進納」「進上」の翻訳語だという。

『有年申文』は和化漢文と草仮名書きが混合する[58]。『病中言上書』は漢文体の文章の末尾に二行だけ草仮名で追書されたものであり、二行目の後半は再び漢文体となる[59]。『東大寺諷誦文稿』『七喩三平等十无上義』は漢文訓読と縁の深い片仮名交りで記された仏教関係のテキストである。

宣命書された宣命・祝詞も、漢語を多く含む。本居宣長が「その祝詞等を見るにも、よくよく文体を味ふに、漢文に拘る事多くして、全く吾邦の語脈に似ざる事も多ければ」（『古言指南』[60]）という通りである。

これら初期の和文的な資料はいずれも訓読文体と関わりが深く、過渡的な様相を呈している。

■和文体のはじまり

一方、和文体の散文が資料として確認できるのは、ようやく10世紀に入り、『大井川行幸和歌』仮名序[61]（907年、紀貫之）、『古今和歌集』仮名序（905年撰進、915年頃完成、紀貫之）などである[62]。『竹取物語』『伊勢物語』『土佐日記』の成立は9世紀末から10世紀前半と言われるが、成立年が明らかでない。

漢詩漢文全盛の国風暗黒という時代背景、仮名で書かれたものが仮のものとして残りにくいことを考慮に入れても、和文体の成立は訓読文体の形成より数百年間遅れている。

万葉仮名は奈良時代以前から、平仮名・片仮名は平安時代初期から使用されている。上代から万葉仮名で歌を記すことはあるのに、万葉仮名でまとまった

散文を記すことはない。万葉仮名で歌が書けるということは、口頭日本語をそれとして書く手段はあったということである。しかし、口頭ですでにそのスタイルを完成させていた歌は、できあがった歌を文字になおせばよいのに対し、散文にはスタイルがなかった。スタイルがなければ文字があっても書けない。

　仮名で日本語を書く方が、漢字で漢文を書くよりも易しく見える。しかし、漢文には型と手本があるのに対して、仮名文には型も手本もない。漢文は模倣できるが、仮名文はほとんど一から創造しなければならない。仮名で日本語散文を書く方がむしろ難しかったはずである。型のないところに型を作り出すことはきわめて難しい。できてみれば何でもないように見えるが、相当の試行錯誤が必要であった。

和文体の形成

■和文体の形成

　平安初期に和文体が形成されていく際には、手本がなかった。手本がない以上、その表現の基礎となるのは、語彙としては口語であり、文体としてはすでに存在する訓読文体となる。

　「物語」ということばの中に、「語り」が内包されているように、「物語」が口頭表現と近接したものであったことは確かであろう。口語を文章表現に仕立て直したもの。それが初期の和文体であったはずだ。それはまた、和歌、歌語り、伝承など、口頭で発達していた言語表現から多くの栄養をえたものであったろう。

　口頭語に近い日本語表現である和文体は、漢文の型を離れて日本語を自由に書き表せるという側面と、型がないために何をどう書いてよいかわからないという側面をあわせもっていた。和文体においても、文体形成の始発点で支えとなったのはやはり漢文訓読であった。

■和文体と漢文・訓読文体

　平安時代の物語は、大きく前期男性物語と後期女性物語に分けることができる。前期物語は『竹取物語』『伊勢物語』『うつほ物語』『落窪物語』、後期物語

は『源氏物語』『狭衣物語』などである。

　前期物語や和文日記のさきがけとなった『土佐日記』（紀貫之）は男性によって書かれている[63]。彼らが平素読み書きしていたのは、主として漢文・訓読文体の文章であった。

　『竹取物語』は原『竹取物語』として漢文体のものがあったのではないかと言われる。『竹取物語』の背景に神仙思想があり、仏典・漢籍からの影響が濃厚であること、『柘枝伝』『浦島子伝』『白箸翁伝』など同種の漢文・和化漢文が存在することなどからである。表現の上でも、『竹取物語』は漢語・訓読語を頻用し、漢文訓読形式の表現を多く用いている[64]。同様に、『土佐日記』も漢文日記をもとにするのではないかと言われることがある。『うつほ物語』は和文物語に数えられるが、その前半、特に冒頭の俊蔭之巻などは訓読文体の特徴が色濃い（後述）。

　初期の和文はいずれも、漢文訓読の力を借りて文章を構成している。そのような訓読文体的特徴を強くもったスタイルこそが和文体の出発点であった。和文を書く骨組みは、漢文とその訓読によって与えられたのである。

■『古今和歌集』仮名序

　ものをあげつらう論にはとりわけ和文体の手本がなかった。905-915 年頃に完成した『古今和歌集』は最古の勅撰和歌集であり、和文体で書かれた仮名序（紀貫之）と漢文体で書かれた真名序（紀淑望によるか）とをもつ。古今集の仮名序は、公の仮名文、年代の明らかなまとまった散文、論を記す和文、いずれの点でも現存最古のものである。最古であるということはつまり、貫之が仮名序を書いた時点で、よるべき模範がなかったことを意味する。

　勅撰集序文という高度に公的な文章であることから、漢文体の真名序は中国の上表文の型にならって四六駢儷体[65]で書かれ、対となる仮名序も駢儷体風の対句を多用する。真名序、仮名序の先後には議論があるが、型のある真名序がまず書かれ、それをもとに和文化した可能性が高い。両者の対応は、次のようである。

【真名序】夫和歌者。託其根於心地。発其華於詞林者也。……動天地。感
鬼神。化人倫。和夫婦。莫宜於和哥。（新大系：338）
【仮名序】やまと歌は、人の心を種として、万（よろづ）の言（こと）の葉とぞなれりける。
……力をも入れずして、天地（あめつち）を動かし、目に見えぬ鬼（おに）をも哀れと思はせ、
男女（おとこをむな）の仲をも和らげ、猛（たけ）き武士（もののふ）の心をも慰（なぐさ）むるは、歌なり。（新大系：4）

　渡辺実（1981）は仮名序を「真名序の仮名文版」と位置づけ、その特徴を
「論の組み立ては漢文に依存し、修辞は漢文流の対句と和歌の言葉による」（：
90）とする。

　907 年に行われた『大井川行幸和歌』の仮名序も紀貫之によるものだが、同
様に四六駢儷体にならった対句を多用している（山本利達 1970）。これらの仮
名序文は、漢文の型にならうことではじめて成立しえた日本語散文であった。

　このような事情は、実は江戸時代まで降ってもさして変わらない。佐竹昭広
（1993：293-4）は「宣長といえども、苦もなく、すらすらと和文が書けたので
はない」として、訓読文体の草稿を下敷きに和文に添削していった例を挙げ、
「「やまとことば」の和歌とは違い、いざ散文を和語で書こうとすれば、宣長を
もってしてもなお漢学の下地が不可欠だったことを知る」と述べる。漢語・漢
意を離れることを強く主張した本居宣長でさえ、和文の草稿を訓読文体で書く
ことがあった。日本語では、漢文・訓読文体の枠組みを借りねば、十分に思想
表現ができないのである。ここに至ると、漢文の力を借りるというよりも、日
本語散文の骨格には漢文・訓読文体が組み込まれているといった方が正確だろ
う。借り物ではなく、知の枠組みそのものとなっている。

和文体の特徴

　『源氏物語』のような文章を和文、その文体を和文体と呼ぶ。主として和語
を用い、主として平仮名で書くスタイルである。

■和語で書く

　鴨長明（?-1216）による歌論書『無名抄』（1211-1216 年頃）の「仮名序事」
に次のようにある。

　　古人云、「仮名に物書く事は、歌の序は古今の仮名序を本とす。日記は大
　　鏡のことざまを習ふ。和歌の詞は伊勢物語・後撰の歌詞を学ぶ。物語は源
　　氏に過ぎたる物なし。皆これらを思はへて書くべき也。<u>いづれもいづれも</u>
　　<u>構へて真名の言葉を書かじとする也。心の及ぶ限りはいかにも和らげ書き</u>
　　<u>て、力なき所をば真名にて書く。</u>……（大系：93）

和文には「真名の言葉」すなわち漢語を書かないようにするべきだと述べる。
できるだけ和語で書き、どうしても無理な場合だけ漢語を用いると言う。

　和文の目的は口頭日本語を文章化することであった。和文が和語を用いるの
は、まず第一に口語の中心に和語があったからだろう。口語に基づく文体形成
を行えば、しぜんに和語が多くなる。和歌の詞書や物語、日記などには口頭語
を写した発話・会話部分が多くあらわれる。加えて、和文の世界は、和語のみ
を使用する和歌の世界と深くつながっていた。

　ただ、口語の中には漢語も訓読語もすでに多く含まれていたはずである。実
際、平安期の和文文学にも両者が少なからず顔を出す。しかし、できる限り漢
語を避ける意識、あるいは、漢語も和語に「和らげ」るべきだという「非漢
語」意識があったらしい。

■平仮名で書く

　漢字仮名交りの表記に慣れているわれわれは、当然のこととしてあやしまな
いが、漢字と仮名とは体系の異なる文字である以上、本来共存しにくいもので
ある。漢字と仮名とを交えて書くことは、いちいちその表記モードを切り替え
ながら書くことであり、負担がきわめて大きい。文字を読む際に使う脳の部位
も漢字と仮名とでは異なっていることが知られている（ウルフ 2008：98）。

　「仮名」はもともと「仮字」と表記されていた。「仮の文字」である。それに
対するのが、上の引用にも出てきた「真名（真字）」、つまり「本当の文字」で
ある漢字であった。平安時代の文字世界では、漢字こそが本当の文字であり、
「漢字の世界」とそれ以外とにはっきり二分されていた。

　平仮名は長く、単に「仮名」もしくは「女手」と呼ばれてきた[66]。女手と呼ば
れることからもわかるように、平仮名は女性の使い手を中心として、物語や日

記のような文学作品、和歌、さらには消息（手紙）の類で多く用いられた。平仮名が「漢字以外の世界」に属することは明らかである。実際、当時、主として平仮名を用いていた女性達にはあまり漢字が得意ではない人が多かった。藤原定家（1162-1241）は歌人としてだけでなく、文学作品の書写校訂者として後世に知られている[67]。ただし、すべてを一人で写すわけにはいかないので、定家は娘達などに命じてたくさんの書物を写させた。定家が主催する書写工房である（これらの写本は「定家監督書写本」と呼ばれる）。娘達は仮名の部分だけを写して、漢字の部分はあとから定家など男性が書き入れるということがあった。『紫式部日記』などを見ると、この時代、女性が男性に肩を並べ、漢字・漢文を読み書きすることはむしろ恥ずかしいことと考えられていたことがよくわかる[68]。

　一方の片仮名は漢文訓読に由来した、本来的に「漢字の世界」の文字である。片仮名は漢字と併用することが前提の文字であった。それに対して、平仮名は本来漢字とは併用しにくい文字である。

　青谿書屋本[69]『土佐日記』は貫之自筆本の体裁を正確に伝えると考えられている。その冒頭は以下の通りである（原文通りに改行）。

　　をとこもすなる<u>日記</u>といふものを
　　をむなもしてみむとてするなり
　　それのとしのしはすのはつかあま
　　りひとひのひのいぬのときにかとて
　　すそのよしいさゝかにものにかきつく
　　あるひとあかたのよとせいつとせはてゝ
　　<u>れい</u>のことゝもみなしをへて<u>けゆ</u>な
　　とゝりてすむたちよりいてゝふねに
　　のるへきところへわたるかれこれ

1行目の「日記」以外、すべて平仮名で書いている。「日記」は漢語であり、促音「っ」を用いて「にっき」と書くように、日本語にない t 入声の音（日 niĕt）を含んでいる。この時代、仮名による入声・促音の表記方法はまだ確立しておらず、漢字で書くしかなかったのだろう。「れい（例）」「げゆ（解由）」（ともに7行目）など他の漢語は仮名で書かれている。この資料の中で、漢字は

日付を除くと全文 12500 字の中で 60 字程度しか使われていない（岡村和江 1977：242、小林芳規 1961 も参照）。このことから、和文は、漢語も含め全文平仮名で書くのが原則であり、仮名で書きにくい語などが漢字を用いて表記されていたことがわかる。同様のことは、他資料からもうかがえる。元永本『古今和歌集』（国宝、東京国立博物館蔵、1120 年写）の冒頭仮名序も、一丁表裏 12 行のうち、漢字は「哥」一文字しかあらわれない。

　仮名は日本語の音のバリエーションに対応して成立している。平仮名は和語を表すのに適し、音韻体系の異なる漢語を表すにはあまり適さない。先の「日記」のように、場合によっては仮名ではうまく表すことができない。平仮名で書くということは、つまり和語で書くことに他ならない。また、表音文字である仮名は、口語の表記に適している。仮名を用いれば、口頭で発することばの多くを文字化できる。たとえば、口語に頻出するオノマトペ（擬音語・擬態語）などもかなり自由に書ける。このように、和文体の中で、口語・和語・平仮名の三者はたがいに深く結びあっている。

　また、口語・和語・平仮名という和文体の特徴は、できあがった和文の享受や読まれ方ともつながる。和文は女性にも読まれ、また、しばしば声に出して読み上げられた。女性が読め、耳で聞いてわかる文体・表記が和文であった。そして、読むことによって書くことが可能になるのであれば、女性が和文を読めるということは、女性も和文を書ける、散文を書けるということになる。ここに女性も使用可能な日本語の散文文体が生まれたのである。

■非「漢」

　上に見たとおり、和文体は、漢字と漢語を使わないという、否定によって特徴づけられる文体であると言える。[70] しかし、漢字・漢語を使わないという和文のあり方は、逆に否定したものの大きさを示していよう。和文は非「漢」によって、ようやく「和」を主張している。逆説的な表現となるが、漢文とその訓読があってはじめて、和文は和文たりえたのである。

　和文体は訓読文体とは異なるスタイルの必要があって生み出されている。スタイルが異なればこそ、両者は併存する意味がある。漢字・漢語・漢文という

訓読文体の世界を一方の極として、それとちょうど対になる形で、平仮名・和語・和文による和文体が形成される。和文体は漢文体を強く意識し、そこから力と刺激を得ながら、同時に漢文体から距離をとる形で生まれてきた。

和文体の成長

■物語の成立

『源氏物語』絵合の巻に「物語の出で来はじめの祖なる竹取物語」とある。「物語」と呼べるものが成立したのは平安時代も中期に近づいてからのことであったらしい。『竹取物語』（890年頃成立か）がその嚆矢とされる。

「物語」ということばの中に「語り」が含まれるように、物語の成立には、口承による表現がその前提としてあっただろう。昔話、歴史、作り話、歌語り、説話、うわさ話などが口頭で語られていたに違いない。中には、その表現が、ある種文学的なレベルに近づいていた場合もあったであろう。しかし、書かれたものとしての物語が、それらの口頭表現から何をどれほど引き継いだのかは、今となってはわからない。ただ、両者の関係から、物語がある程度口頭表現に近いものであったことは想像できる。

とはいえ、口頭で物語を語ることと、それを文字に書いて文章化することとは、全く次元の異なる行為である。口頭表現をそのままに文字化しても、それは文章にはならない。何をどのように書けば文章になるのかが、一から模索されなければならなかった。

平安時代の文学作品にその模索の跡を見て取ることができる。前期物語の段階では、文章表現に稚拙さやぎこちなさが見られる。たとえば、『竹取物語』の文章に見られる事柄の羅列や繰り返しの多さ、『うつほ物語』とりわけその前半に顕著な出来事をくどいほど順番に述べ立てていく表現手法などである（後述）。一方、後期物語になると、むしろ書かないことで想像と余情をかき立て、文学的効果をあげるようになる。表現を模索するたどたどしい段階から出発して、次第に物語のスタイルが確立され、最終的に、『源氏物語』などにいたって、文章のみによって独自の文学世界を構築することができるようになった。以下に、その歩みを見てみよう。

■ 『竹取物語』

　現実世界では、様々な出来事が次々に起こる。それらの出来事の間に明確な切れ目や関係性はない。それを文章に書くためには、何を書かないか、どこで区切るか、どの順番で書くか、が重要になる。想像上の出来事を記す作り物語でもそれは同様である。情報の選択と操作を行わないと、文章らしい文章にはならない。

　ところが、『竹取物語』では、出来事をずらずらと生起の順にならべていく記述が目立つ。

> 　翁出でていはく、「……」と申す。「……」と言ふ。五人の人々も、「よき事なり」と言へば、翁、入りて言ふ。かぐや姫、「石つくりの皇子には、……」と言ふ。「くらもちの皇子には、……」と言ふ。「今ひとりには、……」と言ふ。翁、「……」と言ふ。かぐや姫、「……」と言へば、翁、「……」とて、出て、「……」と言へば、御子達、上達部、聞きて、「……」と言ひて、うんじて、みなかへりぬ。(新大系：10-13)

情報を選択し、整理し、構造化して示すということがあまり見られない。清水好子（1949）はそのような『竹取物語』の文体を「接続詞的な文章」（清水好子 1980：6）と呼び、その文体について以下のように指摘する。

> 　文が切れることが何を意味しているかに考え到っていない。かかる状態は、いつも述語を持つ整正の姿をくずさぬ会話とともに、文を操るにあたっての改まった態度、習熟しない態度を思わせる。(清水好子 1980：7)
> 　……、現在なお行われている昔話の話しぶりには、右にあげた竹取物語と共通の点、すなわち事柄を逐次切れ目なしに述べることや、繰り返しが随所に見られるのである。(清水好子 1980：7)

　繰り返しは、「竹取の翁、竹を取るに、この子を見つけて後に竹取るに、……」（新大系：4）、「……呼びすゑたてまつれり。かく呼びすゑて、……」（新大系：29）のような尻取り式の叙述に顕著であり、この種の冗長表現がここかしこに見える。

　このような文体は、小学生の作文が出来事を起こった順に並べ、そこに選択も強弱もないのと似ている。『竹取物語』には、文章に不可欠な「整理と抽象」

という要素が欠けているのである。

『うつほ物語』

　物語における文体形成の過程を見るには、『うつほ物語』（10 世紀末頃）がわかりやすい。『うつほ物語』は全二十巻。現存する古代物語としては最古の長編物語である。ただし、この長編物語は、最初の二編（俊蔭・藤原の君）がともに「むかし」で語り起していることからも明らかなように、はじめから長編物語として一度に書かれたのではなく、短編の集成によって成立したと考えられている。そのこともあって、『うつほ物語』という一作品内部で文体の大きな変化が見られる。[71]

　前半、特に冒頭二巻は訓読文体が濃厚である。『竹取物語』などと同様に、訓読文体が『うつほ物語』の出発点であった。描写は写実的で、漢文日記に通じる記録的な筆致が目立つ。記録的であることは諸行事の描写などにとりわけ顕著である。以下は春日神社への参詣場面の描写である。

　　かくて、二月二十日になむ詣でたまひける。御車、糸毛十、檳榔毛十なり。糸毛十には、宮よりはじめたてまつりて、女御子たち、あまたの北の方、あなたこなた、合はせて九ところ。女御の君は、はらみたまへれば、とまりたまふ。御装束、赤色の唐の御衣に羅の摺裳、萌黄の色の織物の御小袿設けたり。檳榔毛十には、一つに四人づつ乗りて、うなるは鬢頬ゆひて、馬に乗れり。下仕へは徒歩より歩む。樋洗まし六人、青丹の上の衣着て歩み、御車の御前駆、四位十八人、五位三十人、六位五十人。馬の毛、下襲の色整へたり。世の中にありとある上達部、親王たちよりはじめたてまつりて、山賤、民まで、今日の御供に仕うまつらぬなし。大宮の大路より下りたまふ。（『うつほ物語』春日詣　新全集 14：258-259）

　この部分について、中野幸一（2001：6）は「形容語句が一つも用いられていない」ことを指摘する。たしかに、人物、事物の羅列に終始し、形容詞・形容動詞などを用いた修飾表現や評価・感想の表明は見られない。

　一方、物語の後半、とくに物語末尾に置かれる「楼の上」などに至ると、『源氏物語』に近い情緒表現に富んだやわらかな文体が見られる。

ありし君、掻練の小袿ばかりうち着たまひて、鶴脛にて、いと小さくをか
しげなる琵琶をかき抱きて、前に居たまへば、いとうつくしと思ひたまう
て、髪かきやりたまふ手つき、いとうつくしげなり。（『うつほ物語』楼の
上（上）　新全集 16：421）

　先の引用とは異なり、この部分では、「小さくをかしげなる」のように形容
詞・形容動詞が豊富に使われている。末尾の「髪かきやりたまふ手つき、いと
うつくしげなり」のような表現について、本廣陽子（2010：12）は「これらの
文は、いったん、連体形か名詞で閉じられており、加えて、形容詞・形容動詞
という短い述語で終わ」る「形容詞終止文」であることを指摘し、その文型が
『源氏物語』によく見られることから、「うつほ物語のこれらの文は、いずれも、
形の上では、源氏物語の形容詞終止文と変ることがないのである」（：14）と
述べる。

　『うつほ物語』が書き継がれる過程で、物語の表現方法が変化している。訓
読文体から出発し、後半の巻になるほど、和文体が強まり、末尾に至ると『源
氏物語』の文体に接近する。訓読文体から和文体への物語文体の成長であった。

■ 『源氏物語』

　紫式部（970-1019 存-?）は、漢詩人藤原為時を父とし、弟の惟規にまさって
漢籍の講書を「聞きならひつつ……あやしきまでぞさとく侍りしかば」（『紫式
部日記』[72]）、男子でないことを嘆かれたという人物である。長じては、白居易
『白氏文集』の新楽府を中宮彰子に進講し、また、一条帝から「この人は日本
紀をこそ読みたるべけれ。まことに才あるべし」と言われて、同輩から「日本
紀の御局」と揶揄された。[73]「聞きなら」った漢籍も新楽府も『日本書紀』も、
すべて訓読されていたはずである。紫式部の文字言語世界の中心には漢文とそ
の訓読があった。

　新楽府は『源氏物語』にも訓読の形で引用されている。[74]

　　……心幼くもかへりみせで出でにけるかなと、すこし心のどまりてぞ、あ
　　さましきことを思ひつづくるに、心弱くうち泣かれぬ。「胡の地の妻児を
　　ば虚しく棄て捐てつ」と誦ずるを、……（『源氏物語』玉鬘　新全集 3：

101)

ここで豊後介が誦するのは、『白氏文集』（巻第三）新楽府「伝戒人」[75]の一節「胡地妻児虚棄捐」である。『白氏文集』の古訓点本である神田本白氏文集（1113 年藤原茂明加点）でも「胡の地の妻児をば虚ク棄_捐テツ」（太田次男・小林芳規 1982：98）とまったく同じ読み方をしている[76]。

佐竹昭広（1993：294）は『源氏物語』について以下のように述べる。

　　あの『源氏物語』もまた、漢学の素養無くしては到底書くことのできない文章であった。『源氏物語』には「あがめかしづく」「あつかひおこなふ」「あはせいとなむ」「あらがひかくす」「あらためかはる」というような、動詞と動詞を連結させた複合動詞の多用が目立つ。この種の複合動詞は、殆どすべて『日本書紀』の訓読に由来すると、竹内美智子氏は指摘している。「日本紀の御局」と異名を取った紫式部、……。……『源氏物語』は、読者の側に深い漢学の素養を要するという逆説の上に成り立っている。……。『源氏物語』すらも一概に「平仮名文化」とは規定し切れないのだ。

『源氏物語』の初出語・独自語には漢語に基づくものが多いと指摘されている（石塚晴通 2013 など）。『源氏物語』の設定、引用、表現に漢詩漢文によるものが多いことはもちろん、使用される和語さえも漢語をもとに作られたものが少なくないことがわかる。そうすることで、従来漢文でしか表現できなかった内容を和文で書くことが可能になった。漢語・漢文の影響を受けながらも、直接にそれを用いるのではなく、消化変形して和文化する。『源氏物語』の表現方法には和文体の特徴がよくあらわれている。

『源氏物語』では、漢語由来に限らず、派生語・複合語を中心に、著しく語彙が拡張されている[77]。たとえば、「かほ（顔）」を用いて、「ありがほ（有顔）」「おどろきがほ（驚顔）」「ことありがほ（言有顔）」「したりがほ」「しらずがほ（不知顔）」「しりがほ（知顔）」「なれがほ（馴顔）」のような複合語が多く見える。中には『源氏物語』にしか見えない語もある。たとえば、「なまものうし」は「うし（憂）」に「もの」が付いた「ものうし（物憂）」にさらに「なま」を加えた語で、『源氏物語』若菜下に一例だけある[78]。表現の可能性を広げるために、わざわざ作り出された語が少なからず存在していることがうかがえる。

　また、人物描写に多様な形容詞・形容動詞を使い分けて効果を上げている。文体的にも、下へ下へとゆるやかにつながりがちな日本語の文章に焦点を与え、文体を引き締め、表現効果を高める工夫（清水好子1949はそれを「凝集」と呼ぶ）が見られる。流麗でやわらかな文章であるが、口語からははるかに遠く、作り込まれた文体である。

　和文体は平安時代中後期、『源氏物語』のころにスタイルを完成させ、ピークをむかえることになる。

和文体の完成

　『竹取物語』（890年頃成立か）から『源氏物語』（1000-1015年頃成立か）まで100年ほどしかたっていない。ここで不思議に感じられるのは、

　1　日本人が文字を獲得してから、『竹取物語』が成立するまでにずいぶん時間がかかっていること。

　2　『竹取物語』から『源氏物語』にかけて急激に変化・進化していること。

である。なぜそのように正反対の現象が同じ物語について起きたのだろうか。

　1は日本語独自の散文、和文体の創出がたいへん難しい営みであったこと、2はいったんスタイルが形成されると、その後の進展は早いことを物語っているように思われる。2の進展はもちろん、漢文訓読という「読むこと」の蓄積に強く支えられている。和文の世界にあっても、漢文をよくする者のみが真に和文を革新し進展させることができた。紫式部などはその典型であろう。

　初期和文は訓読文体をもとに男性によって形作られ、それを読むことで、女性も和文を書くことが可能となった。和文の発生から100年ほどで、こんどは女性が中心となって、その和文を言語表現、とりわけ文学的な表現として完成に近い域にまで発展させている。和歌と和文しか文学的表現手段を持たない女性は、その限定によってむしろ、それらにおいて高度な達成を見せることになる。

　『源氏物語』が書かれた10世紀から11世紀にかけての時期に和文体は完成される。興味深いことに、ほぼ同時期に訓読文体のスタイルも完成に向かう[79]。日本語によって読み・書くスタイルがこの平安中後期におおむね完成される。

そして、いったん完成されたスタイルは、以降、それが模倣・継承されることで固定化していく。

　先に引用した『無名抄』に「仮名に物書く事は、歌の序は古今の仮名序を本とす。日記は大鏡のことざまを習ふ。和歌の詞は伊勢物語・後撰の歌詞を学ぶ。物語は源氏に過ぎたる物なし。皆これらを思ひへて書くべき也」とあったように、いったん和文のスタイルができあがると、それが規範となって、模倣が始まる。

　『無名抄』の少し前、13 世紀初頭に藤原 俊 成 女によって書かれた文芸評論である『無 名 草 子』に、『源氏物語』の達成について以下のように述べられている。

> 　さても、この源氏作り出でたることこそ、思へど思へど、この世一つならずめづらかに思ほゆれ。まことに、仏に申し請ひたりける験にや、とこそおぼゆれ。それよりのちの物語は、思へばいとやすかりぬべきものなり。かれを才覚にて作らむに、源氏にまさりたらむことを作りいだす人ありなむ。わづかに『宇津保』『竹取』『住吉』などばかりを、物語として見けむ心地に、さばかりに作り出でけむ、凡夫のしわざともおぼえぬことなり。
>
> （『無名草子』古典集成：23）

ここでは、「読むこと」と「書くこと」とのつながりが深く認識されている。紫式部自身は「わずかに『うつほ物語』『竹取物語』『住吉物語』などを読んでいただけであるのに、あれほどに素晴らしい物語を書き上げたことは、ふつうの人間のなすこととも思えない」と賞賛する。その一方で、「『源氏物語』以降に物語を作ることは、思えばたいそう易しいことであろう。『源氏物語』にまなぶことができるのだから、『源氏物語』を凌駕する人もあらわれるかもしれない」と述べている。

　ひとたびスタイルが確立されると、あとはそれを読んで模倣するようになる。平安時代の王朝物語の系譜をうけ、鎌倉時代、南北朝時代に作られた擬古物語として、『松浦宮物語』『住吉物語』『とりかへばや』『苔の衣』『いはでしのぶ』『石清水物語』『あさじが露』『あまのかるも』などが知られている。これらには『源氏物語』『狭衣物語』の影響が著しい。これら擬古物語の作者は、『源氏

物語』などの王朝物語やその模倣作を読むことで、物語とはいかなるものかを知り、自らの文体を形成していったはずである。先行物語にスタイルを学び、それを模倣することで次の物語が生まれる。書くものが、読むものによっていかに深く影響されるかがわかる。文章を書くためにはスタイルが必要であり、先行作品を読むことでスタイルを学びとる。書くことはスタイルと模倣に強く依存した行為なのである。

6　和漢混淆文

和漢混淆文とは

　中学・高校で習う古典文法は基本的に平安時代に書かれた和文の文法である。10世紀から11世紀にかけて完成された和文体の文章に見られる文法が規範となっている。しかし、古文の教科書では、はじめに『宇治拾遺物語』や『十訓抄』『古今著聞集』など中世の説話が取り上げられることが多い。『方丈記』『徒然草』などの随筆や『平家物語』のような軍記もよく題材にされる。『宇治拾遺物語』『方丈記』『平家物語』『十訓抄』『古今著聞集』は13世紀の成立、『徒然草』は（鎌倉時代最末期）14世紀の成立である。いずれも平安時代の文章ではなく、鎌倉時代以降の作品が入門のテキストとして選ばれていることになる。それら中世の文章を学んだ後に、和文の典型である平安時代成立の『枕草子』や『源氏物語』を学ぶことが多い。そのようになっていることには理由がある。

　日本語の歴史的な研究では、日本語を大きく二つに区分して考える。「古代語」と「近代語」である。大まかに言って、古代語とは奈良時代・平安時代の言葉、近代語とは鎌倉時代以降の言葉である。だいたい院政期12世紀ごろを両者の区切り目と考える。係り結びの衰退、連体形終止の一般化など、12世紀頃を境目に日本語は大きく変化した。変化の前を古代語、変化の後を近代語と見る。現代日本語は近代日本語の最後に連なる末裔である。したがって、現代の日本人にとっては、12世紀以降の近代日本語の方がはるかに親しみやすい。文・文章の論理構造、語彙、文法、漢字仮名交りという表記形態、すべて

の点で現代語と違いが少ない。それらの諸特徴を集約すれば、「和漢混淆文」ということになる。上に名前をあげた鎌倉時代以降の作品はすべて和漢混淆文と呼ばれている。つまり、それらは現代日本語の書きことばにつらなる和漢混淆文だから読みやすいのである。

　和漢混淆文とは、語彙に和文語・訓読語をともに使い、文体的に和文体と訓読文体両方の特徴を持つものである。基本的に漢字仮名交りで表記される。上記のような説話や軍記が和漢混淆文の典型とされ、12世紀成立の説話集『今昔物語集』も和漢混淆文である。和漢混淆文は院政期12世紀頃に成立したと言われる。

　『方丈記』（1212年成立）の冒頭を現存最古の写本である大福光寺本で見てみよう。

　　ユク河ノナカレハタエスシテシカモモトノ水ニアラス

　　ヨトミニウカフ　ウタカタハ　カツキエカツムスヒテヒサシク

　　トヽマリタルタメシナシ　　世中ニアル人ト栖ト又カクノ

　　コトシ……

　　（往く河の流れは絶えずして、しかももとの水にあらず。澱みに浮かぶうたかたは、かつ消えかつ結びて、久しく留まりたるためしなし。世中にある人と栖（すみか）と又かくのごとし。）

　教科書などでは括弧内に記したような漢字平仮名交りで書かれており、和文の代表のように思っている人も少なくないだろう。たしかに、「うたかた」のような和文語（訓読語は「アハ[80]」）も使われ、全体的に和文的な印象をうける。しかし、「……ずして」や接続詞「しかも」、「かつ……かつ……」、「かくのごとし」は和文ではふつう使わない訓読語である。発想的にも、書き出しは『法句経』という漢文仏典によると言われる（新大系『方丈記』：3[81]）。また、大福光寺本は鴨長明自筆かとも言われるが[82]、漢字「片仮名」交りで書かれている。片仮名は漢文訓読と関わりの深い文字である。『方丈記』は、訓読文体と和文体とが融合した和漢混淆文であった。

和漢混淆文の成立

■和漢混淆文と漢字仮名交り文

　和漢混淆文の代表は『今昔物語集』『平家物語』など、12 世紀以降の説話・軍記である。表記としては漢字仮名交りの形をとる。漢字に仮名を交えるというこの表記形態において、漢字は訓読文体の流れをくむ「漢」の要素、仮名は多かれ少なかれ「和」の要素を反映することになる。そのため、漢字仮名交り文は基本的に「和漢混淆」文となる。

　したがって、和漢混淆文の成立は、漢字仮名交り文の成立と平行しており、漢字仮名交り文という意味では、その成立を平安時代初期まで遡ることができる。当初添えられる仮名は、漢文訓読の中で生まれた片仮名であった。

　最初期の漢字仮名交り文は、漢文に訓点を記入することにならい、自らが表現したい内容を、漢文に片仮名を添えて記したものであった。漢文・和化漢文をベースに、適宜、片仮名を添えれば漢字片仮名交り文となる[83]。『金光明最勝王経注釈』（9 世紀前半、飯室切）など、古いものは、漢文テキストの中に注釈等のメモを書き入れるために漢字片仮名交り文を用いている[84]。

　漢字仮名交り文は当初、和化漢文の一変種のようなものであっただろう[85]。和化漢文を日本人にとってさらにわかりやすい形で表記したものである。あくまで漢文が主で、仮名はそれに従属するものであった。しかし、漢字に仮名を交え書くことが次第に独立した一つの表記形式となっていく。仮名が持つ日本語表現力が活用され、漢字漢語にできない和語、敬語、オノマトペなどが仮名を使って書かれるようになる。語順は日本語順であることが多いが、「不〜」など、一部返読も含む。

　現存最古の漢字片仮名交り文とされる『東大寺諷誦文稿』（830 年頃成立、仏教法会の草稿）でも、語順、漢字・熟字の用法、敬語などに日本語を反映し、係助詞（係り結び）、間投助詞を多く用いるなど和文的要素が見られる（築島 1952）[86]。

　　父公ハ我ハ不トモ着而着セムトソ宣ケル我子ニヲ……母氏ハ我ハ不トモ食而給トソ宣ケ
　　ル我子ニヲ……見トモ見トモ不物ハ飽足　父公カ愛メクラニ念オモホセリシ御貌ナリ
　　聞トモ聞トモ不物ハ飽　母氏カ我子ト召シ〃御音ナリ

（ 父公 ハ、我ハ着 不 ドモ ［而］ 我 （が） 子ニヲ着セムトゾ 宣 ケル。……
母氏ハ、我ハ食 （は） 不 ドモ ［而］ 我 （が） 子ニヲ 給 （はむ） トゾ宣ケル。
……見 （れ） ドモ見 （れ） ドモ飽 （き） 足 （らは） 不 物ハ、父公ガ愛ラニ念 セ
リシ 御貌 ナリ。聞 （け） ドモ聞 （け） ドモ飽 （か） 不 物ハ、母氏ガ我子ト召
シヽ 御音 ナリ。）（中田祝夫 1979：214-217 行目）

説教という口頭による「語り」を背景とすることもその一因であろう。成立時
期が他資料よりもかなり早いことから、『東大寺諷誦文稿』を和漢混淆文に数
えることは少ないが、漢字仮名交り文は発生の初期から、本質的に和語・和文
的要素を含み持つものであることがわかる。

■漢字仮名交り文から和漢混淆文へ

　和漢混淆文はこの漢字仮名交り文の特徴をさらに進めたものと言えよう。平
安中後期に和文が文体として確立されたのをうけ、従来からあった和漢の混淆
が、和文体・訓読文体融合という形で顕在化したのが和漢混淆文であると位置
づけることができる。漢字仮名交り文がそうであるように、和漢混淆文は訓読
文体がより日本語に近づいた形と見ることができる。訓読文体を基礎とするが、
仮名を用いることで、その表現には、多かれ少なかれ、「和」の要素が伴う。
むしろ、その必要があって成立した文体と考えるべきだろう。訓読文体に
「和」の要素を加えることは、日本語の表現欲求として自然である。

　訓読文体が政治、学問、宗教など、主として男性の活動に関わる言語表現で
あったのに対して、和文体は消息（手紙）、物語、日記など日常的あるいは文
学的な、主として女性の活動に関わる言語表現であった。両者はその領域が異
なり、和文体は訓読文体では十分に表現できないものを表現するための手段と
して成立している。とすれば、両者の文体を併用すれば、表現力をより高める
ことができるはずである。

　一つの和漢混淆文テキスト内部でも、訓読文的特徴の目立つ部分と和文的特
徴の色濃い部分とが見られることがある。たとえば、『平家物語』は男語りと
女語りがミックスされたものと言われる。『平家物語』には『将門記』（和化漢
文の軍記、940 年頃成立か）を思わせるような訓読文的な部分もあれば、『源氏

物語』を想起させるような和文的な部分もある。両者の混淆は、それぞれの文体の利点を活かして複合的に表現することを可能にする。情意と理知を兼ね備えた文章を書こうとすれば、両文体を組み合わせることがたしかに有効であろう。和漢混淆文は文学的には訓読文的叙事性と和文的叙情性との結合でもあった。和漢混淆文にいたって日本語散文は表現の幅を広げ、かなり自由な言語表現が可能になった。和漢混淆文は文章表現として日本語に適したものであったからこそ、その後長く使われ現代にいたる。

　ところで、和漢の混淆はなぜそれほど困難なく可能だったのだろうか。訓読文体と和文体とがもし全く異質なものであれば、その混淆も難しいはずである。和漢の混淆が可能なのは、訓読文体も和文体も、漢文訓読をもととする日本語の散文文体だからである。文体としての距離は、見た目ほど遠くない。どちらも由来としては、漢文訓読を触媒として、口頭日本語を書きことばにしたものである。和漢の混淆は、その必要があり、そうできる可能性があったからこそ実現したと言えよう。

和漢混淆

■訓読文体・和文体・和漢混淆文

　訓読文体が漢文を読むことに発し「読み」と関わりが深いことと、和文体が歌語り・口頭伝承のような「語り」と関係が深いこととは対照的である。しかし、いずれの書きことばも、「読むこと＝漢文訓読」と日常口頭の日本語との合流によって生み出されている。漢文訓読の度合いが高いのが訓読文体、低いのが和文体。口頭日本語の度合いが高いのが和文体、低いのが訓読文体である。和漢混淆文はその中程にある。

　漢文を支えに持ち、やや古めかしいが、論理的に精緻な表現が可能な訓読文体。口語を背景に持ち、耳に近しく、情感に富んだ和文体。日本語散文はその両端の間を揺れ動きながら変化してきた。和漢混淆文は両者が止揚された形と見て良い。

■和漢混淆

「和漢混淆文」とは言うが「和漢混淆文体」とは言いにくい。和漢が混淆する文章はたしかに多く存在する。しかし、混淆の度合いは様々であり、全体として単一の文体をなしているわけではない。むしろ、すべての日本語散文は和漢混淆的なのである。

　そのため、和漢混淆文には明確な定義がなく、何をもって和漢混淆文とするかが一定しない。漢字片仮名交り文全体をそれと見る場合もあれば、和化漢文まで含むと考えることもある（築島新論 1969：5）。また、平安時代の『東大寺諷誦文稿』（築島 1952、山田俊雄 1977、木田章義 2013）や『三宝絵』（木田章義 2013）も和漢混淆であるという意見もある。そのように一定しがたいのは、本質的に日本語散文のすべてが和漢混淆的であるためだろう。

　和文体はスタイルのないところにスタイルを打ち立てる試みであった。訓読文体の枠組みを借り、そこに日常口頭の日本語（多くは和語）を載せることになる。つまり、和文体ははじめから和漢混淆であった。一方で、たとえ日本人が漢文・和化漢文で文章を記していても、そこに日本語による思考が表現されている限り、それらも別の意味で和漢混淆である。背景に日本語があり、日本語が潜在しているという意味では、金石文、『古事記』、『日本書紀』なども和漢混淆である。

　和化漢文や漢字片仮名交り文、和漢混淆文などが、わかりやすく和漢の混淆を示しているのに加え、『万葉集』は和歌というもっとも和語的なものを漢字漢語のみであらわし、『源氏物語』は漢語漢文に基づく表現をもっとも和文的に書いている。日本人の文字表現のすべては、多かれ少なかれ和漢混淆なのである。

7　おわりに

「話すこと」と「書くこと」

　話す時には、通常目の前にいる誰かに向かって話す。話し手と聞き手とは状況を共有しており、互いに表情や身ぶりを見ながら話す。それに対して、「書

くこと」はこれとは根本的に異なる行為である。書かれたものは、いつ誰がどのような状況で読むか予測できない。書かれたものが理解されるためには、全く状況を知らない他者に向かって一から説明する形で書く必要がある。たとえば、話しことばでしばしば用いられる「あれ」「それ」「こんな」といった指示語を、書きことばでそのままに用いることはできない。書きことばには対面性・状況依存性・現場性がないためである。話しことばは状況や文脈に依存的であり、書きことばはそれらに依存的でないという点で、両者はいちじるしい対照をなす。

　認知科学では、両者のその違いが、文字・書きことばを持つ社会とそうでない社会との間に、認知的に大きな差異をもたらすと考える（大分水嶺理論）。文字社会における抽象度の高い思考は文字・書きことばによってはじめてもたらされたものだと言う。

書くことは何を可能にするのか

　近代的な作曲は譜面に書くことによってなされる。譜面を用いることによって、複雑で抽象化された作曲がはじめて可能になる。楽想を譜面という外部に固定し、それを操作することでより高度で複雑な構造物を作り上げることができる。それを可能にしているのが、譜面化という記号化である。抽象化された記号を使うことで、より複雑な表現を組み立てることが可能になった。

　ことばにおける文字の役割も同様である。文字によって、言語表現ははじめて、複雑で抽象的な内容を高度に組み立てることができるようになった。文字によって思考を「もの」化し、外部化・相対化することで、思考を高度に操作することが可能になった。われわれの思考は、その意味で、文字によって担保される書きことば的な思考である。

　話しことばと書きことばとは双方にある程度の互換性を持つものの、根本的に異なった種類の言語である。書きことばは話しことばなしには成立し得ないが、話しことばをそのままに文字化しても書きことばにはならない。文字という容れ物を持つことで、ことばはそれ自体として大きく変容せざるを得ない。発想も表現も根柢から一新される。

書きことば獲得の困難

　何でも、ひとたび達成されると、簡単に見える。なぜそれまでできなかったのかがわからなくなる。書かれたものだけを見ていると、書くことは容易に思える。しかし、「はじめて」書く時には、はたして書くことができるのかどうか、どのように書けばよいのか全くわからなかったはずである。

　なにごとも「はじめて」が難しい。手本がないからだ。ひとたび何かが書かれると、それがこのように書けばよいという手本になる。しかし、手本のない段階では、書くことは実現不可能なことに見えるはずである。その中で暗中模索を繰り返し、書くことを獲得していかざるを得ない。

　われわれは達成されたものだけを後になって見ている。書くことについて言えば、われわれはすでに書かれたもののみを見ている。書かれなかったもの、うまく書けなかったものがわれわれの目に入ることはない。そのため、書くことがそれほどたいへんなことだということが実感として理解しにくい。しかし、日本語を書くことはそれほど簡単なことではなかった。上に見てきたように、『万葉集』のような歌の表記も、『古事記』『日本書紀』のような歴史書の書かれ方も、和化漢文も、和文も、和漢混淆文も、すべての表現が試行錯誤の中で揺れ動いていた。はじめから日本語を書き記すスタイルがあったのではなく、暗中模索の中でスタイルが作り上げられていったのである。

　書きことばは、話しことばとは異なる言語である。話しことばをもととするが、別の語彙、別の文法、別の機能を持つ言語である。つまり、書きことばは新たに「創造」されねばならない。そして、創造はつねに困難なのである。

「読むこと」と「書くこと」

■漢文訓読と日本語散文

　話しことばと書きことばとは根本的に異なる。散文は「文」である。文字のない段階で、独自の散文など存在しない。文は「読むこと」によってはじめて獲得される。「読むこと」抜きに「書くこと」はできない。日本人にとっては、漢文がはじめて出会った文であり、漢文を訓読することがすなわち読むことであった。

　「和訓」という言葉には、漢字（中国語）が主、和訓（日本語）が従という
ニュアンスが感じられる。同様に、「訓読み」「訓読」といった表現にも、「漢
→和」という矢印がつきまとう[87]。しかしながら、このことは、日本における文
字体験が本質的に「読むこと」から出発していることをよく表してもいる。日
本人は文字との関わりを、「読むこと」から始めたのである。

　したがって、文字の伝来以前には、そもそも、書かれるべき日本語散文など
存在しなかったであろう。日本人はすでにある日本語散文を書いたのではなく、
漢字漢文の力を借りて、日本語散文をはじめて作り上げたのである。

　「書くこと」は、読んだものをまねて書くことからはじまる。古代日本にお
いて「読むこと」とは漢文を読むことにほかならない。そして、それは漢文を
日本語になおして読む、つまり、訓読して読むことであった。漢文を訓読した
日本語が、日本人にとっての「読むための日本語」となる。書く際には、その
「読むための日本語」をもとに漢文で書くことになる。読むものは漢文しかな
いのだから、書く場合にも当然漢文で書くことになる。日本における書くこと
のはじまりは、訓読文体の日本語で考えて、漢文で書くという方式であった。

■漢文

　日本人がなぜ漢文で書くのかについて、しばしば漢文が規範・権威であった
という説明がなされる。つまり、古代世界においては漢文こそが権威であり、
文章、とりわけ正式な文章は「漢文で書かねばならない」という拘束が強く
あった、というのである。それはたしかにそうであろう。しかし、「書かねば
ならない」というとらえ方は、書こうと思えば他の書き方もできたが、やむな
く漢文で書いたというニュアンスを持つ。

　それに対して、本稿の主張はこうである。「漢文で書かねばならない」とい
うこと以前に、その時点で独自の散文文体を持たない日本語にあっては「漢文
でしか書けない」という現実があり、拘束としては後者の方がはるかに強力
だっただろう。スタイル選択の問題ではなく、選択肢のないことがむしろ問題
だった。

■仮名と文章

文字が書けなければ、文章は書けないが、文字を書けるだけで、文章が書けるわけではない。上代においてすでに成立していた万葉仮名を用いれば、平仮名で書くのと同様に、仮名散文を書くことが理論上はできるはずである。しかし、そうしなかったのは、しなかったというよりもできなかったのであろう。万葉仮名という文字があっても、散文のスタイル・文体がなければ、文章は書けない。

平仮名・片仮名についてもそれは同様である。仮名という文字があっても、それだけで日本語散文が成立するわけではない。書くためには型が必要である。日本語には独自の型がなく、平安時代に口頭日本語に基づいた和文体を形成する際にも、訓読文体がそれを下支えした。

したがって、日本語の散文表現は、漢文・和化漢文・漢字片仮名交り文のような訓読文体についてはもちろんのこと、和文体も、和漢混淆文も、すべての源は漢文訓読にある。日本語を「書くこと」は漢文を「読むこと」からはじまったのである。

【注】

1　『古語拾遺』序文冒頭「蓋聞、上古之世、未有文字、貴賤老少、口口相伝、前言往行、存而不忘（蓋し聞けらく、上古の世に、未だ文字有らざるときに、貴賤老少、口口に相伝へ、前言往行、存して忘れず）」（岩波文庫：13）。『隋書』倭国伝（636年。巻八一、東夷伝・倭国）にも「無文字、唯刻木結縄、敬仏法、於百濟求得仏経、始有文字」とある。

2　その状況下、文字を読み書きすることが、主に中国・朝鮮半島からの渡来人・帰化人に委ねられたことは想像に難くない。

3　中国文献の典拠や成句に従い文章を構成する場合や、四六文にする、平仄を整えるといった場合には、日本語を経由しない、あるいは中国語の方が前面に出ることもある。

4　『華厳刊定記（続華厳経略疏刊定記）』巻五（大東急記念文庫蔵）については、中田点研（1954）、大坪併治（1961）、築島新論（1969）、小林芳規（1974）、月本雅幸（2000）、金文京（2010）を参照。引用部分については月本雅幸（2000：133）、金文京（2010：46）を参照。

5　ヲコト点など、訓点の詳細については後述。

6　この資料の中に語順指示は三十五個所ある。

7　順読にも数字を付すことがある。

8　築島新論（1969：28-29）によると、この種の語順を示した資料は他に、

　　799年『華厳要義問答』延暦寺蔵

　　800年頃『華厳文義要決』焼失、東大寺諷誦文稿紙背

　　800年頃『摩訶衍宝厳経』聖語蔵

　　800年頃『楞伽経』巻四、聖語蔵

　　800年頃『増壹阿含経』巻四、巻卅七、聖語蔵

　　800年頃『金光明経』聖語蔵

などがある。少なくとも延暦（782-806年）頃に日本語順に漢文を訓読していたことが残された資料を通してわかる。また、これらに華厳関係の典籍が多いことから、訓読が新羅から仏教（華厳宗）とともに日本へもたらされた可能性も指摘される（金文京2010：118-119、124ff参照）。

9　本居宣長『漢字三音考』に「抑上古ノ讀書ハ訓讀ナガラモ、タヾ其法ヲ闇ニ記エ居テ讀ムコトニテ、點ヲ施スコトハイマダコレアラズ。凡テ無點ニテ、今時唐本ヲヨムト同ジコトナリケムヲ……」とあることも参考になる。中田点研（1954）は宣長のこの記述を引用した上で、明経生の学習態度について「大学寮中の学問方法は暗誦主義であった」と述べ、「音読をも暗誦し得るまでに習熟したわけであるが、訓読もそのようであったと思う。特定の文章の音読を暗誦し得る程に習熟しておいて、その訓読をまた暗誦したのである。文字を見ながら、師の口から弟子の耳へと移されて、その訓み方を書き付けることもなくまるまるすべて暗誦していったのである。それには特定の経書を専修すればよいという主義が大きな便利を与えた……」（：59）とする。また、僧侶についても、「仏教の社会でも同一であって、専修の仏書を完全に訓読することができればよかったわけである。一文字一語句ずつ暗誦して行けば、それが読解の実力となって他の経文の字句をも自由に読み得るようになったのではないか。……まるまる訓読を記憶していく方法をもって盛んに暗誦していったものであろう」（：60）と述べる。

10　「木簡」とは、紙ではなく木片に文字を書き付け、文書・帳簿や荷札などとして使用していたものである。紙の普及以前にとりわけ広く使われた。「音義」とは、特定のテキストに出てくる言葉に対して、その音や意味を説明した辞書体裁の書物のことである。この木簡の表示形式が音義に似ていることから音義木簡と呼ばれる。

11　「ム」は漢字「牟」に発するが、木簡そのものに片仮名「ム」に近い字形で記されている。

12　後漢・建武中元二年。『後漢書』参照。

13　魏・景初三年。『魏志』、『梁書』、『日本書紀』参照。

14　その後について、吉川真司（2006）は、「しかし、処理すべき文書の総量が増えると、こうした伝統的な方式では立ち行かなくなる。官人社会、さらには列島社会全体に文字文化が浸透していくなか、決裁者が文書そのものを黙読し、次々に決裁を下していくという、全く新しい方式が採用されることになった（申文刺文）。私見によれば、「読申文から申文刺文へ」という政務方式の変化は八世紀後半に始まり、九世紀前葉までに全面的に進行した。それは他の政治制度と連動し、国務システムをさまざまに改変する結果をもらたした（吉川1998）」と述べる。

15　割注を「〔右行／左行〕」のように示した。

16　金石文とは、刀・鏡のような金属や石の碑文に刻まれている文字テキストである。

17　薬師如来坐像光背銘とも。銘文にいう「丁卯年」は 607 年とされる。像及び光背は 607 年ではなく 7 世紀後半の作といわれるが、いずれにせよ銘文の表記・内容は 607 年のものを伝える可能性が高いとされる。

18　春日政治（1983：39-40）参照。一方、小松英雄（2000）は書記の重点を日本語表現ではなく内容伝達におく。

19　宮澤俊雅（1976）による。二箇所の「(を)」は補読した。

20　奈良県明日香村の飛鳥池遺跡から出土した 7 世紀後半の木簡のうち、「願恵上申」木簡について、小林芳規（1999）は「上申した内容の文言の前に「敬申」と記し、後に再び「申」と記して文言を閉じている」という漢文訓読特有の表現が見られることから、「七世紀後半には、漢文訓読が行われていて、その語法が実用文の表現にまで表れていた」とする。

21　木田章義（2013：219）は「和順漢文」と呼ぶ。

22　金文京（2010：127ff）。

23　『古事記』の序文は正格の漢文で書かれている。

24　私記には次のものが知られている。養老五年私記（一巻）（721 年）、弘仁四年私記（三巻、多人長撰）（813 年）、承和六年私記（菅野高平撰）（839 年）、元慶二年私記（一巻、善淵愛成撰）（878 年）、延喜公望私記（『和名類聚抄』所引）、延喜四年私記（藤原春海撰、矢田部公望筆録）（904 年）、承平六年私記（矢田部公望撰）（936 年）、康保二年私記（橘仲遠撰）（965 年）、日本紀私記（三巻）。

25　典拠としての利用以外に、上代においてすでに漢文の訓読が行われ、その訓読語の影響が万葉集に現れているのではないかという観点からの研究もある。小林芳規（1967）第六章第三節など。

26　近年の「訓読」研究の動向については大槻信（2012）参照。

27　「吉備公ノ国字ヲ造リ倭語顛倒ノ読ヲ創ケルハ、後ノ学者ニ甘キ毒ヲ啗シメタルニアラズヤ。此レ人ノ骨髄ニ渝テ除キガタシ」（『倭読要領』1728 刊）。

28　段落など文章の大きな区切り目を示すための点。

29　訓み下す際には、原文の仮名は片仮名で、ヲコト点は平仮名で記し、補読した部分は「次（に）當（に）廣（く）」のように平仮名で示して括弧に括るのが一般的である。

30　「廣」字補入。

31　再読字については小林芳規（1954）参照。

32　和文に出るのは「あるは」の形である。『大鏡』『方丈記』『徒然草』など和漢混淆的な資料には「あるいは」が見える。

33　「い」は名詞、「もの」の意、とも言われることがある。

34　ヲコト点の中に「い」の点を持つものもある。

35　55 行目。築島裕（1955）による。

36　初期の訓点資料では意訳のために補読する傾向が後の訓点資料よりも強い。春日最勝王経（1942：33）は西大寺本についてシカレドモ、シカスルなど「原文の字面には全然表れていない……接続語を補入して訓むこと」のあることを指摘してる。

37　春日最勝王経（1942：226）「訓読には只管文字に即いて機械的になり勝ちな傾向があって、自然な国語として不穏当な場合をも、強いて一様に訓んですますことがあ

る」、「文字に即いた機械的訓方」。

38　一方、漢籍の訓点資料には係助詞が少なからず見えるものがある。訓点・訓読といっても、誰がいつどんなテキストを読んでいるかで異なる。

39　実語を固有語である韓国語に置き換える狭い意味での訓読をしない。ただし、これは後世の読み方で、古くはいわゆる訓読も行われたらしい。金文京（2010）参照。

40　固定化の度合いは、初期の訓読においてより低く、後により高くなる。たとえば、西大寺本金光明最勝王経古点について、春日最勝王経（1942：44）は「次に訳方の定型についてであるが、同一結構の原文は同一様式に訳方が固定しているかと見ると、必ずしもそうではない。一例ではあるが、……」として、同一文型を取る漢文に異なる訓読が与えられている例をあげる。しかし、続けて、このことは自由な訓読がなされたことを意味するのではなく、あくまで固定化された読みが師資相伝されたことを言う。「只訓方に於て師伝の墨守されたことは頗る堅固らしいのであって、そう緩舒ではなかったであろう。この事は已述の如く異訓というものが記入されてあって、それが相当尊重されたことでも明かである。而もその中には意義上さして差異はないのに、単に読方の異形から特に之を存したもののあることは、前にも述べた如くであるが、之を以て訓方が固定した語形として遵守されていたことが知れるのである」（：45）。

41　墨点記入は 10 世紀に天台宗から起こったようである。博士家では、平安後期以降、ヲコト点を朱、仮名点を墨で記入する朱墨両点が一般的であった。

42　『プルーストとイカ　読書は脳をどのように変えるのか？』（メアリアン・ウルフ 2008：19-20）に引かれる作家ジョセフ・エプスタインの言葉。

43　仏書訓読に漢語が多く使用されることについては、内容が仏教教理であり、内容理解が第一に求められたこと、仏教用語などを完全に日本語化することが難しく、その必要性も薄かったことも原因であろう。

44　「アヂキナシ」については、本居宣長『古言指南』（成立年次不明、本居宣長全集 14、筑摩書房、1972：647）および竹内美智子（1986：82ff）も参照。

45　木田章義（2013：232）「漢文を読み下した文は「訓読文」で、漢文に従属した文章である。この訓読文の表現形式を借りて、自分の考えを表現したものは日本語の文体の一つである。こういう文体を「訓読文体」と、仮に呼んでおく。この訓読文体は少しずつ、窮屈な訓読文の表現から離れてゆき、和文体の要素を増やして、和漢混淆文と言われる文体へと変わってゆくのである」。

46　実際には、不読字などもあるから、それほど単純ではない。その点、江戸時代に行われた一斎点では、あらゆる漢字に読みを与えることによって、訓読から原文漢文への復元を可能にすることが目指されていた。

47　和歌山賀那毛原四年　梅北光造、明治 23 年『少国民』、学齢社。

48　「一瓢」とは酒のこと。

49　この記述、渡辺滋（2010）により知った。

50　漢字漢文を使用していた、あるいは、漢字に影響を受けた文字を生み出した文化圏として、北はモンゴル、南はベトナム、西は西域、チベット、東は朝鮮半島、日本などがある。

51　柿本朝臣人麻呂歌集に見られる二種の異なった表記を略体・非略体と呼ぶ。それに対して、『万葉集』では非略体に似た訓字主体表記が最も一般的である。たとえば、「宇

良宇良尓　照流春日尓　比婆理安我里　情悲毛　比登里志於母倍婆（うらうらに　てれるはるひに　ひばりあがり　こころがなしも　ひとりしおもへば）」（『万葉集』巻19・4292）のような表記である。

52　見るところ、漢字仮名交り文に近いが、後世のそれとは直結しないと言われる。

53　すべての新聞から漢詩欄が消え去ったのは大正六年（1917）である。

54　ひとまず漢字漢文で文字化できるために、かえって独自の文体への要求が起こりにくいという側面もあったであろう。

55　固有名詞を万葉仮名表記する。初期のものは帰化人の手によるものだろう。

56　『東大寺諷誦文稿』については、第6節も参照。

57　東大寺図書館蔵。法華経関係の問答体注釈書。築島新論（1969：235）「貞観元慶（859-885）頃」。山本真吾（2010）参照。

58　「改姓人夾名勘録進上許礼波奈世／无尓加官尓末之多末波无見太／末ふ波可利止奈毛お毛ふ抑刑／大史乃多末比天定以出賜いとよ／可良無　　　有年申」（改姓人夾名勘録進上　これはなせむにか　官にましたまはむ　見たまふはかりとなもおもふ　抑刑大史のたまひて　定（めて）以（て）出（し）賜（はむ）　いとよからむ　有年申（す））（「／」は原文での改行を示す。以下同様）。

59　「雲上人波見奈衣参之太布末之久波部太布／奈利昨令寺主取消息了」（雲上人はみなえ参じたぶまじくはべたぶなり。昨令寺主取消息了）。

60　本居宣長全集14、筑摩書房、1972：655。

61　詠者は紀貫之、凡河内躬恒など。

62　木田章義（2013）は『遍照集』（遍照816-890）の「和歌の長い詞書」を初期和文の例に引く。

63　玉上琢弥（1950）は『竹取物語』『伊勢物語』などの昔物語は漢学者が漢字で書き、それを女房が女の言葉で物語ったものと考えている。

64　たとえば、「「天竺に二（つ）となき鉢を、百千萬里の程行きたりとも、いかでかとるべき」と思ひて」の「いかでか…べし」や、「此の玉たはやすくえ取らじを、いはんや、龍のくびの玉はいかが取らん」の「いはんや」など、枚挙にいとまがない。築島語研（1963：850ff）も参照のこと。

65　四字句・六字句を基本とし対句を多用する文体。

66　「平仮名」の呼称は江戸時代以降とされてきたが、室町期の抄物にも見えるという指摘が最近なされた（山内洋一郎 2011）。「女手」と対になる「男手」は漢字を意味する。

67　定家が書写したことで残った文学作品が多くある。『源氏物語』も「青表紙本」と呼ばれる定家書写本が写本の大きな流れの一つとなっている。

68　「清少納言こそ、したり顔にいみじう侍りける人（得意顔をひけらかしてたいへんな人だ）。さばかりさかしだち（あんなに才覚をひけらかして）、真名書きちらして侍ほども、よく見れば、まだいと足らぬこと多かり。かく、人に異ならんと思ひこのめる人は、かならず見劣りし、……」（『紫式部日記』新大系：309）。「それら（書ども＝夫宣孝が残した漢籍類）を、つれづれせめてあまりぬるとき、一つ二つひき出でて見侍るを、女房あつまりて、「御前はかくおはすれば（奥様はあんなふうに漢籍などご覧になるから）、御幸はすくなきなり。なでふ女か真名書は読む。むかしは経読むをだに人は制しき」と、しりうごちいふ（陰口をたたく）を聞き侍るにも、……」（『紫式部日記』新大系：

311)

69　藤原為家が貫之自筆本を写したものを、近世初期に書写したもの。為家本も現存（嘉禎2年（1236）写、大阪青山歴史文学博物館蔵、国宝）。

70　岡村和江（1977：228）「……、漢語・訓読文的な表現をまじえずその影響も受けてはいない、という意識を持つ文体『和文』の観念を鮮明にした。「和文」は、「和漢混淆文」と対立する限りにおいて、文体概念として存在したと考える。

　　　結局和文は、ネガティブないい方をすれば、

　　　1　もとの漢文・もとの変体漢文などを訓読した文ではないもの

　　　2　訓読文的な様式——訓読法が固定するに従って成立した特有の表現形式や語彙——の類をあまり用いないもの

　　　3　漢語をあまり用いないもの

　　といえよう」。

71　三田村雅子（1999：3）は「『うつほ物語』の文章は一つの奇跡である。素朴・未熟なたどたどしい行文から、見事な達意の文章まで、長篇の物語の進行とともに、物語文章発達史をさながら生きているかのように、様々な文体を吸収・発展して、しだいに確かな描写力を獲得していく過程が目に見えるようにはっきりと辿られる」と述べる。

72　「この式部の丞といふ人の、わらはにて書読み侍りし時、聞きならひつつ、かの人はおそう読みとり、忘るるところをも、あやしきまでぞさとく侍りしかば、書に心入れたる親は、「口惜しう。男子にてもたらぬこそ、さいはひなかりけれ」とぞ、つねになげかれ侍りし。」（『紫式部日記』新全集：209）

73　「内裏のうへの、源氏の物語人に読ませたまひつつ聞こしめしけるに、「この人は日本紀をこそ読みたるべけれ。まことに才あるべし」と、のたまはせけるを、ふと推しはかりに、「いみじうなむ才がある」と、殿上人などにいひ散らして、日本紀の御局とぞつけたりける、いとをかしくぞはべる。このふる里の女の前にてだに、つつみはべるものを、さるところにて才さかし出ではべらむよ。」（『紫式部日記』新全集：208）

74　『源氏物語』の中に、『白氏文集』からの引用・読誦が十五例ほどある。

75　「縛戎人」とも。

76　築島語研（1963：774）によると、高野山三宝院蔵鎌倉中後期点、猿投神社蔵貞治二年点（1363）、寛文二年板本（1662）の『白氏文集』でもほぼ同様の読みを示す。

77　語彙拡張については本書第3章（釘貫氏執筆）でも触れられている。

78　「晦日の日は、人々あまた参りたまへり。なまものうくすずろはしけれど、そのあたりの花の色をも見てや慰むと思ひて参りたまふ。」（『源氏物語』新全集4：153）。「なま」「もの」はともに「何となく、少し」の意で、意味的にやや重複している。

79　築島新論（1969：9）「平安後期十一世紀は、種々の意味で平安時代の中でも最も重要な時期である。和歌の言語は一足早く、十世紀の初頃、古今集の頃に既に固定していたかと見られるのであるが、平仮名散文の言語、変体漢文の言語、それに漢文訓読の言語などは、何れも十世紀から十一世紀初頃を中心とする数十年間の間に、略々その諸形態が整えられ、固定定着したと見られるものである。……、このように固定した言語が、この後平安時代語として後世に伝承されて行くのである」。

80　「アハ」もこの引用の直後に使用されている。

81　『十訓抄』は『文選』歔逝賦をふまえると指摘するなど、典拠には諸説ある。

82 大福光寺本は長明在世中かもしくは没後間もなく書写されたと考えられることから、原著が漢字片仮名交り文であったと思われる。

83 初期の漢字片仮名交り文が見られる西大寺本『金光明最勝王経』古点の書入では、片仮名とヲコト点を併用する部分もある（春日 1983）。

84 春日（1983：199-202）などを参照。たとえば、『金光明最勝王経注釈』巻四の原漢文「由斯平等見、得至無上処」の脇に「意云斯ノ恵眼与法眼トヲ修スル事円満シタマヒタルニ由テ」（意（に）云（はく）斯ノ恵眼 与 法眼トヲ修スル事円満シタマヒタルニ由テ（といふ））の書入がある（春日 1983：201）。

85 漢文・和化漢文と漢字仮名交り文との境目は実は微妙なものである。中世以降の資料では、漢文・和化漢文であっても、そこに墨で片仮名が加えられているものが多い。仮名が朱の後筆であれば訓点と見るべきだろうが、墨の同筆である場合、それを訓点と見るか漢字仮名交り文と見るか、明確な基準がない。漢文とりわけ和化漢文と漢字仮名交り文とが地続きであることがわかる。

86 また、阪倉篤義（1956）は『東大寺諷誦文稿』の訓読文的ではない部分に助動詞「けり」が見られることを指摘する。

87 本居宣長は、そのように漢を主、和を従と見る考えは誤りだと主張している（『石上私淑言』、古典集成『本居宣長集』：316-7）。

【引用文献・参考文献】
○論文表示で「：数字」は頁数を示す。
○年代の古い研究で原論文に旧漢字・旧仮名遣が用いられている場合、引用では基本的に新漢字・現代仮名遣に改めた。
○古典テキストは主として、大系：日本古典文学大系（岩波書店）、思想大系：日本思想大系（岩波書店）、古典集成：新潮日本古典集成（新潮社）、新大系：新日本古典文学大系（岩波書店）、新全集：新編日本古典文学全集（小学館）によった。
○言及した資料について、引用など詳細な説明を略したものが多い。それらについては、『国語史を学ぶ人のために』（木田章義編、世界思想社、2013）の肥爪周二「資料論」、木田章義「文体史」等を参照のこと。

石塚晴通　2013　「日本語表現の原動力としての漢文訓読」第 108 回 訓点語学会研究発表会

稲岡耕二　1976　『萬葉表記論』塙書房

稲岡耕二　1991　『人麻呂の表現世界』岩波書店

メアリアン・ウルフ、2008　『プルーストとイカ　読書は脳をどのように変えるのか?』インターシフト

遠藤嘉基　1953　『訓点資料と訓点語の研究　改訂版』中央図書出版社

太田次男・小林芳規　1982　『神田本白氏文集の研究』勉誠社

大槻　信　2012　「2010 年・2011 年における日本語学会の展望　研究資料（史的研究）」日本語の研究、第 8 巻 3 号

大坪併治　1961　『訓点語の研究』風間書房、大坪併治 1992・1993 による。

大坪併治　1992　『改訂　訓点語の研究』上、風間書房

大坪併治　1993　『改訂　訓点語の研究』下、風間書房

岡村和江　1977　「仮名文」『岩波講座日本語　10　文体』岩波書店

奥村悦三　1978　「仮名文書の成立以前」『論集　日本文学・日本語1　上代』　角川書店

奥村悦三　1988　「暮しのことば、手紙のことば」岸俊男編『ことばと文字』日本の古代　第14巻、中央公論社

梶　茂樹　1985　「多言語使用と手紙──ザイール共和国キヴ湖西岸の事例から──」国立民族学博物館研究報、9-4

春日政治　1942　（春日最勝王経）『西大寺本金光明最勝王経古点の国語学的研究』斯道文庫紀要、第1（複製、勉誠社、1969。さらに、勉誠社、1985　春日政治著作集。引用は1985による）

春日政治　1983　『国語文体発達史序説』（春日政治著作集　第二冊）勉誠社

木田章義　2005　「訓読と翻訳──日本書紀の古訓──」『日本学・敦煌学・漢文訓読の新展開』汲古書院

木田章義　2013　「文体史」『国語史を学ぶ人のために』世界思想社

金　文京　2010　『漢文と東アジア─訓読の文化圏』岩波書店

小林芳規　1954　「漢文訓読史上の一問題　─再読字の成立について─」国語学、016

小林芳規　1961　「平安時代の平仮名文の表記様式〔Ⅰ〕・〔Ⅱ〕──語の漢字表記を主として──」国語学、44・45

小林芳規　1967　『平安鎌倉時代に於ける漢籍訓読の国語史的研究』東京大学出版会

小林芳規　1974　「返点の沿革」訓点語と訓点資料、054

小林芳規　1988　「表記の展開と文体の創造」岸俊男編『ことばと文字』日本の古代　第14巻、中央公論社

小林芳規　1999　「飛鳥池木簡に見られる七世紀の漢文訓読語について」汲古、036

小松英雄　2000　『日本語書記史原論』補訂版（1998初版）　笠間書院

総本山西大寺編　2013　『国宝西大寺本金光明最勝王経：天平宝字六年百済豊虫願経』勉誠出版

阪倉篤義　1975　「『竹取物語』の構成と文章」『文章と表現』角川書店（初出は1956「竹取物語における「文体」の問題」）

佐竹昭広　1978　「和語と漢語」『日本語と日本文化』朝日新聞社、『佐竹昭広集』第二巻（岩波書店、2009）所収、頁数は2009による。

佐竹昭広　1993　「日本語論──和語と漢語の間」『岩波講座日本通史　第一巻』岩波書店、『佐竹昭広集』第二巻（岩波書店、2009）所収、頁数は2009による。

清水好子　1949　「物語の文体」国語国文、18-04、清水好子1980所収。引用は1980による。

清水好子　1980　『源氏物語の文体と方法』東京大学出版会

竹内美智子　1986　『平安時代和文の研究』明治書院

田中三郎　1970　「作文教育百年における形式と内容の深化（その一）」滋賀大学教育学部紀要　人文科学・社会科学・教育科学　20

玉上琢弥　1950　「源氏物語音読論序説」国語国文、19-03、玉上琢弥『源氏物語音読論』（岩波現代文庫、岩波書店、2003）所収

築島　裕　1952　「『東大寺諷誦文稿』小考」国語国文、21-05。築島語研1963所収。

築島　裕　1955　「知恩院蔵大唐三蔵玄奘法師表啓古点」訓点語と訓点資料、004

築島　裕　1958　「国語の語彙の変遷」『国語教育のための国語講座　第4巻　語彙の理論と教育』朝倉書店

築島　裕　1963（築島語研）『平安時代の漢文訓読語につきての研究』東京大学出版会

築島　裕　1969（築島新論）『平安時代語新論』東京大学出版会

築島　裕　1979　「東大寺諷誦文稿の表記についての小見」『国語学論集 中田祝夫博士功績記念』勉誠社

築島　裕　2007　『訓点語彙集成』第一巻、汲古書院

月本雅幸　2000　「大東急記念文庫蔵続華厳経略疏刊定記巻第五の訓点について」鎌倉時代語研究、23

中田祝夫　1954（中田点研）『古点本の国語学的研究　総論篇』大日本雄弁会講談社、引用・頁数は改訂版（勉誠社、1979）による。

中田祝夫　1979　『東大寺諷誦文稿の国語学的研究』改訂新版、風間書房

中田祝夫　1982　『日本語の世界4　日本の漢字』中央公論社

中村春作他編　2010　『続「訓読」論　東アジア漢文世界の形成』勉誠出版

中野幸一　2001　「古典への招待　男の物語・女の物語」新全集15

三田村雅子　1999　「『うつほ物語』の黒髪」　新全集14、月報51

宮澤俊雅　1976　「金石文」『国語史資料集』武蔵野書院

本廣陽子　2010　「「楼の上」の文章―形容詞・形容動詞に着目して―」国語国文、79-04

森　博達　1991　『古代の音韻と日本書紀の成立』大修館書店

森　博達　1999　『日本書紀の謎を解く』中公新書、中央公論新社

山内洋一郎　2011　「ことば「平仮名」の出現と仮名手本」国語国文、80-2

山田俊雄　1977　「和漢混淆文」『岩波講座日本語　10　文体』岩波書店

山田孝雄　1935　『漢文の訓読によりて伝へられたる語法』宝文館

山本真吾　2010　「東大寺図書館蔵『七喩三平等十无上義』について――『東大寺諷誦文稿』との比較を通して」『古典語研究の焦点』武蔵野書院

吉川真司　1998　『律令官僚制の研究』塙書房

吉川真司　2006　「律令体制の展開と列島社会」『列島の古代史8　古代史の流れ』岩波書店

渡辺　滋　2010　『古代・中世の情報伝達　文字と音声・記憶の機能論』八木書店

渡辺　実　1981　『平安朝文章史』東京大学出版会。渡辺実 2000『平安朝文章史』ちくま学芸文庫、筑摩書房による。

日本語の起源と古代日本語

2015年 3 月30日　　初版発行
2017年11月30日　　第 2 版発行

編　者　京都大学文学研究科
発行者　片岡　敦
印　刷　亜細亜印刷株式会社
発行所　株式会社 臨 川 書 店

〒606-8204
京都市左京区田中下柳町八番地
電話(075)721-7111
郵便振替 01070-2-800

ISBN978-4-653-04224-2 C0081